语言文化视角下英语教学艺术探究

李南楠　李彦霞　张自立　著

北方联合出版传媒（集团）股份有限公司

辽宁科学技术出版社

图书在版编目（CIP）数据

语言文化视角下英语教学艺术探究 / 李南楠，李彦霞，张自立著. -- 沈阳 : 辽宁科学技术出版社，2024.9. -- ISBN 978-7-5591-3803-3

Ⅰ．H319.3

中国国家版本馆 CIP 数据核字第 2024BS5821 号

出版发行：辽宁科学技术出版社
　　　　　（地址：沈阳市和平区十一纬路 25 号　邮编：110003）
印 刷 者：济南大地图文快印有限公司
经 销 者：各地新华书店
幅面尺寸：185mm×260mm
印　　张：16
字　　数：320 千字
出版时间：2025 年 4 月第 1 版
印刷时间：2025 年 4 月第 1 次印刷
策划编辑：王玉宝
责任编辑：姜　璐
责任校对：许晓倩

书　　号：ISBN 978-7-5591-3803-3
定　　价：88.00 元

本书编委会

李南楠　李彦霞　张自立　曹　阳　著

前　言

　　在英语教学中，语言文化视角的探究对于提高教学质量和学习效果具有重要意义。首先，语言与文化密不可分，通过教学艺术的方式将语言与文化相结合，有助于学生更好地理解英语背后的文化内涵，促进跨文化交际能力的培养。其次，通过艺术形式的呈现，可以激发学生学习英语的兴趣，提高学习动力，使学习过程更加生动有趣。同时，艺术形式的多样性也能够满足不同学生的学习需求，提高教学的个性化和多样化。此外，通过艺术探究，可以拓展教学内容，丰富教学手段，提升教学效果，使学生在语言学习中不仅仅是追求表面的语法和词汇，更能深入理解语言背后的文化内涵，实现真正的语言能力提升。因此，语言文化视角下英语教学艺术探究的意义在于促进学生全面发展，提高教学质量，培养学生的跨文化交际能力，使英语教学更加生动有趣和富有成效。

　　本书旨在探讨语言文化视角下英语教学艺术，深入研究英语教学理论与实践中的关键议题。通过对英语教学艺术的理论基础、教师角色与素养、课堂教学设计与组织、学生参与与合作学习、技术支持与创新应用等方面的系统阐述，为广大英语教育工作者提供理论指导与实践启示。

　　第一章首先探讨了语言文化视角下英语教学的理论基础，引领读者深入了解英语教学艺术的根基所在。随后，第二章概述了英语教学艺术的定义、核心要素、特征与意义，为读者揭示了英语教学艺术的全貌与重要性。在第三章中，我们将聚焦于教师在英语教学艺术中的核心地位，探讨教师的专业素养与能力要求，以及培养教师艺术修养的策略与方法。第四章将讨论课堂教学设计与组织，包括教学目标的设定与达成、课程内容的选择与组织、教学活动的设计与安排，以及教学资源的运用与创新。学生作为英语学习的主体，在第五章中将探讨学生主体性的培养与发展、学生参与的形式与策略、合作学习的理论与实践，以及学生评价与反馈的机制。第六章将着重于语言文化视角下的英语教学艺术，包括文化意识与素养的培养、文化导入与体验的设计，以及跨文化交际与语言表达的培养。接下来的章节将涵盖英语教学中的语言艺术、视觉艺术以及技术支持与创新应用等议题，帮助读者全面了解英语教学中不同艺术形式的运用与重要性。最后，我们将探讨语言文化视角下英语教学艺术面临的挑战与应对策略，包括跨文化沟通、文化冲突、个体差异、教师角色转变、多元化教材选择与设计以及跨文化教学策略的运用。

尽管存在一些挑战,但语言文化视角下的英语教学艺术探究仍具有广阔的发展前景。随着教育改革的不断深化,人们对于教育的需求也在不断提升,培养具有跨文化意识和能力的学生已成为当务之急。因此,相信在未来的发展中,越来越多的教育者将会重视语言文化视角下的英语教学艺术探究,为学生提供更加丰富多彩的学习体验,促进他们在语言学习中取得更好的成果。

　　本书旨在为英语教育领域的从业者提供启发与指导,帮助他们更好地理解和运用语言文化视角下的英语教学艺术,促进教学质量的提升,培养学生的综合语言能力与跨文化交际能力。希望本书能成为广大英语教育工作者的参考工具,共同探讨英语教学艺术的发展与创新,为培养具有国际视野和文化素养的英语人才贡献力量。

目　录

第一章　语言文化视角下英语教学理论探究

第一节　英语教学艺术的理论基础

英语作为全球通用语言之一，在现代社会中具有重要地位。因此，英语教学在各级学校和培训机构中都占据着重要的位置。而英语教学艺术作为有效的教学手段，对于提高学生的英语水平和培养学生的英语应用能力起着关键作用。

英语教学艺术能够帮助学生更好地掌握语言技能。通过创设真实且富有情感参与的学习环境，教师可以激发学生的学习兴趣，提高他们对英语学习的积极性。同时，教师还可以灵活运用多种教学方法和策略，满足不同学生的学习需求，促进他们听、说、读、写等多方面的语言能力的全面发展。

英语教学艺术注重培养学生的跨文化意识和跨文化交际能力。通过引入文化背景知识、文化体验活动以及跨文化交流的实践，学生可以更好地理解和尊重不同文化的差异，提高跨文化交际的能力。这对于他们在国际交流和跨国工作中具备更广泛的竞争力和适应能力至关重要。英语教学艺术还能促进学生的自主学习和批判性思维。通过鼓励学生积极参与、自主探索和反思学习过程，教师可以培养他们的学习兴趣和学习策略，提高他们的学习效果。同时，教师也应该引导学生批判性地思考和分析语言和文化现象，培养他们独立思考和解决问题的能力。

一、交际法

交际法是英语教学中的一种重要方法，它强调学生在真实情境中进行交流，注重培养学生的语言运用能力。交际法的理论基础主要源自美国语言学家戴尔·海姆斯提出的交际能力理论。交际能力包括语法能力、词汇能力、语音能力、话语能力和交际策略能力等。在英语教学中，教师应根据学生的实际水平和需求，设计各类交际活动，如角色扮演、小组讨论等，以提高学生的交际能力。

交际法的核心理念是通过真实的交际活动来促进学生的语言运用能力。传统的语法翻译教学侧重于语法规则和词汇的记忆和应用，但学生往往难以将所学知识运用到实际交际中。而交际法强调让学生置身于真实的交际环境中，通过与他人的互动来实践和运用语言知识。这样的教学方式能够增强学生的语言应用能力，提高他们的语言输出能力和交际技巧。

在交际法的教学实践中，教师应设计各种真实情境的交际活动。例如，角色扮演可以让学生在模拟的情境中运用所学语言来表达自己的观点和需求，培养他们的口语表达能力和交际技巧。小组讨论则可以鼓励学生在团队合作中进行意见交流和合作解决问题，提高他们的听说能力和合作能力。

此外，交际法也注重学生的语言输出和反馈。学生在交际活动中的语言表达需要得到及时的纠正和指导。教师可以给予学生针对性的语言反馈，帮助他们发现和纠正语言错误，并提供适当的语言策略和技巧。这样的反馈机制有助于学生不断改进和提升自己的语言运用能力。

二、任务型教学

任务型教学的核心理念是将学习与实际任务相结合，让学生在真实的情境中运用语言解决问题。相比传统的以教师为中心的教学模式，任务型教学更加注重学生的主动参与和自主学习。通过完成任务，学生不仅能够运用所学的语言知识，还能培养解决问题和合作的能力。

在任务型教学中，教师应精心设计各种具有挑战性和启发性的任务。这些任务可以是真实的生活场景，也可以是虚拟的情境。例如，让学生设计旅游行程、制作演示文稿、进行辩论等。这样的任务能够激发学生的学习兴趣，提高他们的动机和积极性。

任务型教学强调学生的合作与交流。学生通常以小组形式合作完成任务，彼此之间需要进行有效的沟通和协作。这样的合作方式有助于学生培养团队合作精神、倾听他人意见、互相支持和共同解决问题的能力。

在任务型教学中，教师的角色更像是引导者和促进者。教师应提供必要的语言支持和指导，同时鼓励学生自主学习和发现。教师可以提供词汇、语法和语言结构的提示，让学生在任务中灵活运用。此外，教师还应及时给予学生反馈和评价，帮助他们发现并改进语言错误。

任务型教学有助于培养学生的语言运用能力和问题解决能力。通过真实的任务情境，学生能够更好地理解和掌握语言知识，并将其应用到实际情境中。同时，任务型教学也促进了学生的批判性思维和创造性思维的发展，培养他们解决问题和应对挑战的能力。

三、多元智能理论

（一）个体差异的重视：多元智能理论认为每个人都拥有多个智能类型，并且在不同类型的智能上存在个体差异。教师应该关注学生的个体特点和智能类型，了解他们的优势和需求。这有助于根据学生的智能类型选择合适的教学方法和活动，激发他们的学习兴趣和潜能。

（二）多样化的教学策略：多元智能理论提供了多种教学策略，可以通过不同的智能类型来促进英语学习。例如，对于空间智能较强的学生，教师可以利用图表、地图等可视化工具来帮助他们理解和记忆英语知识。对于人际智能较强的学生，教师可以设计合作活动和小组讨论，鼓励他们与他人交流和合作。

（三）全面发展的目标：多元智能理论强调培养学生全面发展的目标，而不仅仅是语言智能的发展。除了培养学生的语言能力外，教师还应注重发展学生的其他智能类型，如创造力、情绪智能和自我意识等。这有助于学生在英语学习过程中全面发展，并提高他们在各个领域的综合能力。

（四）个性化的评估和反馈：多元智能理论也对评估和反馈提出了新的要求。教师应该采用多元化的评估方式，以考查学生在不同智能类型上的表现，并针对学生的不同智能类型给予个性化的反馈和指导，帮助他们进一步发展和提高。

四、教育技术理论

（一）计算机辅助语言学习（CALL）：计算机辅助语言学习是指利用计算机和相关技术来支持和增强语言学习过程。CALL 的理论基础包括认知心理学、教育技术和语言学等领域的研究成果。通过 CALL，学生可以进行在线练习、虚拟交流、多媒体学习等活动，从而提高他们的听说读写能力。

（二）网络辅助语言学习（NALL）：随着互联网的普及，网络辅助语言学习成为教育技术的新兴领域。NALL 利用网络平台和在线资源来促进英语学习。通过在线课程、远程交流和社交媒体等方式，学生可以实时与其他学习者和教师进行互动和合作，扩展他们的学习机会和学习资源。

（三）移动学习：移动学习是指利用移动设备（如智能手机、平板电脑等）来进行学习活动。移动学习使得学生可以随时随地进行学习，通过各种应用程序和在线资源来提高英语技能。教师可以为学生提供适合移动设备的学习材料和应用程序，以增强他们的学习体验和学习效果。

（四）数据驱动教学：数据驱动教学是指通过收集、分析和利用学生学习数据来指导教学过程。教育技术提供了多种工具和平台，可以帮助教师收集和分析学生的学习数据，如在线测验结果、学习进度和反馈等。通过数据分析，教师可以更好地了解学生的学习需求和问题，并相应地调整教学策略和内容。

（五）虚拟现实（VR）和增强现实（AR）：虚拟现实和增强现实技术为英语教学提供了全新的教学工具和环境。通过使用 VR 和 AR 设备，学生可以身临其境地参与虚拟场景和情境中的英语学习。这种沉浸式的学习体验可以增强学生的兴趣和参与度，加深对英语知识和文化的理解。

五、情感教育理论

情感教育理论认为情感与学习密切相关，积极的情感体验有助于学习效果的提升。在英语教学中，情感教育理论强调创设积极、支持性的学习环境，激发学习者的学习兴趣和动机。

（一）情感与学习的关联

情感是人类的基本心理活动之一，而学习是获取知识和技能的过程。情感与学习之间存在密切的关联，情感可以影响学习的质量和效果。积极的情感体验能够促进学习者的思维活跃和注意力集中，增强记忆力和理解力，提高信息的加工和应用能力，从而对学习效果产生积极的影响。

（二）创设积极、支持性的学习环境

在英语教学中，情感教育理论主张创设积极、支持性的学习环境。这意味着教师应该营造一个鼓励学生积极参与、表达自己观点和感受的氛围。

1. 鼓励学生分享和表达：教师应该鼓励学生分享自己的想法、感受和经验，给予他们充分的发言机会。这样可以让学生感到被重视和认同，增强他们的自信心和积极性。

2. 提供正向的反馈和奖励：教师应该及时给予学生正向的反馈和奖励，鼓励他们的努力和进步。这种积极的反馈可以增强学生的学习动力和满足感，培养他们对学习的积极态度。

3. 创设合作和互助的学习氛围：教师可以组织学生进行小组合作学习或互助学习，让他们在合作中相互支持和帮助。这种合作可以培养学生之间的友善和信任，增强他们的情感联结，激发他们的学习兴趣和动机。

（三）激发学习者的学习兴趣和动机

情感教育理论认为，学习的效果与学习者的兴趣和动机密切相关。因此，在英语教学中，教师需要通过以下方式激发学习者的学习兴趣和动机。

1. 创设有趣和具有挑战性的学习任务：教师可以设计一些富有情趣和挑战性的学习任务，让学生在解决问题、完成任务的过程中体验到学习的乐趣和成就感。

2. 关注学生个体差异和需求：教师应该关注学生的个体差异和需求，尊重他们的兴趣和喜好。可以通过提供多样化的学习资源和活动来满足学生的不同需求，激发他们的学习动机。

3. 培养学生的学习目标和自我效能感：教师可以帮助学生设定明确的学习目标，并提供相应的支持和指导。同时，教师还可以通过给予学生成功经验和鼓励，增强他们的自我效能感，激发他们对学习的信心和动力。

（四）关注学生的情感需求

1. 倾听学生的问题和困惑：教师应该倾听学生的问题和困惑，给予他们关心和理解。及时解答学生的疑问，并提供相应的指导和支持。

2. 给予理解和鼓励：教师可以对学生的困难和挫折给予理解和鼓励，帮助他们调整情绪，克服困难。同时，教师还可以通过表扬和赞美来增强学生的自尊心和自信心。

3. 建立良好的师生关系：教师应该与学生建立良好的师生关系，让学生感到被认同和接纳。这可以通过与学生进行有效沟通、关心学生的成长和发展、与学生建立信任关系等方式来实现。

第二节　语言文化视角的概念与理论基础

语言是人类沟通交流的重要工具，同时也反映了不同文化背景下的价值观和思维方式。语言文化视角将语言与文化联系起来，强调了语言与文化之间的相互影响关系。

一、社会构造主义

社会构造主义是一种社会科学理论，它认为个体的行为和认知是通过社会交往和文化环境的影响而形成的。在语言学领域，社会构造主义强调语言的使用是社会实践的一部分，语言的意义是在社会互动中共同构建的。因此，语言文化视角下的英语教学应该关注学生的社会背景和文化认知，培养学生的跨文化交际能力。

社会构造主义的核心观点是人类的认知和行为是在社会互动中产生的。个体的思维和行为受到社会环境、社会规范和文化传统的影响。这就意味着人们对世界的理解和认知是通过与他人的交流和共享经验得到的。例如，在不同文化环境中，人们对于时间、空间、身份等概念的理解可能存在差异，这反映了社会和文化对个体认知的塑造作用。

在语言学领域，社会构造主义强调语言是社会实践的一部分，语言的意义是在社会互动中共同构建的。语言不仅仅是一种工具，它还承载着文化、价值观和社会规范。因此，在英语教学中，应该关注学生的社会背景和文化认知，培养学生的跨文化交际能力。

从社会构造主义的视角来看，英语教学应该注重学生对语言和文化的理解。教师可以通过引导学生参与真实的社会交往和语言实践活动，帮助他们理解语言的使用背后的文化意义和社会规范。例如，通过讨论不同文化中的礼仪和习惯，学生可以更好地理解并尊重不同文化之间的差异。

此外，教师还可以鼓励学生运用所学的英语知识和技能参与跨文化交际。例如，通过模拟真实场景的对话、角色扮演等活动，学生可以锻炼自己的语言表达能力和跨文化沟通能力。同时，教师还可以引导学生思考语言使用的背景和影响，培养他们的文化敏感性和批判性思维能力。

二、文化认知理论

文化认知理论认为文化对于个体的认知和思维方式具有重要影响。不同文化背景下的人们对事物的理解和评价会存在差异，这也反映在语言使用上。因此，英语教学应该注重培养学生的跨文化意识和文化适应能力，使他们能够更好地理解和运用英语。

文化认知理论认为，文化是一种共享的符号系统，它塑造了人们的价值观、信念和行为模式。不同的文化背景下，人们对于时间、空间、社会关系等概念的理解可能存在差异。例如，在一些东方文化中，强调集体主义和面子文化，而在西方文化中，强调个人主义和自由价值观。这种文化差异会影响个体的认知方式和思维模式。

在英语教学中，应该将文化融入教学过程中，帮助学生理解并适应不同文化背景下的语言使用和交际习惯。首先，教师可以引导学生学习目标语言国家的文化背景和习俗，使他们对于该文化的价值观和社会规范有所了解。例如，通过学习英语国家的节日、礼仪和社交规范，学生可以更好地理解和运用英语。

其次，教师还可以引导学生进行跨文化对比和分析，帮助他们认识到不同文化背景下的语言和思维方式的差异。通过对比不同文化中的语言表达和行为习惯，学生可以培养出跨文化意识和灵活的交际能力。例如，通过讨论不同文化中的礼貌用语和交际技巧，学生可以了解并尊重不同文化之间的差异，避免文化冲突和误解。

此外，教师还可以鼓励学生参与真实的跨文化交流活动，提供机会让学生亲身体验和应用所学的英语知识和技能。例如，通过与来自不同文化背景的学生或教师进行合作项目，学生可以更深入地了解其他文化，并在实践中提高自己的跨文化交际能力。

三、跨文化交际

（一）文化冲突理论：文化冲突理论认为不同文化之间的差异和冲突是跨文化交际中常见的问题。这些差异可能涉及语言、价值观念、信仰、社会习俗等方面，而这些差异容易导致误解、矛盾甚至冲突。通过了解和尊重对方的文化背景，可以减少文化冲突的发生，并寻找解决冲突的途径。

（二）文化认知理论：文化认知理论关注个体对文化的认知和理解。它强调个体在跨文化交际中需要具备对自己和他人文化的认知能力。这种认知能力包括对文化特征、文化价值观念、行为规范等的了解，以及对文化差异和相似性的认知。通过增强文化认知能力，个体可以更好地适应和理解不同文化环境。

（三）语用学和交际意图理论：语用学和交际意图理论关注语言在跨文化交际中的使用和解读。不同文化中，语言的使用方式和交际意图可能存在差异，导致误解和沟通障碍。理解并掌握对方的语言使用规范、礼貌用语、委婉表达等是跨文化交际中的重要能力。同时，也需要学会解读对方的非语言行为和语境信息，以更准确地理解对方的意图。

（四）跨文化适应理论：跨文化适应理论研究个体在新的文化环境中的适应过程和策略。它强调个体需要具备灵活性和开放心态，积极调整自己的行为和观念，以适应新的文化环境。这包括对新文化的学习和接受，寻找与他人的共同点，主动参与社交活动等。跨文化适应能力有助于个体更好地融入和理解新的文化环境。

四、后现代主义视角

后现代主义视角是一种对传统观点和二元对立的质疑，强调多样性、流动性和反思性。在语言文化教学中，后现代主义视角提供了一种新的理论框架，鼓励学习者探索和批判性思考，培养他们的跨文化意识和批判性文化参与能力。

后现代主义视角认为语言和文化是复杂而动态的，不应被简化或固定化。传统的权威性观点常常将文化看作一个统一且稳定的实体，而后现代主义视角则强调文化的多样性和变化性。它认为文化是由各种各样的力量和因素交织而成的，没有一个固定的中心或标准。

在语言文化教学中，后现代主义视角强调学习者的主体性和参与性。学习者被鼓励以批判性的眼光审视和探索不同文化的背景和价值观。他们被激发去质疑和挑战传统的观念和偏见，从而更好地理解和尊重其他文化。

后现代主义视角还强调语言和文化的流动性和变化性。它认为语言和文化不是静止不变的，而是随着时间、地点和社会环境的变化而演变的。因此，在语言文化教学中，学习者应该被鼓励去探索和理解不同语境中的语言使用和意义。他们需要学会适应和运用语言来表达自己，并且要有能力解读和理解他人的语言行为。

此外，后现代主义视角还强调反思性。学习者被鼓励对自己的观念、偏见和经验进行反思，并与其他人分享和交流。这种反思性的过程可以帮助学习者深入思考和了解自己所处的文化背景，从而更好地理解和接受其他文化。

五、文化心理学

文化心理学是一门研究文化对个体心理过程的影响的学科，包括思维方式、知觉、情感和价值观等方面。该理论认为语言与文化紧密相连，人们通过语言来表达和塑造其所处的文化背景。在语言文化视角下，了解文化心理学理论可以帮助学习者更好地理解和运用目标语言的文化内涵。

文化心理学强调文化对个体心理过程的塑造作用。不同的文化背景会影响个体的思维方式和认知方式。例如，个体所处的文化对于问题解决、推理和决策等认知过程会产生影响。一些文化可能更加注重集体主义和人际关系，而另一些文化则更注重个体主义和自我表达。这些差异会影响个体对世界的看法和行为方式。

文化心理学还关注文化对个体情感和价值观的塑造。不同文化中的价值观念和情感表达方式存在差异。比如，一些文化注重尊重和谦逊，而另一些文化则更注重个人权利和自由表达。文化背景也会影响个体对于情感的表达方式和理解方式。了解这些文化差异可以帮助学习者更好地理解和与其他文化的人进行交流和互动。

在语言文化视角下，了解文化心理学理论对于语言学习和跨文化交际非常重要。通过了解目标语言所处的文化背景，学习者可以更好地理解语言的含义和使用方式。语言是文化的载体，通过语言的学习，学习者可以逐渐了解目标文化的思维方式、价值观念和情感表达方式。这有助于学习者更准确地运用语言，并避免因文化差异而导致的误解和冲突。

此外，文化心理学还强调跨文化比较的重要性。通过对不同文化之间的比较研究，可以深入理解不同文化背景下的心理过程和行为方式。学习者可以通过对比自己的文化和目标文化，发现并理解文化差异，并且逐渐培养出跨文化的灵活性和适应能力。

第三节 语言文化视角对英语教学的启示

一、培养跨文化意识

（一）引入多元文化内容：教师可以引入来自不同文化背景的文学作品、音乐、电影等，让学生了解和欣赏其他文化的艺术表达方式。通过接触多元文化内容，学生可以拓宽视野，增加对其他文化的认知。

（二）探索文化差异：教师可以组织学生进行小组讨论或项目研究，探索不同文化之间的差异和共通点。这样的活动可以促使学生思考和理解不同文化的价值观念、传统习俗等方面的差异，并增强他们的跨文化意识。

（三）组织跨文化交流活动：教师可以组织跨文化交流活动，例如与其他国家的学校进行合作项目，或者邀请外籍教师和学生来校交流。这样的活动可以让学生直接接触和交流来自其他文化背景的人，增强他们的跨文化体验和意识。

（四）鼓励批判性思考与比较：教师可以鼓励学生进行批判性思考和文化比较。学生可以对不同文化中的某一现象或问题进行分析和评价，理解其中的文化因素，并提出自己的观点。这样的活动可以培养学生的批判性思维和跨文化意识。

（五）尊重和包容多样性：教师应该鼓励学生尊重和接受不同文化之间的差异，避免以自己的文化标准来评判其他文化。学生需要学会欣赏多元文化的美丽和价值，培养包容性和开放性的心态。

二、促进跨文化交际

（一）设计跨文化交际活动：教师可以设计具有跨文化特色的交际活动，如模拟国际会议、开展跨文化对话等。通过这样的活动，学生可以在真实的跨文化情境中进行交流和互动，提高他们的跨文化交际能力。

（二）引入真实跨文化资源：教师可以引入来自不同文化背景的真实资源，如新闻报道、广告、社交媒体内容等。学生可以通过分析和讨论这些资源，了解其他文化的价值观念、社会习俗等，并与其他学生分享自己的观点和经验。

（三）开展跨文化合作项目：教师可以组织学生参与跨文化合作项目。例如，与其他国家或地区的学校进行合作，共同完成一个任务或项目。通过与其他文化背景的学生合作，学生可以更深入地了解和尊重其他文化，同时培养跨文化合作能力。

（四）学习跨文化沟通技巧：教师可以教授学生一些跨文化交际的基本技巧，如适应对方的语速、语调和非语言表达方式，主动提问和倾听他人的观点等。通过学习这些技巧，学生可以更好地与其他文化背景的人进行交流，并避免文化冲突和误解。

（五）培养跨文化敏感性：教师可以鼓励学生培养跨文化敏感性，即对不同文化背景的人和事物保持敏感和关注。学生需要学会尊重和接受不同文化之间的差异，以及在跨文化交际中灵活应对不同的情境和需求。

三、提升语言学习效果

（一）引入与学生所处文化相关的话题和材料：教师可以根据学生的文化背景和兴趣，选择与其所处文化相关的话题和材料。通过引入与学生熟悉的文化相关的内容，可以增加学习的实用性和吸引力，激发学生的学习兴趣和积极性。

（二）运用文化认知理论：教师可以运用文化认知理论帮助学生了解不同文化之间的差异和共通点。通过比较和对比不同文化的语言使用、价值观念等方面的差异，学生可以更深入地理解目标语言的文化内涵，并在语言学习中更准确地运用目标语言。

（三）运用社会构造主义的原则：教师可以运用社会构造主义的原则，鼓励学生通过互动和合作来建构知识。例如，组织小组讨论、角色扮演和合作项目等活动，让学生在真实的语境中进行语言交流和合作，从而提高他们的语言学习效果。

（四）创设真实语言环境：教师可以创设真实的语言环境，让学生有机会在实际情境中使用目标语言。例如，通过模拟购物场景、旅行情境等，让学生进行口语交流和应用目标语言。这样的实践经验可以提高学生的语言运用能力和自信心。

（五）设计个性化教学：教师可以根据学生的个体差异和学习需求，进行个性化教学。通过了解学生的背景、兴趣和学习风格，教师可以针对每个学生的特点设计个性化的学习任务和活动，提升他们的学习效果。

四、提高文化敏感性

（一）引入文化背景知识：教师可以引入目标语言所属文化的背景知识，包括历史、地理、风俗习惯、价值观念等方面的内容。通过了解这些文化背景知识，学习者可以更好地理解和运用目标语言，并避免因文化差异而产生的误解或冲突。

（二）探索文化差异和共通点：教师可以组织学习者进行讨论和比较不同文化之间的差异和共通点。通过比较分析，学习者可以意识到不同文化的价值观念、社会规范、沟通方式等方面的差异，并培养出尊重和欣赏多样性的态度。

（三）学习非语言表达方式：除了语言，教师应鼓励学习者学习目标文化中的非语言表达方式，如姿势、面部表情、肢体动作等。这些非语言信号在跨文化交际中扮演着重要的角色，学习者通过掌握这些非语言表达方式，可以更准确地理解和传达信息。

（四）培养跨文化沟通技巧：教师可以教授学习者一些跨文化沟通的基本技巧，如倾听和观察、提问和澄清意思、避免假设和刻板印象等。这些技巧有助于学习者在跨文化交际中更加敏感地捕捉和解读对方的意图和信息。

（五）提供真实情境练习：教师可以创造真实的跨文化情境，让学习者进行实践和应用。例如，通过模拟商务会议、旅行情景等，学习者可以在真实的语境中运用目标语言并与其他文化背景的人进行交流，从而增强他们的文化敏感性和跨文化交际能力。

五、整合多媒体资源

（一）引入影视资源：教师可以引入与学习主题相关的电影片段或视频剪辑，让学习者通过观看影视作品来了解和感受目标语言所属文化的各个方面。影视资源能够提供丰富的语言输入和真实的语境背景，激发学习者的兴趣并增加他们对目标文化的认知。

（二）利用音乐资源：教师可以引入目标文化的音乐作品，包括歌曲、民族音乐等。通过欣赏和分析音乐，学习者可以更深入地了解目标文化的价值观念、情感表达方式等，并从中获得语言学习的乐趣和动力。

（三）探索文学作品：教师可以选取与学习主题相关的文学作品，如短篇小说、诗歌等。通过阅读和讨论文学作品，学习者可以体验不同文化的思想、情感和审美，拓宽自己的文化视野和理解。

（四）制作多媒体项目：教师可以引导学习者利用多媒体工具制作项目，如视频演讲、电子书、博客等。通过这样的项目，学习者可以运用语言和技术来表达自己对文化的理解和观点，并与其他学习者分享。

（五）创设虚拟语境：教师可以运用虚拟现实技术或在线平台，创设虚拟的语言环境，让学习者在其中进行交流和互动。这样的虚拟语境可以提供更真实的跨文化体验，培养学习者的跨文化交际能力和应变能力。

六、强调反思性学习

（一）学习者自主性：教师应鼓励学习者在语言学习过程中保持自主性，并给予他们足够的自主决策权。学习者可以根据自己的学习需求和兴趣选择学习资源和活动，参与目标文化的交流和实践。这样的自主学习能够促进学习者的主动参与和批判性思考。

（二）反思学习体验：教师可以引导学习者反思自己的学习体验，包括学习的困难和挑战，以及在跨文化交际中的成长和收获。通过反思，学习者可以深入思考自己的学习方法和策略，发现问题并寻找解决方案，从而提高学习效率和跨文化交际能力。

（三）提供反馈和指导：教师可以及时提供学习者的反馈和指导。通过正面的鼓励和具体的建议，教师可以帮助学习者认识到自己的优势不足，并提供适当的学习策略和资源，以促进他们的学习和成长。

（四）创设合作学习环境：教师可以创设合作学习环境，鼓励学习者相互交流和分享学习经验。通过小组讨论、伙伴互助等方式，学习者可以从彼此的经验和观点中获得启发，并进行反思和探索。

（五）鼓励批判性思考：教师应鼓励学习者进行批判性思考，挑战传统观念和偏见，并提出自己的观点和解释。学习者可以通过对不同文化之间的比较和分析，了解多元文化的复杂性，并培养批判性思维的能力。

第二章 英语教学艺术概述

第一节 英语教学艺术的定义与范畴界定

一、英语教学艺术的定义

英语教学艺术是指教师在英语教学过程中所展现的创造力、技巧和智慧。它不仅仅是将知识传授给学生，更注重如何激发学生的兴趣、培养他们的语言能力和思维能力，并促使他们在真实的语境中运用所学知识。

英语教学艺术涵盖了多个方面的技能和能力。首先，教师需要具备扎实的英语语言知识和教学能力，能够准确地传递语言知识和文化背景给学生。其次，教师还需要有灵活的教学方法和策略，能够根据学生的需求和学习风格进行个性化的教学设计。此外，教师还需要善于引导学生进行互动和合作，营造积极、互信的学习氛围。

英语教学艺术也强调教师的情感与人际关系的管理。教师应该具备耐心、关怀和尊重，倾听学生的声音，关注他们的发展和需求。同时，教师应该激励学生，提供积极的反馈和鼓励，帮助他们建立自信、培养自主学习的能力。

二、英语教学艺术的范畴

（一）教学目标的设定

在英语教学中，教学目标的设定对于教师的教学方向和重点具有重要的影响。教师需要根据学生的需求、学习能力以及课程要求等因素，制定明确、具体的教学目标。合理设定的教学目标不仅能够激发学生的学习兴趣，提高他们的学习动机，还能够帮助教师设计有效的教学活动。

首先，教师需要考虑学生的需求。学生在学习英语时可能有不同的目标和需求，例如提高口语表达能力、扩大词汇量、提升听力理解能力等。因此，教师应该针对不同学生的需求制定相应的教学目标，以满足他们的学习需求并激发他们的学习兴趣。

其次，教师需要考虑学生的学习能力。不同学生的学习能力存在差异，有些学生可能具有较强的学习能力，而有些学生则相对较弱。因此，在设定教学目标时，教师应该考虑到学生的学习能力水平，合理地确定目标的难度和深度，使得学生能够在适当的挑战下进行学习，并取得进步。

再次，教师还需要考虑课程要求。不同的课程可能有不同的教学要求和标准。教师应该仔细研究课程大纲和教材，了解所教授内容的重点和要求，然后根据这些要求制定相应的教学目标，确保教学活动与课程要求相一致。

最后，教师还可以结合教学实践经验和教育理论，采用一些有效的教学方法和策略来辅助达成教学目标。例如，可以利用游戏、小组讨论、角色扮演等多样化的教学活动，激发学生的参与和兴趣，提高他们的学习效果。

（二）教学方法与策略

在英语教学中，选择合适的教学方法和策略对于提高学生的学习效果至关重要。教师应根据不同的教学内容和学生特点，灵活运用各种教学方法和策略，以激发学生的学习兴趣和积极参与。

首先，游戏是常用的教学方法之一。通过设计趣味性强、互动性高的英语游戏，可以让学生在轻松愉快的氛围中学习语言知识和技能。例如，可以利用单词卡片游戏、角色扮演游戏等，帮助学生巩固词汇、练习口语表达，并提高他们的语言运用能力。

其次，讨论和小组合作是培养学生思辨能力和合作精神的有效方法。教师可以组织学生进行小组讨论，引导他们就某个话题展开思考和交流。通过讨论，学生可以表达自己的观点，听取他人的意见，并共同探讨问题。这样的活动不仅有助于提高学生的口语表达能力，还培养了他们的团队合作和沟通能力。

此外，教师还可以运用多媒体技术和互联网资源来支持教学。通过利用投影仪、电子白板等设备，教师可以展示丰富多样的图片、视频和音频资料，使得教学更加生动有趣。同时，教师可以引导学生利用互联网资源进行自主学习，例如使用在线词典、阅读英文新闻等，以拓宽他们的学习渠道和提高信息获取能力。

另外，个性化教学是一种注重学生差异化需求的教学策略。教师可以根据学生的不同学习风格和能力水平，采用差异化的教学方法和材料，满足每个学生的学习需求。例如，对于语言能力较弱的学生，可以提供额外的辅导和练习机会；对于学习进度较快的学生，可以设置拓展任务来挑战他们。

（三）课堂管理与组织

在英语教学中，良好的课堂管理与组织对于创造积极的学习环境和有效的教学效果至关重要。教师需要具备一定的时间管理能力，合理安排教学活动的顺序和时间，确保每个环节都能充分利用，达到预期的教学目标。

首先，教师应提前准备教学内容，并制订详细的教学计划。教学计划应包括所需的教学材料、教学活动和时间分配等。通过提前准备，教师可以更好地掌握教学进度和安排，确保课堂活动的连贯性和流畅性。

其次，教师需要建立明确的纪律规范，并向学生传达清晰的课堂规则和期望。这些规范可以包括上课迟到、缺席、课堂安静、尊重他人等方面的要求。教师应当耐心解释规则的重要性，并与学生共同制定一份公平合理的行为准则，培养学生的自律意识和责任感。

另外，教师应采用积极的激励措施，鼓励学生的参与和表现。通过给予赞扬、奖励等肯定性的反馈，教师可以激发学生的积极性和学习动力，增强他们对课堂活动的兴趣和投入。

此外，教师还应注意灵活运用不同的教学方法和策略来维持课堂秩序和学生的专注度。例如，可以利用小组讨论、角色扮演等互动性强的活动形式，吸引学生的注意力，减少他们的厌倦感。

最后，教师还应及时监测学生的学习情况，并根据需要进行个别辅导或群体指导。教师可以通过观察学生的表现、提问、小测验等方式了解学生的学习进展，并及时调整教学策略和安排，以满足学生的学习需求。

（四）教学资源的运用

在英语教学中，合理选择和运用教学资源对于促进学生的学习至关重要。教师可以根据教学内容和学生需求，利用各种教学资源，提供多样化的学习体验，增强学生的学习效果和兴趣。

首先，多媒体设备是一种常用的教学资源。教师可以利用投影仪、电子白板等设备展示图像、视频和音频资料，使得教学更加生动有趣。通过视觉和听觉输入，学生能够更好地理解和记忆所学内容。例如，教师可以播放与课文相关的视频片段，让学生通过观看来加深对语言和文化的理解。

其次，教学教材是不可或缺的教学资源。教师应选用适合学生水平和教学目标的教材，如教科书、练习册、阅读材料等。教材可以提供系统的学习内容和练习任务，帮助学生掌握语言知识和技能。同时，教师还可以根据教材内容进行必要的补充和拓展，以满足学生的学习需求。

此外，互联网资源也是重要的教学资源之一。教师可以利用互联网搜索引擎、在线词典、学习平台等，为学生提供丰富多样的学习资料和练习资源。通过引导学生利用互联网资源进行自主学习，他们可以拓展学习渠道，提高信息获取能力，并与全球范围内的学习者交流和合作。

另外，教师还可以通过利用实物、图片、模型等教学工具来支持教学。例如，教师可以使用实物或模型来展示物品，帮助学生理解和掌握相关词汇和语言表达。同时，通过图片的使用，可以激发学生的想象力和创造力，促进他们的口语表达和写作能力的提升。

（五）评价与反馈

1. 设计合适的评价方式和标准：教师需要根据学习目标和内容，设计出符合实际情况的评价方式和标准。评价方式可以包括考试、作业、课堂表现等多种形式，而评价标准则应该明确、客观、公正，以便准确地了解学生的学习情况。

2. 及时给予积极的反馈：教师在评价学生学习成果后，应该及时向学生给予反馈。这些反馈应该是积极的带有，并且要具体、具有指导性。通过及时的反馈，学生能够知道自己在哪些方面做得好，哪些方面需要改进，从而调整学习策略和方法。

3. 提供具体的建议和指导：除了给予反馈外，教师还应该向学生提供具体的建议和指导。通过分析学生的学习情况，教师可以针对性地提出改进的建议，帮助学生发现问题并找到解决问题的方法。这样，学生能够更好地理解和掌握知识，提高学习效率。

4. 评价与反馈对于学生的学习非常重要。它可以激发学生的学习动力，帮助他们发现自己的优势和不足，从而更好地规划学习目标和路径。同时，评价与反馈也是教师了解学生学习情况的重要途径，有助于教师及时调整教学策略，提高教学效果。

因此，教师在评价与反馈过程中应该注重科学性、客观性和个性化，给予学生积极的支持和指导，以促进学生全面发展和成长。

（六）激发学生学习兴趣

1. 多样化的教学活动和教材：教师可以利用多样化的教学活动和教材来吸引学生的注意力。例如，使用有趣的游戏、音乐、视频等多媒体资源，让学生在轻松愉快的氛围中学习。此外，选择丰富有趣的教材，如有趣的故事、真实的情景对话等，可以提高学生对学习内容的兴趣。

2. 创造积极、轻松的学习氛围：教师应该创造积极、轻松的学习氛围，让学生感到舒适和自由。鼓励学生参与课堂讨论，表达自己的观点和想法，尊重他们的学习风格和个性差异。此外，赞扬和奖励学生的努力和成就，可以增强他们对学习的积极性和自信心。

3. 引导学生参与真实的语言交际活动：将英语学习与实际语言运用联系起来，可以激发学生的学习兴趣。教师可以组织学生参与真实的语言交际活动，如模拟对话、角色扮演、实地考察等，让学生亲身体验英语的实际运用场景。这样，学生能够感受到学习英语的实际价值和意义，增强他们的学习动力。

4. 设计个性化的学习方式和目标：教师应该尊重学生的个性差异，采用个性化的学习方式和目标。了解学生的兴趣爱好和学习风格，根据他们的需求和特点设计教学内容和活动，可以更好地激发学生的学习兴趣。同时，鼓励学生设立个人学习目标，并给予他们相应的支持和指导。

第二节　英语教学艺术的核心要素解析

一、学生关注度

（一）创设有趣的教学活动

创设有趣的教学活动是提高学生关注度的一种有效方法。教师可以设计一些具有互动性和趣味性的教学活动，如游戏、角色扮演和小组合作等，以吸引学生的注意力并激发他们的学习兴趣。

首先，游戏化的教学活动能够使学习变得更加有趣。通过将教学内容融入游戏中，学生可以在轻松愉快的氛围中进行学习。例如，教师可以设计知识竞赛游戏，让学生以小组或个人形式参与，通过竞争激发学生的求胜心理，从而增加对学习的投入感。

其次，角色扮演活动可以帮助学生更好地理解和运用所学知识。通过扮演不同的角色，学生可以在模拟的情境中运用所学知识解决问题，提高思维能力和实际应用能力。例如，在语言类课程中，教师可以设计情景对话活动，让学生扮演不同的角色进行对话，既锻炼了语言表达能力，又增强了学习的趣味性。

最后，小组合作活动可以促进学生之间的互动和合作。通过分组让学生共同完成任务或项目，鼓励他们相互交流、协作和分享，培养团队精神和合作意识。学生在合作中相互支持和学习，不仅能够提高学习效率，还能增强对学习内容的关注度。

（二）利用多媒体资源

利用多媒体资源在教学中具有许多优势。首先，多媒体资源可以以生动形象的方式呈现教学内容，通过图片、音频和视频等形式，直观地展示抽象概念和复杂过程，帮助学生更好地理解和记忆。例如，在教授科学实验时，可以通过视频展示实际操作过程，使学生更清晰地了解每个步骤和实验结果。

其次，利用多媒体资源可以创造出丰富多样的教学情境，提供真实的案例和实例，使学生能够将知识与实际应用联系起来。通过展示相关的图片或视频，可以激发学生的兴趣和好奇心，增强他们对学习内容的关注度和参与度。例如，在教授历史课程时，可以使用图片和视频来展示历史事件的场景和人物，使学生更加身临其境，深入了解历史背景和文化。

最后，多媒体资源还可以通过互动性的设计激发学生主动学习。教师可以利用音频和视频等媒体资源设计一些互动活动，如听力练习、问题解答等，鼓励学生积极参与课堂，提高他们的学习效果和成绩。例如，在语言教学中，可以通过播放录音来进行听力训练，并设计相关问题来检验学生的理解和应用能力。

（三）引导学生参与课堂讨论

1. 创建安全的学习环境：教师需要营造一个开放、尊重和包容的学习氛围，鼓励学生表达自己的观点和想法，无论对错。学生应该感到自信和舒适，不用担心被批评或嘲笑。

2. 提出开放性问题：教师可以提出开放性的问题，要求学生思考并给出个人观点或解释。这样的问题可以激发学生的思考和探索欲望，鼓励他们参与讨论并提出自己的观点。

3. 引导学生进行互动交流：教师可以通过提问、回应和追问等方式引导学生之间展开讨论。同时，教师也要积极参与其中，与学生进行有意义的对话，帮助他们深入思考和理解。

4. 推动学生思考多个角度：教师可以引导学生从不同的角度和观点来思考问题，鼓励他们扩展思维边界，培养多元化的思考能力。这样可以激发学生的思维活力，促使他们产生更深入的讨论和分析。

5. 鼓励学生互相倾听和尊重：教师要教导学生倾听他人的观点，尊重他人的意见，并学会建设性地回应和反驳。这种良好的交流和合作氛围有助于提高课堂讨论的质量和效果。

（四）制订个性化的教学策略

1. 学生调研和了解：教师可以通过问卷调查、观察和交流等方式，深入了解学生的兴趣爱好、学习风格、学习目标和困难点等信息。这样可以为教师设计个性化的教学计划和活动提供基础。

2. 不同教学方法的运用：根据学生的学习特点和需求，教师可以选择不同的教学方法和策略。例如，对于视觉型学习者，可以使用图表、图像和视频等多媒体资源；对于听觉型学习者，可以利用音频材料和口头讲解；对于动手型学习者，可以设计实践性的活动和实验等。

3. 差异化教学：在课堂上，教师可以根据学生的学习水平和能力差异，提供不同层次和难度的任务和练习，以满足每个学生的学习需求。这样可以确保每个学生都能够在适合自己的学习区域内进行学习，并得到个别指导和支持。

4. 推崇学生参与：个性化教学强调学生的主动参与和自主学习。教师可以鼓励学生提出问题、分享经验和解决方案，让学生在学习过程中发挥更大的主导作用。同时，教师也要提供适当的指导和反馈，帮助学生克服困难和提高学习效率。

5. 激发学生兴趣：个性化教学应该注重激发学生的学习兴趣和动机。教师可以根据学生的兴趣爱好，设计有趣和具有挑战性的学习任务和活动，使学生对学习内容产生浓厚的兴趣和投入感。

（五）赋予学生主动学习的角色

1. 提供选择和自主权：教师可以给学生提供一定范围内的选择权，让他们在学习过程中做出决策。例如，可以让学生选择他们感兴趣的研究课题、阅读材料或完成任务的方式。这样可以增加学生的学习动机和参与度。

2. 设计探索性任务：教师可以设计一些开放性的任务和项目，鼓励学生进行探索和独立思考。这些任务可以涉及真实的问题和情境，激发学生的好奇心和探索欲望。通过自主解决问题的过程，学生能够培养批判性思维和解决问题的能力。

3. 培养学习策略和技能：教师可以教导学生一些有效的学习策略和技能，帮助他们更好地组织学习，管理时间和资源。例如，教授学习笔记的技巧、阅读理解的方法和复习备考的策略等。这样可以提高学生的学习效率和自主学习能力。

4. 提供反馈和指导：尽管要鼓励学生主动学习，但教师仍然需要提供及时的反馈和指导。通过对学生的工作进行评估和反馈，教师可以引导学生思考和改进。同时，教师也要提供必要的支持和资源，帮助学生克服困难并取得成功。

5. 建立合作学习环境：学生在合作学习中可以共同解决问题、分享知识和经验。教师可以组织小组活动或项目，让学生互相合作，相互学习。这样可以培养学生的合作精神和团队意识，同时也增加他们对学习的积极性和参与度。

二、语言输入与输出平衡

（一）提供丰富的听力材料

使用丰富的听力材料对学生的听力理解能力和语音感知能力有很大帮助。教师可以通过以下几种形式提供多样化的听力材料。

1. 录音：录制各种口音和语速的对话、短文或新闻报道，让学生通过听取来适应不同的语言环境和语音特点。

2. 视频：选择一些与学习主题相关的视频素材，例如纪录片、电影片段、演讲等，让学生通过观看和听取来锻炼听力技能。

3. 真实对话：提供真实的对话材料，例如采访录音或真实情景的对话录音，让学生在真实语境中练习听力和理解能力。

通过使用不同形式的听力材料，学生可以接触到不同的口音、语速和语境，从而提高他们的听力理解能力。同时，学生还能够通过多样化的听力材料来培养对不同语音特点的感知能力，使其更加敏锐地捕捉和理解语音信息。这样的练习有助于学生在日常交流和理解中更加自信和流利。

（二）提供多样化的阅读材料

1. 文本选择：根据学生的水平和兴趣，选择适合他们阅读的文本，如文章、新闻、小说、诗歌等。确保文本内容有足够的挑战性，同时也不会过于困难，以激发学生的阅读兴趣和提高他们的阅读能力。

2. 讨论和解析：引导学生在阅读过程中进行讨论，分享他们的理解和观点。教师可以提出问题，鼓励学生思考并表达自己的看法。此外，教师还可以帮助学生解析文本中的难点，并指导他们运用阅读策略来理解文本。

3. 写作活动：通过与阅读材料相关的写作任务，如写摘要、总结、评论或创作类作文等，促进学生对文本的深入理解和运用能力的提升。写作活动可以帮助学生加深对词汇和语法的理解，并提高他们的写作表达能力。

（三）创设真实情景

1. 角色扮演：让学生扮演不同的角色，在模拟的情境中进行对话或表演，例如餐厅点餐、旅行询问路线等。通过角色扮演，学生能够亲身体验真实的语言使用情境，提高语言的流利度和准确性。

2. 小组讨论：将学生分成小组，给予他们一个具体的话题或问题，并鼓励他们在小组内进行讨论和交流。教师可以提供一些启发性的问题，引导学生展开思考和表达自己的观点。这样的活动可以锻炼学生的口语表达能力，同时也促进他们的合作与沟通能力。

3. 辩论：组织辩论活动可以激发学生的思维能力和口语表达能力。教师可以选择一些有争议性的话题，让学生分为正方和反方进行辩论。通过辩论，学生可以锻炼说服力和逻辑思维，并学会以合理的论据支持自己的观点。

在创设真实情景的过程中，教师应该充当引导者和促进者的角色，提供必要的指导和反馈。同时，教师还可以引导学生注意语言交际策略的运用，如礼貌用语、转折词语等，帮助他们更好地适应真实语境并提高交际能力。

（四）提供写作指导

1. 提供范例：教师可以给学生展示一些优秀的写作范例，让他们了解优秀作品的结构、语言运用和逻辑思维。通过分析范例，学生可以更好地理解写作的要素和技巧，并将其应用到自己的写作中。

2. 写作指导：教师可以为学生提供具体的写作指导，包括如何厘清写作思路、组织文章结构、使用合适的词汇和句式等。指导可以包括阐述写作步骤、提供写作框架或模板，以帮助学生明确写作目标并有条理地展开写作过程。

3. 提供反馈和修改建议：教师应该给予学生及时而具体的反馈，指出他们写作中的优点和不足之处。同时，教师还可以提供修改建议，帮助学生改进文章的语言表述、逻辑连贯性和语法准确性。通过反馈和修改，学生可以逐渐提高自己的写作能力。

4. 练习和实践：教师可以设计写作练习，让学生有机会实践所学的写作技巧和策略。可以设置不同主题和类型的写作任务，如议论文、说明文、记叙文等，让学生通过实际写作锻炼自己的写作能力。

通过提供范例、写作指导、反馈和修改建议以及实践机会，教师可以有效地提高学生的写作表达能力。这样的指导可以帮助学生更好地组织思路、运用合适的语言表达和提升写作技巧。同时，教师还应该鼓励学生多读多写，不断积累词汇和语言素材，并注重培养学生的创造性思维和批判性思维，从而提高他们的写作水平。

三、个性化教学

（一）学习风格

1. 视觉型学习者：使用图表、图片和演示等视觉工具来呈现信息。教师可以制作精美的PPT或使用教学视频，让学生通过观看和阅读图像来理解知识。同时，提供可视化的笔记和手写材料也有助于他们记忆和回顾。

2. 听觉型学习者：通过讲解和录音来强化学习内容。教师可以用清晰的语言解释概念，并提供录音资料让学生反复听取。此外，组织小组讨论和口语交流活动也能帮助他们通过倾听和参与来加深理解。

3. 动觉型学习者：运用实践活动和角色扮演来巩固知识。教师可以设计实验、实地考察或模拟情景，让学生亲自动手操作和体验，从而更好地理解和掌握知识。此外，角色扮演和游戏化的学习方式也能够激发他们的兴趣和积极参与。

（二）兴趣爱好

1. 音乐：对于喜欢音乐的学生，教师可以利用歌曲来学习英语单词和句子。选择适合学生水平的英文歌曲，提供歌词和音频资源，让学生跟着歌曲一起唱，并鼓励他们尝试创作自己的歌词。这样的活动既能增加学习的趣味性，又能提高学生的听力和口语表达能力。

2. 电影和电视剧：针对喜欢观看电影和电视剧的学生，教师可以选择适合他们水平的英文影片，提供字幕和相关学习材料。学生可以通过观看电影和电视剧来锻炼听力理解能力，并从中学习到地道的口语表达和文化背景知识。

3. 运动和游戏：对于喜欢运动和游戏的学生，教师可以设计与英语学习相关的运动和游戏活动。例如，设置角色扮演游戏，让学生在游戏中使用英语进行交流；或者组织英语竞赛和团队比赛，让学生通过竞争来提高英语表达和沟通能力。

（三）学习目标

1. 学习目标调研：在课程开始前或初次接触学生时，教师可以进行学习目标调研，了解学生对英语学习的期望和需求。可以通过问卷调查、个别交流或小组讨论等方式收集学生的意见和建议。

2. 学习目标设定：根据学生的反馈和调研结果，教师可以帮助学生明确自己的学习目标，并制订相应的学习计划。例如，针对口语表达需求的学生，可以安排更多的口语练习和对话活动；对于阅读理解需求较大的学生，可以提供更多的阅读材料和相关讨论。

3. 差异化教学：根据学生的学习目标和需求，调整教学内容和活动。教师可以选择不同难度和类型的教材，提供个性化的练习和任务，以满足学生的学习需求。同时，鼓励学生参与自主学习和个人项目，让他们能够根据自己的兴趣和目标来深化学习。

4. 目标反馈和评估：定期对学生的学习目标进行反馈和评估，帮助他们了解自己的学习进展和发现需要改进的方面。教师可以通过口头反馈、写作评价或学习日志等方式与学生沟通，并提供具体的建议和指导。

（四）反馈和评估

1. 口头反馈：教师可以在课堂上通过口头反馈，及时指出学生在听说读写等方面的表现，鼓励他们的进步并提供改进建议。口头反馈可以帮助学生了解自己的优点和不足之处，同时也能增强学生与教师之间的互动和沟通。

2. 书面评估：教师可以设计书面评估任务，如作文、阅读理解题或语法练习等，用于检查学生的学习成果。通过书面评估，教师可以详细地分析学生的语言使用和理解能力，并给予具体的评价和建议。

3. 学习日志：鼓励学生记录学习日志，让他们反思自己的学习过程和体会。学习日志可以帮助学生总结学习经验，发现问题和解决方法，并为教师提供了解学生学习状态和需求的重要线索。

4. 学习会议：定期组织学习会议，教师和学生共同参与。在会议中，教师可以与学生讨论学习进展、目标达成情况以及未来的学习计划。通过学习会议，学生可以直接参与自己的学习评估和目标设定，增强学习的主动性和责任感。

（五）合作学习

1. 小组讨论：将学生分成小组，给予他们一个共同的任务或问题，并鼓励他们在小组内展开讨论和交流。通过小组讨论，学生可以分享自己的观点和经验，倾听他人的意见，从而促进思维碰撞和多元化的思考。

2. 项目合作：安排学生进行小组项目，让他们合作完成一项任务或解决一个问题。教师可以提供明确的项目目标和指导，同时鼓励学生分工合作、互相协作，并共同制订项目计划和实施方案。通过项目合作，学生可以锻炼解决问题的能力和团队合作的技巧。

3. 对等学习：鼓励学生在对等的基础上相互学习和互助。学生可以成为彼此的学习伙伴，分享学习资源和经验，相互纠正错误并提供帮助。这样的学习方式不仅促进了学生之间的互动和交流，还提供了一个互利共赢的学习环境。

四、情感因素

（一）建立良好的师生关系

1. 尊重学生：教师应该尊重每个学生的个性和独特之处。他们应该避免偏见和歧视，并给予每个学生平等的机会和对待。

2. 倾听学生的意见：教师应该给予学生表达自己观点和想法的机会，并且认真倾听他们的声音。这样做不仅能增强学生的参与感，还能让他们感受到被尊重和重视。

3. 关注学生的个人需求：教师应该了解学生的兴趣、爱好和困难，并根据这些需求来进行教学。他们可以通过与学生交流、观察和评估来更好地了解学生，并提供适当的支持和指导。

4. 建立互相理解和支持的关系：教师可以鼓励学生之间的合作和互助，促进良好的班级氛围。同时，教师也应该与学生建立互相信任和友好的关系，让学生感到安全和舒适，能够积极参与学习。

（二）关心学生的情感需求

1. 倾听和理解：教师应该积极倾听学生的心声，并试图理解他们所面临的情感困扰。

通过与学生建立良好的沟通渠道，教师可以更好地把握学生的情感状况。

2. 提供支持和鼓励：当学生感到沮丧或焦虑时，教师可以提供情感上的支持和鼓励。这可以包括给予学生积极的反馈和肯定，让他们感到被关注和认可。

3. 创造积极的学习环境：教师可以通过创造积极的学习氛围来帮助学生保持积极的学习态度。这包括鼓励合作与互动、提供有趣和富有挑战性的学习任务以及奖励学生的努力和成就。

4. 教授情绪管理技巧：教师可以教授学生一些情绪管理技巧，帮助他们应对压力和负面情绪。这可以包括深呼吸、放松训练、积极思考和有效沟通等方法。

5. 寻求专业支持：如果教师发现学生的情感问题超出自己的能力范围，他们应该及时寻求专业支持，如学校心理咨询师或心理健康专家的帮助。这样可以确保学生得到更全面和专业的支持。

（三）给予积极的鼓励和支持

1. 肯定进步和成就：当学生取得进步或者有出色表现时，教师应该及时给予肯定和赞扬。这种积极的反馈可以增强学生的自信心，激发他们继续努力学习的动力。

2. 个体化的反馈：教师可以根据学生的不同需求和能力水平，给予个性化的反馈。这包括指出学生在哪些方面做得好，并提供具体的建议和指导来改善他们的学习。

3. 设立可达目标：教师可以与学生一起制定具体、可达的学习目标，并在学生取得进步时予以认可。这样可以帮助学生建立清晰的学习方向和目标意识。

4. 鼓励合作与互助：教师可以组织学生进行合作学习活动，鼓励他们相互支持和合作。通过合作学习，学生可以互相学习、互相鼓励，建立起积极的学习氛围。

5. 提供挑战和机会：教师可以给予学生适度的挑战和机会来展示自己的能力。这样可以激发学生的学习兴趣和动力，同时也帮助他们发现自己的潜力和成长空间。

五、反馈与评价

（一）及时反馈

1. 课堂上的反馈：教师可以在课堂上通过提问、讨论或者测验等方式来评估学生的学习情况，并及时给予反馈和指导。这样可以帮助学生及时发现并纠正错误，加强对知识点的理解。

2. 作业批改：教师可以定期收取学生的作业，并及时批改并给予评价。通过批改作业，教师可以发现学生在学习中存在的问题，并提供相应的建议和指导，帮助学生提高学习效率。

3. 个别辅导：教师可以根据学生的学习情况，针对性地进行个别辅导。通过与学生面对面的交流，教师可以更深入地了解学生的学习需求和困难，提供个性化的指导和支持。

4. 小组讨论：教师可以组织学生进行小组讨论，通过互相交流和分享，促进学生之间的学习互动和合作。在小组讨论中，教师可以及时观察学生的表现，并提供必要的指导和反馈。

（二）具体肯定和建议

1. 具体指出学生的优点和进步之处：当学生取得进步或表现出色时，教师应明确地指出他们的优点和成就。例如，可以称赞学生在某个项目中的创造力、解决问题的能力或者在团队合作中的积极参与等。这样的肯定会增强学生的自信心和动力，激励他们继续努力。

2. 提供具体的建议和指导：除了肯定学生的优点，教师还应该提供具体的建议和指导，帮助学生找到问题所在并改进学习方法。例如，可以针对学生在某个方面的不足之处给予建议，比如提醒学生更加注重细节、培养时间管理技巧或者寻求额外帮助等。这样的指导可以帮助学生认识到自己的不足，并提供实际的解决方案。

3. 鼓励学生积极参与反馈过程：为了让学生真正受益于反馈，教师可以鼓励他们积极参与反馈过程。可以要求学生对自己的学习进行自我评价，或者让他们提出关于课程或教学方法改进的建议。这样的参与能够增强学生的主动性和责任感，并促进他们在学习中更加深入思考。

（三）鼓励自主思考

1. 提供开放性问题：在反馈过程中，教师可以提出开放性问题，引导学生思考并回答。这样可以激发学生的思维，促使他们深入思考自己的学习过程和成果。

2. 引导自我评价：教师可以要求学生对自己的学习进行评价，让他们思考自己在学习中的表现、遇到的困难以及解决问题的方法。通过自我评价，学生可以更好地认识自己的学习情况，并找到改进的方向。

3. 提供反思机会：教师可以给学生提供反思的机会，要求他们回顾学习过程中的经历，分析成功和失败的原因，并总结经验教训。这样可以帮助学生从错误中学习，改进学习策略，提高学习效率。

4. 鼓励自主解决问题：在反馈中，教师可以引导学生自己找到解决问题的方法。例如，提供一些指导性的问题或资源，让学生主动探索和解决问题，培养他们的自主学习能力。

（四）多元评价方式

1. 项目展示：学生可以通过制作报告、设计模型、展示实验结果等形式，将他们在某个主题或项目上的学习成果进行展示。这样可以考查学生的独立思考能力、创造力和表达能力。

2. 小组合作：学生可以分成小组，在特定任务或项目中进行合作。通过观察学生在小组中的角色扮演、合作能力和团队精神，可以评估他们的协作能力和沟通能力。

3. 口头报告：学生可以通过口头报告的形式，向全班或教师介绍他们的研究成果、观点或想法。这样可以考查学生的口头表达能力、逻辑思维和自信心。

4. 实际操作：对于某些实践性的科目，如艺术、体育、实验课等，可以通过实际操作的方式评价学生的技能和应用能力。例如，学生可以进行绘画、运动技能展示、实验操作等，来展示他们的实际能力。

5. 书面作业：除了传统的笔试，教师还可以通过布置书面作业来评价学生的写作能力、思维逻辑和问题解决能力。这样可以让学生更充分地表达自己的观点和思考过程。

（五）持续评价与调整

1. 收集评价数据：教师可以通过多种方式收集评价数据，包括观察学生的表现、听取学生的反馈、进行课堂测验或作业等。这些数据可以帮助教师了解学生的学习情况和困难。

2. 分析评价数据：教师需要仔细分析收集到的评价数据，发现学生的弱项和薄弱点，以及他们可能遇到的问题和挑战。这样可以帮助教师准确理解学生的需求和问题。

3. 调整教学策略和内容：根据评价数据的分析结果，教师可以对自己的教学策略和内容进行调整。例如，如果发现学生在某个概念上有困难，教师可以采用更具体的例子或辅助教具来解释。或者如果发现学生对某个主题的兴趣度不高，教师可以设计更有趣的学习活动来激发学生的兴趣。

4. 实施调整后的教学：根据调整后的教学策略和内容，教师需要在课堂上实施新的教学方法，并观察学生的反应和表现。这样可以进一步评估教学效果，并及时进行调整和改进。

5. 继续评价和调整：持续评价是一个循环过程，教师应该定期进行评价并根据评价结果进行调整。通过不断地反馈和调整，教师可以逐步提高自己的教学效果，并更好地满足学生的需求。

六、教师的角色转变

（一）学习的引导者

1. 设立启发性问题：教师可以通过提出具有启发性的问题来激发学生的思考和好奇心。这些问题能够引导学生主动思考、独立解决问题，并促使他们深入了解相关知识。

2. 引导学生自主学习：教师应该鼓励学生主动参与学习过程，并给予他们一定的自主权。通过提供适当的学习资源和指导，教师可以帮助学生培养自主学习的能力，让他们在学习中展现出主动性和创造性。

3. 鼓励学生探索：教师可以为学生提供一系列的学习任务和项目，鼓励他们积极探索和实践。这种学习方式可以帮助学生更好地理解和应用所学知识，培养他们的问题解决和创新能力。

4. 提供反馈和指导：作为学习的引导者，教师应该及时给予学生反馈和指导。通过评估学生的学习情况，教师可以了解他们的学习进展，并提供有针对性的建议和支持，帮助他们不断改进和提高。

（二）合作伙伴

1. 互动交流：教师应该积极与学生进行互动交流，倾听他们的观点、疑惑和问题。通过与学生的对话，教师能够更好地了解学生的学习需求和困难，并及时提供指导和支持。

2. 分享观点和经验：教师可以鼓励学生分享自己的观点和经验，促进彼此之间的交流和学习。学生之间可以相互启发，互相学习，并从不同的角度思考和理解问题。

3. 合作学习：教师可以组织学生进行小组或团队合作学习。在这种环境下，学生可以共同探讨问题、协作解决难题，并分享各自的见解和策略。合作学习能够培养学生的团队合作精神和沟通能力，提高学习效率。

4. 促进互助与支持：教师应该鼓励学生之间互相帮助和支持。学生可以共同解决问题，互相分享知识和技能，形成良好的学习氛围和合作关系。

（三）创造性的设计者

1. 提供多样化的学习任务：教师可以设计各种不同类型的学习任务，包括项目、研究、实验等，让学生在不同的情境中思考和解决问题。通过这种多样化的学习任务，学生可以培养灵活的思维和创新的能力。

2. 引入真实场景和情境：将学习任务与现实生活中的情境相结合，可以增加学生的参与度和兴趣。教师可以引入实际案例、模拟情境或社会问题，让学生在解决问题的过程中锻炼批判性思维和创新能力。

3. 鼓励自主学习和探索：教师应该给予学生一定的自主权，让他们有机会自主选择学习内容、制定解决方案，并鼓励他们进行深入的探索和研究。这样可以培养学生的主动性和创造性思维。

4. 提供挑战性任务：教师可以设置具有一定难度和挑战性的学习任务，激发学生的思维活力和创新能力。挑战性任务可以促使学生跳出舒适区，迎接新的挑战，并通过解决问题来提高自己的能力。

5. 鼓励团队合作和交流：创造性的设计者应该鼓励学生之间的合作和交流。教师可以设计小组项目或合作任务，让学生通过互动合作来共同解决问题。团队合作可以促进学生的创新思维、协作能力和沟通技巧。

（四）学习环境的创建者

1. 建立积极的关系：教师应该与学生建立良好的关系，以便学生感到被尊重和理解。这可以通过倾听学生的意见、关心他们的需求和利用个性化的方法来实现。

2. 提供支持和鼓励：教师应该鼓励学生，让他们相信自己的能力，并提供必要的支持。他们可以通过给予正面反馈、提供额外的指导和资源来帮助学生克服困难。

3. 创造互动和参与机会：教师应该创造一个鼓励学生参与的环境。他们可以使用小组讨论、合作项目和互动式学习活动等方法来促进学生之间的互动和合作。

4. 设定清晰的期望和目标：教师应该向学生明确表达期望和目标，让他们知道自己正在追求什么。这样可以激发学生的学习动力，并帮助他们更好地规划自己的学习。

5. 提供安全和支持性的环境：教师应该创造一个安全和支持性的环境，让学生感到他们可以自由地表达自己的想法和观点。这可以通过尊重每个学生的背景和经验、鼓励积极的互动和处理冲突的方式来实现。

（五）终身学习者的榜样

1. 持续学习：教师应该保持对自己专业知识的持续追求。他们可以参加各种专业发展活动，如研讨会、研究小组和学术会议等，与同行交流并获取最新的教育研究成果。此外，教师还可以通过阅读学术文献、参与在线学习课程或申请进修来扩展自己的知识领域。

2. 反思实践：教师应该不断反思自己的教学实践，并积极寻找改进的机会。他们可以进行教学观摩，向其他教师请教经验，并根据学生的反馈及时调整自己的教学方法和策略。通过反思实践，教师可以不断提高自己的教学效果。

3. 开放心态：教师应该拥抱变化，并持有开放的心态去接纳新的教育理念和方法。他们应该主动探索创新的教学模式，尝试使用新的技术工具和教育资源，以提高教学质量和满足学生的需求。

4. 分享经验：教师应该乐于与其他教师分享自己的教学经验和成功实践。他们可以在教研活动中分享自己的教学案例，撰写教学心得或参与教学交流平台，以促进教师之间的互相学习和成长。

5. 关注专业发展：教师应该积极关注教育领域的最新动态和研究成果。他们可以订阅教育期刊、参加学术会议、参与教育组织的活动等，以保持对教育前沿问题的了解，并将这些新的知识和理念应用到自己的教学实践中。

第三节　英语教学艺术的特征与表现形式

一、英语教学艺术的特征

（一）灵活性

1. 学生个体化：了解学生的学习风格和能力水平，根据他们的差异性选择适合的教学材料和教学方式。有些学生可能更喜欢听觉输入，而有些学生可能更喜欢视觉输入。因此，教师可以根据学生的偏好提供不同的学习资源。

2. 多元化教学材料：使用多种多样的教学材料，如录音、视频、图片、游戏等，以满足学生的不同学习需求。这可以增加学生的兴趣，激发他们的学习动力。

3. 不同的教学方式：采用不同的教学方式，如小组合作学习、角色扮演、游戏等，以激发学生的参与度和积极性。不同的教学方式可以帮助学生更好地理解和掌握知识。

4. 及时反馈和调整：在教学过程中及时观察学生的反应，给予积极的反馈和指导。根据学生的理解情况和进展，及时调整教学计划，确保教学效果。

（二）创造性

1. 设计有趣的教学活动：通过设计富有趣味性和挑战性的教学活动，如游戏、角色扮演、讨论等，激发学生的学习兴趣和积极性。这样的活动可以使学习过程更加生动和互动，提高学生的参与度和学习效果。

2. 创新教学方法：教师可以不断尝试新的教学方法，如项目式学习、合作学习、翻转课堂等，以适应学生的学习需求和教学环境。这些创新的教学方法可以激发学生的思维能力和解决问题的能力，培养他们的创造性思维。

3. 探索新的教学资源和技术：教师可以利用互联网和多媒体技术，寻找和使用新的教学资源和工具，如在线教育平台、教育 App 等。这些新的教学资源和技术可以丰富教学内容，提供更多样化和个性化的学习体验。

4. 鼓励学生的创造性表达：教师可以鼓励学生在英语学习中展现创造性，如组织创意写作比赛、演讲比赛等。通过这样的活动，学生可以运用他们所学的知识和技能，发挥自己的想象力和创造力。

（三）个性化

个性化教学在英语教学艺术中扮演着重要的角色。通过关注学生的学习特点、优势和困难，教师可以根据每个学生的需求进行个别化的教学设计和指导。

首先，个性化教学注重了解学生的学习特点。每个学生在学习英语方面都有自己独特的特点，如学习风格、兴趣爱好、认知方式等。教师应该通过观察和交流来了解学生的学习特点，从而更好地调整教学策略和方法。例如，对于喜欢听音乐的学生，可以利用音乐资源来增强他们的英语听力能力。

其次，个性化教学强调发掘学生的优势。每个学生在某些方面都有自己的擅长领域，教师应该鼓励并利用这些优势来促进他们的学习。比如，对于擅长口语表达的学生，可以提供更多口语交流机会，让他们在实践中不断提升口语能力。

最后，个性化教学也关注学生的困难和挑战。教师应该及时发现学生在英语学习中遇到的困难，并根据具体情况进行有针对性的帮助和指导。例如，对于阅读理解困难的学生，可以提供更多阅读材料并进行适当的辅导，帮助他们提高阅读技巧和理解能力。

（四）互动性

互动性在英语教学艺术中具有重要意义。通过积极的师生互动和合作，可以激发学生的学习兴趣和主动性，提高他们的口语表达能力和团队合作精神。

首先，教师可以通过提问来激发学生的思考和参与。提问是一种有效的互动方式，可以引导学生思考问题、表达观点，同时也可以评估学生的理解和掌握程度。教师可以采用各种形式的提问，如开放性问题、多选题、情境问题等，以激发学生的思维和讨论。

其次，讨论是促进学生互动的另一种常见形式。通过组织小组或全班讨论，学生可以在交流中互相借鉴、分享知识和经验。教师可以设定明确的话题和任务，引导学生进行深入的思考和讨论。在讨论中，学生不仅可以提出自己的观点，还可以倾听他人的意见并进行批判性思考。

最后，小组活动也是培养学生合作精神和互动能力的重要方式。通过分组合作完成任务，学生可以相互协助、共同探索问题，并在合作中提高自己的语言能力和解决问题的能力。教师可以设置各种小组活动，如角色扮演、辩论、项目合作等，以激发学生的创造力和团队协作能力。

（五）全面发展

在英语教学中，追求学生的全面发展是至关重要的。除了传授语言知识和技能外，教师还应注重培养学生的思维能力、情感态度和文化意识。

首先，教师应该注重培养学生的批判性思维能力。这包括培养学生对信息的分析和评估能力，使他们能够独立思考并做出合理的判断。通过引导学生进行讨论、辩论和解决问题的活动，可以激发学生的批判性思维，提高他们的逻辑推理和问题解决能力。

其次，教师还应注重培养学生的创新能力。英语教学应该鼓励学生独立思考和提出新颖的观点和想法。教师可以通过启发性的教学方法、开放式的讨论和创造性的任务来激发学生的创新思维。这样可以帮助学生培养解决问题的能力，并为将来的职业发展做好准备。

最后，教师还应注重培养学生的跨文化交际能力。随着全球化的发展，跨文化交际能力变得越来越重要。教师可以通过引入不同文化背景的素材、组织跨文化交流活动以及鼓励学生参与国际项目等方式，培养学生的跨文化沟通和理解能力。这有助于学生更好地适应多元文化社会，并在国际交往中取得成功。

二、英语教学艺术的表现形式

（一）教学设计

1. 教学目标：明确教学的预期成果，即学生应该掌握的知识、技能和态度。教师可以根据学生的年级、水平和兴趣制定不同层次的目标，并将其分解为具体的小目标。

2. 教学内容：选择符合教学目标的内容，包括知识点、概念、原理等。教师需要考虑内容的有机结合和逻辑顺序，以帮助学生形成系统的知识框架。

3. 教学方法：根据教学目标和学生的学习特点选择合适的教学方法。常见的教学方法包括讲授、示范、引导、讨论、实验、探究等。教师还可以运用多媒体技术和信息技术来增强教学效果。

4. 课堂活动安排和组织：根据教学内容和方法，设计具体的课堂活动，如小组讨论、实验操作、角色扮演等。教师要合理安排时间和任务，引导学生积极参与，提高学习效率。

5. 学生的学习特点和需求：了解学生的学习差异，考虑他们的认知水平、兴趣爱好、学习风格等因素。根据学生的需求，灵活调整教学策略，提供个性化的学习支持。

6. 教学资源和环境的限制：考虑教学所需的人力、物力和时间资源，合理利用现有的教学设备和教材。同时，也要考虑教室的布置和空间的利用，以创造良好的学习氛围。

（二）课堂管理

1. 教室布置：合理的教室布置可以为学生提供一个舒适、有序的学习环境。教师可以确保桌椅摆放整齐，黑板清晰可见，教具摆放有序，并且留出足够的空间供学生活动。

2. 时间安排：科学合理的时间安排对于课堂管理至关重要。教师可以合理分配每个教学环节的时间，确保学生在充足的时间内完成任务，避免时间过长导致学生失去注意力。

3. 学生行为规范：教师可以制定明确的学生行为规范，并与学生共同制定课堂规则。例如，要求学生按时到课、注意听讲、尊重他人、积极参与等。教师应该及时给予正面反馈和奖励，同时对违反规则的行为进行适当的惩罚或提醒。

4. 激励措施：教师可以通过激励措施来增强学生的积极性和参与度。例如，设立奖励机制，表扬优秀表现，提供小礼品或奖励点数。这些激励可以激发学生的学习动力，并创造积极向上的学习氛围。

5. 个别指导：教师可以通过个别指导来满足学生不同的学习需求。根据学生的能力和兴趣，教师可以为学生提供个性化的学习任务和辅导，帮助他们取得更好的学习效果。

6. 合作活动：通过组织合作活动，教师可以促进学生之间的互动和合作。例如，分组讨论、小组项目等。这些活动可以增强学生的团队合作精神，培养他们的沟通和合作能力。

（三）教学引导

1. 提问：教师可以通过提问来引导学生思考。合理的问题设计可以帮助学生深入思考和探索知识，激发他们的思维活力。教师可以提出开放性问题，让学生进行推理和分析，从而培养他们的批判性思维和创造性思维。

2. 讲解：教师在讲解时应注重启发性，不仅仅是简单地传授知识，还要引导学生思考问题。通过举例、比较、类比等方式，将抽象的知识具象化，让学生更易于理解和应用。

3. 示范：教师可以通过示范的方式，展示问题解决的过程。通过实际操作或演示，让学生亲自参与其中，提高他们的实践能力和问题解决能力。

4. 启发性问题和情境设置：教师可以设计一些启发性问题或者情境，激发学生的学习兴趣和思维能力。这些问题或情境可以与学生生活经验相关，能够引起学生的共鸣，从而更好地引导他们思考和解决问题。

（四）互动交流

教师与学生之间的互动交流在英语教学中起着重要的作用。通过提问，教师可以激发学生思考，引导他们运用所学知识进行回答。合理的提问可以帮助学生巩固知识，并培养他们的分析和解决问题的能力。

回答问题是学生进行口语表达的机会，教师应该鼓励学生用英语进行回答，不仅能够加强学生的口语表达能力，还可以让学生在语言实践中感受到英语的魅力。教师在回答学生问题时，可以根据学生的水平和理解程度给予适当的指导和反馈，帮助学生进一步提高。

讨论是促进学生交流和合作的有效方式。教师可以组织小组或全班的讨论活动，让学生就某个话题展开思考和交流。通过讨论，学生可以分享自己的观点和意见，听取他人的看法，并从中获得启发。教师在讨论过程中要起到引导者的角色，促使学生积极参与并表达自己的观点，同时也要及时纠正错误和提供帮助。

角色扮演是一种有趣且有效的互动交流方式。教师可以设计一些情境，让学生扮演不同的角色，模拟真实的语言使用场景，如购物、旅行、面试等。通过角色扮演，学生可以运用所学的语言知识进行实践，并在实践中发现问题和改进自己的表达方式。教师可以给予学生反馈和建议，帮助他们提高语言运用能力。

（五）评价反馈

教师通过及时、具体的评价和反馈，帮助学生了解自己的学习成果和进步之处。这种评价和反馈对学生的学习动力和自信心有着积极的影响。当学生得到肯定的评价时，他们会感到自己的努力被认可，并且会更有动力继续努力。同时，通过具体的评价，学生可以清楚地知道自己在哪些方面取得了进步，这有助于他们更好地认识自己的优势和能力。

除了肯定，教师也应该提供建议，引导学生发现问题并改进学习方法。教师可以指出学生在学习中存在的不足之处，并给予相应的建议和指导，帮助他们找到解决问题的方法。这样的评价和反馈不仅帮助学生发现并改正错误，还培养了他们的自我反思和自我调整能力。学生可以从教师的建议中获得启示，改进自己的学习策略，提高学习效率。

评价和反馈的关键是及时性和具体性。教师应该尽可能及时地给予评价和反馈，这样学生才能更好地理解自己的学习情况。此外，评价和反馈应该具体明确，避免笼统的表扬或批评。具体的评价可以帮助学生更清楚地了解自己的优点和不足，从而更有针对性地改进学习。

（六）创新实践

1. 设计多样化的教学活动：教师可以设计各种类型的教学活动，如小组讨论、角色扮演、游戏等，以激发学生的学习兴趣和积极参与。这些活动可以帮助学生在真实情境中运用英语，培养他们的沟通能力和语言技能。

2. 引入科技手段：教师可以利用现代科技手段来增强教学效果。例如，使用多媒体课件、在线学习平台或者教育应用程序等，可以使教学内容更加生动有趣，同时提供更多的资源和互动机会，促进学生的自主学习和合作学习。

3. 提供个性化学习机会：每个学生都有不同的学习需求和兴趣爱好，教师可以根据学生的特点和需求，提供个性化的学习机会。例如，针对不同水平的学生设置不同的任务和活动，或者鼓励学生选择感兴趣的主题进行深入学习。

4. 推动学生创新思维：在教学中，教师可以鼓励学生提出自己的观点和想法，并激发他们的创新思维。例如，在课堂上引入开放性问题或者探索性任务，让学生主动思考和解决问题，培养他们的批判性思维和创造力。

第四节　英语教学艺术的意义与价值

一、提高学生的英语综合能力

英语教学艺术在提高学生的英语综合能力方面发挥着重要的作用。通过巧妙的设计和精心的指导，教师可以帮助学生在听、说、读、写等方面全面发展。

首先，在听力方面，教师可以通过丰富多样的听力材料，如录音、视频、音频讲座等，提供真实的语言输入环境。同时，教师可以运用各种策略，如预测、扫描、推断等，培养学生的听力理解能力。通过反复练习和针对性的指导，学生可以逐渐提高对不同语速、口音和语调的听力理解能力。

其次，在口语表达方面，英语教学艺术注重创设真实的语境，激发学生的口语表达能力。教师可以组织各种口语活动，如角色扮演、小组讨论、辩论等，让学生有机会进行真实的英语交流。同时，教师还可以提供有效的反馈和指导，帮助学生纠正发音错误、增强语法准确性，从而提高他们的口语表达能力和流利度。

再次，在阅读理解方面，教师可以选择适合学生水平和兴趣的文本，并引导学生进行深入的阅读理解。通过教授阅读策略和技巧，如扫读、略读、推断等，教师可以提高学生的阅读速度和理解能力。同时，教师还可以组织相关的阅读讨论活动，培养学生的批判性思维和分析能力，使他们在阅读中获得更多的启发和思考。

最后，在写作方面，英语教学艺术注重培养学生的写作能力。教师可以提供不同类型的写作任务，如议论文、说明文、应用文等，让学生通过实践来提高写作技巧和表达能力。同时，教师还可以提供具体的写作指导和反馈，帮助学生改善语法、词汇和结构问题，从而提高他们的写作水平和文笔表达能力。

二、激发学生的学习兴趣和主动性

激发学生的学习兴趣和主动性是英语教学艺术的重要目标之一。在传统的教学方法中，教师往往扮演着主导角色，学生则被动地接受知识。然而，通过运用各种艺术手段，如游戏、音乐、戏剧等，可以为英语教学注入更多活力，创造一个积极、轻松愉快的学习氛围，从而激发学生的学习兴趣，提高他们的参与度，并达到更好的学习效果。

首先，通过引入游戏元素，可以让英语学习变得更加有趣和吸引人。例如，教师可以设计一些英语单词或句子的记忆游戏，让学生以竞赛的形式互相比拼。这样的游戏不仅可以培养学生的合作意识和团队精神，还可以使他们在欢乐的氛围中快速掌握知识。此外，通过利用媒体技术，如使用英语学习软件或在线互动平台，可以为学生创造一个富有创新和挑战的学习环境，进一步激发他们的学习兴趣。

音乐和戏剧也是激发学生学习兴趣和主动性的有效手段。通过学唱英文歌曲或表演英语小剧场，学生可以在音乐和表演的过程中获得更直观、身临其境的英语学习体验。这样的活动不仅可以提高学生的听力和口语能力，还可以培养他们的表达能力和自信心。在音乐和戏剧的引导下，学生可以积极参与角色扮演，拓展自己的思维空间，从而培养出更多创造力和解决问题的能力。

除了艺术手段，英语教学艺术还鼓励学生主动探索和思考。传统的教学模式往往注重知识的灌输，缺乏对学生个体差异的关注。而艺术教学注重激发学生的思考和独立思维能力，在学习过程中给予学生更多选择的权利。例如，教师可以设计一些开放性问题，鼓励学生进行讨论和思考，以激发他们的好奇心和求知欲。此外，教师还可以引导学生自主学习，通过提供资源和指导，让学生在自己的兴趣领域进行深入研究和学习。

三、培养跨文化交际能力

1. 促进文化理解与尊重：通过培养跨文化交际能力，学生能够深入了解不同国家和地区的文化，包括其历史、价值观、习俗等方面。这有助于打破文化偏见和误解，增强对多元文化的理解和尊重。学生将更加开放和包容，能够更好地适应和融入跨文化环境。

2. 拓宽国际交流的渠道：英语作为国际交流的工具之一，学生通过掌握良好的英语交流能力，可以与来自不同文化背景的人进行有效的沟通和交流。这有助于拓宽国际交流的渠道，促进跨文化合作和共享知识。学生在国际舞台上的表现将更加自信和出色。

3. 培养全球视野和创新思维：跨文化交际能力的培养使学生不仅关注本土文化，还能够拓展自己的视野，了解全球各地的发展动态和创新成果。这有助于培养学生的全球视野和创新思维，为他们在未来的职业发展中提供更多机遇和挑战。

4. 增强人际交往和领导力能力：跨文化交际能力的培养要求学生具备良好的人际交往能力和敏感性，能够理解和适应不同文化背景下的沟通方式和价值观念。通过与外籍教师或海外学生的交流，学生将提高自己的沟通技巧和解决问题的能力，进一步培养领导力和团队合作精神。

5. 为国际交流打下基础：跨文化交际能力的培养为学生将来参与国际交流提供了良好的基础。无论是在留学、工作还是商务领域，学生都能够更加自如地与外国人交流和合作，建立起良好的人际关系，实现个人和组织的共同发展。

四、培养学生的终身学习能力

1. 不断适应快速变化的知识社会：在当前的知识社会中，新知识和新技术不断涌现，旧知识也在不断更新。培养学生的终身学习能力，使他们能够不断自主学习、适应并掌握新知识和新技能，保持竞争力。

2. 培养自主学习的能力：终身学习能力强调学生的主动性和自主性，使其能够独立地寻找学习资源、制订学习计划，并利用有效的学习方法和策略进行学习。这种能力将使学生在各个阶段都能够持续学习，并实现自我成长和发展。

3. 推动个人与职业发展：终身学习能力使学生具备了持续学习的动力和能力，可以不断提升自己的知识和技能，适应职业发展的需求。通过持续学习，学生可以拓宽自己的职业选择范围，获得更多的机会和挑战，实现个人和职业目标。

4. 培养创新思维和批判性思维：终身学习能力强调培养学生的创新思维和批判性思维，使其具备独立思考、问题解决和创新的能力。这种思维方式将使学生在面对新情境和新问题时能够灵活应对，并提出创造性的解决方案。

5. 实现个人成就与社会进步：通过培养学生的终身学习能力，他们能够不断追求知识和发展自己的潜能，实现个人的成就和价值。同时，这也有助于社会的进步，因为拥有终身学习能力的人们能够为社会创造更多的价值，推动社会的发展和变革。

五、提升学习效果

1. 提高学习动力和积极性：良好的英语教学艺术能够激发学生的学习兴趣，增强他们的学习动力和积极性。通过采用生动有趣的教学方法和教材，教师能够激发学生的好奇心和求知欲，使他们更主动地参与学习过程，提高学习效率。

2. 个性化教学满足学生需求：每个学生都具有不同的学习需求和学习风格。良好的英语教学艺术能够根据学生的不同特点和水平进行个性化教学，为他们提供适合的学习资源、教学方法和评估方式。这样可以更好地满足学生的需求，提高学习效率和学习成绩。

3. 培养批判性思维和问题解决能力：英语教学艺术注重培养学生的批判性思维和问题解决能力。通过引导学生进行思辨、分析和探究，教师能够培养学生的思维能力和创新能力。这种能力将使学生在学习和生活中更加独立和自信，能够主动解决问题并做出正确的决策。

4. 提高学习效率和记忆力：良好的英语教学艺术能够帮助学生提高学习效率和记忆力。通过科学合理的教学方法和技巧，教师能够帮助学生建立有效的学习策略，提高学习的效果和效率。学生将更加有条理地学习知识，更好地记忆和应用所学内容。

5. 培养终身学习能力：良好的英语教学艺术不仅注重当前的学习效果，还着眼于培养学生的终身学习能力。通过引导学生掌握有效的学习方法和策略，教师能够使学生成为独立、主动和持续学习的人。学生将具备自主学习的能力，并能够适应不断变化的学习环境和知识需求。

六、塑造积极心态

1. 增强学习动力和自信心：良好的英语教学艺术能够通过鼓励、赞扬和正面激励来增强学生的学习动力和自信心。教师可以根据学生的不同表现给予肯定和奖励，使学生感受到自己的进步和成就，从而提高对英语学习的兴趣和积极性。

2. 培养正确的学习态度和价值观：积极心态的塑造需要培养学生正确的学习态度和价值观。通过引导学生认识到学习的重要性和价值，教师可以帮助他们树立积极向上的学习态度，理解并接受学习中的挑战和困难，以及持续努力的重要性。

3. 提高学习效率和成绩：积极心态对于学习效果和成绩的提升具有积极影响。当学生拥有积极的心态时，他们更能够专注于学习，克服困难，并且能够更好地应对学习压力。这将有助于提高学习效率和成绩，从而增强学生的自信心和满足感。

4. 培养解决问题的能力：积极心态培养学生面对问题时的积极解决态度。教师可以通过鼓励学生思考、寻找解决方案，并支持他们尝试新的方法和策略来克服困难。这种积极的心态将使学生更具有创造性和灵活性，能够主动解决问题并取得成功。

5. 培养适应变化的能力：积极心态使学生更具有适应变化的能力。在不断变化的学习环境中，学生需要具备积极应对和适应变化的心态，以应对新的挑战和机遇。良好的英语教学艺术可以帮助学生培养积极心态，使他们能够更好地适应学习环境的变化，并保持持续的学习动力和热情。

第三章　教师角色与素养

第一节　教师在英语教学艺术中的核心地位

一、教师的角色定位

1. 学生学习的引导者

教师作为学生学习的引导者，应该在课堂上起到引领学生的作用。他们需要通过设定明确的学习目标，设计合理的教学活动，激发学生的学习兴趣和主动性。教师应该具备良好的教学方法和策略，能够根据学生的不同特点和需求，制订个性化的学习计划，帮助学生克服困难，实现自我提升。

同时，教师还需要关注学生的学习过程和学习方法。他们应该指导学生建立科学的学习习惯，培养有效的学习技能，提高学习效率。通过积极的反馈和评价，教师可以及时发现学生的问题和进步，帮助他们进行自我调整和改进。

2. 学生学习的启发者

教师作为学生学习的启发者，应该通过激发学生的思维和创造力，培养他们的独立思考和解决问题的能力。教师应该设计富有挑战性和启发性的教学活动，引导学生主动探究和发现知识。在课堂上，教师可以采用讨论、案例分析、问题解决等方式，激发学生的思辨和批判思维，培养他们的创新精神和实践能力。

此外，教师还需要提供丰富的学习资源和信息，引导学生进行独立的学习和研究。通过引导学生阅读、写作、演讲等活动，教师可以培养学生的信息获取和处理能力，培养他们主动学习的能力和自主发展的意识。

3. 学生学习的指导者

教师作为学生学习的指导者，应该提供专业的指导和支持，帮助学生实现个人发展目标。教师应该了解学生的学习需求和兴趣，根据学生的特点和能力，为他们提供个性化的学习指导。

在教学过程中，教师应该注重与学生的互动和沟通。他们应该倾听学生的声音，关心他们的困惑和问题，及时给予帮助和建议。通过与学生的密切合作，教师可以更好地了解学生的学习状况,调整自己的教学策略,满足学生的学习需求。

此外,教师还应该鼓励学生积极参与课外活动和社会实践,拓宽他们的视野和经验。教师可以组织学生参加英语角、英语演讲比赛等活动,提供机会让学生运用所学知识,增强他们的实践能力和综合素质。

二、教师对学生学习的影响

1. 榜样作用

教师对学生学习的影响是非常重要的。作为学生的榜样,教师的言行举止、专业素养和职业道德都会深刻地影响着学生。优秀的教师不仅在课堂上传授知识,更重要的是通过自身的示范和引导,激发学生的学习动力和兴趣。

首先,优秀的教师应该具备高尚的品格和良好的教育情操。他们以身作则地展现出积极向上的人生态度和勤奋努力的工作精神,这种积极的精神状态会潜移默化地影响到学生。当学生看到教师对待工作认真负责、追求卓越的态度时,他们也会受到启发,从而树立起自己的学习目标并付诸实践。

其次,教师的学习态度也是学生学习的重要参考。优秀的教师不断追求进步,持续学习和更新知识,他们将自己的学习经验和方法分享给学生,帮助他们建立正确的学习观念和方法。学生在教师的引导下,学会了如何高效地学习和掌握知识,这将对他们今后的学习产生深远的影响。

最后,教师的课堂教学风格和教学效果也会对学生产生重要的影响。优秀的教师能够创造积极活跃的课堂氛围,激发学生的学习兴趣和主动性。他们注重启发式教学,培养学生的思维能力和创新精神。学生在这样的教学环境中,会更加愿意参与到学习中来,主动思考和解决问题,从而提升自己的学习能力和素质。

2. 情感影响

教师的情感影响对学生的学习具有重要意义。当教师表现出对学生的情感关怀和支持时,能够建立起良好的师生关系,激发学生的学习动力和积极性。

首先,教师的真诚和关爱能够让学生感受到被尊重和重视。当学生感受到教师对他们的真心关怀时,他们会更加愿意与教师沟通交流,敢于表达自己的想法和困扰。这种良好的师生互动可以为学生提供一个安全、温暖的学习环境,使他们能够更加专注和投入学习。

其次,教师的理解和支持能够帮助学生克服困难和挑战。在学习过程中,学生可能会遇到各种问题和困难,面对挫折和压力。而教师的理解和支持可以给予学生积极的鼓励和指导，帮助他们找到解决问题的方法和策略。通过教师的陪伴和引导，学生能够更好地调整自己的学习态度，勇于面对挑战，坚持不懈地追求进步。

最后，教师的情感影响还能够培养学生的人格品质和社交能力。当教师展现出正面的情感态度和价值观时，学生会受到启发和影响，逐渐形成积极向上、真诚待人的品格特点。同时，教师也可以通过组织合作学习和团队活动等方式，培养学生的合作意识和沟通能力，使他们能够更好地与他人协作、共同成长。

3. 认知引导

教师的认知引导对学生的学习产生着重要的影响。作为认知引导者，教师需要了解学生的学习特点和需求，采用适合的教学策略和方法，帮助他们建立正确的学习观念和认知结构。

首先，教师可以通过提问、讨论和解释等方式促进学生的思考和思维能力的发展。在教学过程中，教师引导学生主动思考问题，提出自己的见解和解决方案，并与其他同学进行交流和讨论。这种互动式的教学方式能够激发学生的思维活跃性，培养他们的批判性思维和问题解决能力。

其次，教师应该关注学生的元认知能力，即学习如何学习的能力。通过教授学习技巧和方法，教师可以引导学生规划学习任务、制订学习计划，并监控自己的学习进度。教师还可以帮助学生分析自己的学习效果，评估学习策略的有效性，并及时调整学习方法。通过这样的认知引导，学生能够更加自主地学习，提高他们的学习效果和学习能力。

最后，教师还可以通过示范和模仿的方式引导学生学习。优秀的教师可以将自己的学习经验和方法分享给学生，让他们了解到学习是一个积极主动的过程，需要不断地努力和探索。通过教师的榜样作用，学生能够学会如何有效地处理和组织知识，培养良好的学习习惯和方法。

三、教师在课堂中的重要作用

（一）传授知识

教师在课堂中担任着知识传授者的重要角色。他们是学生获取知识的主要渠道，通过教学活动向学生传授各种学科的知识和理论，帮助他们建立基础知识框架。

首先，教师具备专业知识和深厚学科功底。他们在自己所教授的领域具有扎实的知识储备和专业素养，能够准确把握学科的核心内容和关键概念。在课堂上，教师能够将复杂的学科知识转化为易于理解的形式，以适应学生的认知水平和学习需求。

其次，教师能够组织并展开有效的教学活动。他们利用各种教学资源和教具，设计并实施富有启发性和互动性的教学方法。通过讲解、演示、实验、讨论等多种形式，教师能够引导学生主动参与学习，积极思考和探索新的知识领域。

教师还能够根据学生的学习特点和程度，进行个别化的指导和辅导。他们可以根据学生的知识储备和学习进度，灵活调整教学内容和难度，确保每个学生都能够接受到适合自己的知识。

此外，教师在课堂中还扮演着激发学生学习兴趣和好奇心的角色。通过生动有趣的讲解和丰富多样的教学资源，教师能够引起学生的兴趣，并激发他们对学科知识的探索欲望。教师还可以与学生分享学科的应用案例和实践经验，让学生认识到学科知识的实际应用和意义，从而增强学习的动力和积极性。

最后，教师在课堂中还能够培养学生的学习方法和学习能力。他们不仅传授知识，更重要的是教会学生如何学习。教师可以向学生介绍有效的学习策略和技巧，帮助他们学会提问、思考、总结和归纳等学习技能。这些学习方法将成为学生未来学习的基础，使他们具备持续学习的能力。

（二）激发学习兴趣

教师在课堂中的重要作用之一就是激发学生的学习兴趣。他们能够利用各种教学手段和方法，设计生动有趣的教学内容，引导学生积极参与课堂活动，从而使学生对知识产生浓厚的兴趣。

首先，教师可以通过多样化的教学资源和教具来吸引学生的注意力。他们可以运用图表、图片、实物模型等视觉辅助工具，以及多媒体技术、互联网资源等现代化教育手段，让学生在视觉和听觉上得到更好的刺激。这样的教学方式能够激发学生的好奇心，使他们对所学知识保持浓厚的兴趣。

其次，教师可以设计具有情境性和应用性的教学活动。通过将学科知识与实际生活相结合，教师能够让学生感受到知识的实际应用和意义。例如，教师可以组织实地考察、实验操作、角色扮演等活动，让学生身临其境地体验和探索知识。这样的教学方式能够激发学生的学习兴趣和参与度，使他们更加主动地投入到学习中去。

教师还可以通过讲述生动有趣的故事、提出引人思考的问题等方式来吸引学生的注意力。故事能够引发学生的情感共鸣，使他们对知识产生浓厚的兴趣。而提问则能够激发学生的思考和探索欲望，促使他们主动参与课堂讨论和思维活动。通过这样的教学方式，教师能够激发学生的学习热情，培养他们主动学习的习惯和能力。

最后，教师还可以为学生提供一种积极、轻松的学习氛围。他们可以以身作则地展示自己对学科的热爱和追求，传递给学生积极向上的学习态度。同时，教师还可以鼓励学生发表自己的观点和见解，给予他们正面的反馈和鼓励。这样的教学环境能够增强学生的自信心和学习动力，激发他们对知识的好奇心和渴望。

（三）引导学习

教师的任务不仅是传授知识，还包括根据学生的实际情况和学习需求，制订合适的学习目标和计划，并引导学生掌握学习方法和技巧，帮助他们形成正确的学习态度和习惯。

首先，教师作为引导者需要了解每个学生的实际情况和学习需求。每个学生都有自己的学习特点和潜力，因此，教师应该耐心地观察和倾听，与学生建立良好的沟通和互动关系。通过与学生的交流，教师能够更好地了解他们的学习兴趣、学习风格和学习困难，从而针对性地制订学习目标和计划。

其次，教师需要指导学生掌握学习方法和技巧。学生在学习过程中往往会遇到各种困难和挑战，如何有效地学习成为一个关键问题。教师可以通过示范和解释，向学生介绍不同的学习方法和技巧，帮助他们理解并掌握这些方法和技巧的运用。例如，教师可以教授学生如何做好笔记、如何组织学习时间、如何利用各种学习资源等，从而提高学生的学习效果和效率。

再次，教师还需要帮助学生形成正确的学习态度和习惯。学习不仅是一种知识的获取，更是一种思维方式和生活态度的塑造。教师应该鼓励学生树立积极向上的学习态度，培养他们的学习兴趣和自主学习能力。教师可以通过讲述成功的学习案例、分享学习经验和启发性的问题，激发学生的学习热情和动力。同时，教师还应该引导学生形成良好的学习习惯，如按时完成作业、合理安排学习时间、坚持复习等，让学生逐渐养成自律和持之以恒的学习习惯。

最后，教师还可以通过评价和反馈来引导学生的学习。教师可以及时对学生的学习成果进行评价和反馈，帮助他们了解自己的学习进步和不足之处。通过正面的鼓励和具体的建议，教师可以激发学生的自信心，同时指导他们进一步改进和提高。

（四）促进互动交流

教师在课堂中发挥着促进互动交流的重要作用。他们利用各种方式，如提问、讨论等，激发学生之间的互动和合作，以营造积极的学习氛围。同时，教师还扮演着及时给予学生反馈和评价的角色，帮助学生发现问题并解决。

首先，教师通过提问的方式促进学生之间的互动交流。在课堂上，教师可以提出开放性的问题，鼓励学生积极参与讨论和思考。通过提问，教师可以引导学生展开思维，深入探究问题的本质，培养学生的批判性思维和创造性思维能力。同时，教师也可以利用提问的机会，了解学生对知识的理解程度，及时纠正错误的观念，并指导学生进行正确的思考和分析。

其次，教师通过讨论的方式促进学生之间的互动交流。在小组讨论或全班讨论的过程中，学生可以相互倾听和交流自己的观点和想法。教师可以设立合适的问题或话题，引导学生进行深入的思考和讨论。通过讨论，学生能够从不同的角度看待问题，拓宽思维视野，培养合作意识和团队精神。教师可以在讨论中起到组织者和引导者的作用，确保每个学生都有机会参与并表达自己的观点，从而增强学生之间的互动和交流。

最后，教师还需要及时给予学生反馈和评价。学生在学习过程中可能会遇到各种问题和困难，他们需要教师的指导和帮助。教师可以根据学生的表现和作业情况，给予具体的反馈和评价。这样的反馈不仅能够帮助学生了解自己的学习进展和不足之处，也能激发他们的学习动力和自信心。通过及时的反馈，教师可以帮助学生发现问题，并提供相应的解决方案和指导，促使学生更好地提高和成长。

（五）培养创新能力

教师不仅是知识的传授者，更是学生创新能力培养的引领者。通过引导学生进行探究性学习，教师可以激发学生的创新思维和潜能，从而为他们的未来发展奠定坚实基础。

首先，教师可以通过设计开放性的问题或项目激发学生的思考和好奇心。与传统的闭合式问题相比，开放性问题要求学生自主思考、独立探索，并提出自己的观点和想法。例如，在学习一门科学课程时，教师可以提出一个具有挑战性的问题，让学生自己去寻找答案并进行实验验证。这样的学习方式既能培养学生的创新思维，又能锻炼他们的解决问题的能力。

其次，教师应该给予适当的指导和支持，帮助学生克服困难和障碍。在学生进行探究性学习时，他们可能会面临各种问题和挑战。教师应该及时提供必要的指导，引导学生找到解决问题的途径和方法。同时，教师还应该给予学生充分的支持和鼓励，让他们相信自己的能力，勇于尝试和创新。通过这样的指导和支持，学生将更加有信心去探索未知领域，培养出独立思考和解决问题的能力。

再次，教师还可以为学生提供丰富的资源和平台，促进他们的创新实践。例如，教师可以组织学生参加科技竞赛、学术论坛或社会实践活动，让他们有机会将自己的创意付诸实践，并与他人进行交流和分享。通过这样的实践，学生不仅能够将理论知识转化为实际技能，还能够培养团队合作和沟通能力，进一步提升他们的创新能力。

最后，教师在培养学生创新能力的过程中应该注重培养学生的创新精神和创造力。创新不仅仅是解决问题的能力，更是一种积极的态度和思维方式。教师可以通过激发学生对新事物的兴趣和好奇心，培养他们敢于尝试、勇于创新的品质。同时，教师还可以鼓励学生提出自己的独特观点和想法，给予肯定和鼓励，让他们相信自己的创意有价值，并且能够产生积极影响。

（六）促进学生个性发展

在教师的重要作用中，促进学生个性发展是一个至关重要的方面。每个学生都是独特的个体，有着不同的兴趣、天赋和需求。教师应当根据学生的特点和需求，制定个性化的教学方案，关注每个学生的成长和发展。通过个别辅导、小组活动等方式，教师可以帮助学生发挥自身优势，克服困难，实现个人目标。

首先，教师可以通过了解学生的兴趣和天赋来制定个性化的教学方案。每个学生都有自己独特的兴趣和天赋，教师可以通过观察、交流和评估等方式获取这些信息。例如，一位学生可能对艺术特别感兴趣，教师可以为他设计更多与艺术相关的学习任务；另一位学生可能在数学方面有天赋，教师可以给予他更高级的数学挑战。通过根据学生的兴趣和天赋制定个性化的教学方案，教师能够激发学生的学习兴趣，提高他们的学习积极性。

其次，教师可以通过个别辅导的方式，为学生提供针对性的指导和支持。在大班教学中，教师难以完全照顾到每一个学生的需求。因此，个别辅导是一种有效的方式来满足学生的个性化需求。教师可以安排与学生一对一的时间，仔细倾听他们的问题和困惑，并给予适当的解答和指导。通过个别辅导，教师能够更好地了解学生的学习情况，及时发现和解决问题，帮助学生克服困难，实现个人目标。

此外，小组活动也是促进学生个性发展的重要方式之一。通过小组活动，学生有机会与其他同学进行合作和交流，互相学习和影响。在小组中，教师可以灵活地组织学生进行各种任务和项目，让学生根据自己的特长和兴趣承担不同的角色和责任。例如，在一次科学实验中，教师可以将学生分成小组，每个小组负责不同的实验步骤，通过合作完成整个实验。通过小组活动，学生不仅能够培养合作和沟通能力，还能够发挥自身优势，展示个性特点。

最后，教师在促进学生个性发展的过程中应该注重鼓励和肯定。每个学生都有不同的优点和潜力，教师应该及时发现并给予肯定和赞赏。这样可以增强学生的自信心，让他们相信自己独特的个性是宝贵的，并且能够为社会作出贡献。同时，教师还应该提供适当的挑战和反馈，帮助学生不断成长和改进。通过积极的反馈和引导，教师能够激发学生的潜能，实现个人目标。

（七）培养学生道德品质

在教师的重要作用中，培养学生的道德品质是至关重要的一环。除了传授知识，教师还应该关注学生的道德素养和价值观念的培养。通过教育案例、道德讨论等方式，教师可以引导学生形成正确的价值观念和道德观念，为他们的人格发展和社会参与奠定基础。

首先，教师可以通过教育案例的方式，向学生展示现实生活中的道德问题和挑战。教育案例是将真实的道德困境和情景引入课堂，以此激发学生对道德问题的思考和讨论。例如，教师可以选择一个有关诚信和诚实的案例，让学生进行分析和讨论。通过这样的案例教学，学生能够深入了解道德价值观念的重要性，并且更加明确自己应该如何行动。

其次，教师可以组织道德讨论，鼓励学生表达自己的观点和想法。道德讨论是指在课堂上开展集体讨论，让学生从多个角度思考和评价道德问题。教师可以提出一个具有争议性的道德问题，引导学生进行讨论，并鼓励他们积极参与，表达自己的观点和看法。通过道德讨论，学生能够学会尊重他人的意见，理解不同的道德观念，并且培养批判性思维和逻辑推理的能力。

再次，教师在课堂中还可以通过讲述优秀的道德榜样和故事，激发学生对道德品质的追求。教师可以选择一些历史上或者现实生活中的英雄人物，讲述他们的善行和正直品质。通过这样的讲述，学生能够感受到道德品质的伟大和美好，从而激发他们对道德的向往和追求。同时，教师还可以分享一些有趣的道德故事，通过故事的情节和主题，引导学生思考和反思自己的行为和决策。

最后，教师在培养学生道德品质的过程中应该注重身教和示范。教师是学生的榜样和引路人，他们的言行举止会对学生产生深远的影响。因此，教师应该注重自身的道德修养和行为规范，以身作则，成为学生模仿和学习的对象。通过自身的示范，教师能够引导学生理解和践行道德价值观念，培养他们正确的道德观念和行为习惯。

（八）激发学生潜能

在教师的重要作用中，激发学生的潜能是一个关键的方面。每个学生都有独特的才能和潜力，而教师可以在课堂中发现并引导学生充分发挥自身的优势和潜力。通过给予学生肯定和鼓励，提供机会让学生展示自己的特长和能力，教师能够激发学生的自信心和积极性，促进他们的全面发展。

首先，教师可以通过观察和评估，发现学生的潜能和才能。在日常的教学中，教师应该仔细观察学生的表现和行为，了解他们的兴趣、特长和潜力所在。例如，一位学生可能在艺术方面具有天赋，另一位学生可能在科学实验中表现出色。教师可以通过观察和评估，及时发现学生的潜能，并进行针对性的引导和培养。

其次，教师应该给予学生肯定和鼓励，让他们相信自己的才能和潜力是宝贵的。每个学生都需要得到肯定和鼓励，这样才能激发他们的自信心和积极性。教师可以通过赞扬学生的努力和进步，表达对他们的认可和赞赏。同时，教师还应该关注学生的自我评价和情绪状态，及时给予支持和指导，帮助他们克服困难和挫折，保持积极的学习态度。

再次，教师可以提供机会让学生展示自己的特长和能力。在课堂中，教师可以设计各种任务和项目，让学生根据自己的兴趣和潜力展示所学的知识和技能。例如，教师可以组织学生进行小组演讲或展示活动，让他们有机会展示自己的口头表达能力和创造力。同时，教师还可以鼓励学生参加学校或社区的比赛、展览等活动，为他们提供更广阔的舞台展示自己的特长和才艺。

最后，教师在激发学生潜能的过程中应该注重个体差异和培养全面发展。每个学生都有不同的潜能和兴趣，教师应该根据学生的个体差异，提供个性化的引导和培养。同时，教师还应该鼓励学生多元发展，培养他们的综合能力和跨学科的思维。通过全面的培养和引导，学生能够在不同领域发挥自身的优势和潜力，成为具备多元才能的综合型人才。

第二节 教师的专业素养与能力要求

一、语言能力和语言运用能力

（一）语言能力

1. 词汇量：教师需要具备丰富的词汇量，能够准确、恰当地选择词汇来表达思想和概念。丰富的词汇库能够帮助教师更生动地传达知识，使学生更容易理解和吸收。

2. 语法知识：良好的语法知识是确保教学内容准确性的基础。教师需要熟练掌握英语语法规则，避免在教学中出现语法错误，以确保学生获得正确的语言模型。

3. 语音准确性：准确的语音发音可以帮助学生更好地理解和模仿，提高他们的口语表达能力。教师应该注重细节，保持良好的语音准确性，为学生树立正确的语音模范。

4. 阅读能力：教师需要能够流利地阅读各种英语文本，包括课本、资料、文章等。流利的阅读能力可以帮助教师更好地理解教学内容，提前准备教材，并为学生提供清晰的讲解。

5. 表达能力：教师需要能够准确、清晰地表达自己的思想和观点，以便有效地传达知识给学生。清晰的表达能力可以帮助学生更好地理解教学内容，促进有效的师生交流。

（二）语言运用能力

1. 口语表达能力：良好的口语表达能力可以帮助教师清晰地传达思想和信息，使学生更容易理解和接受。教师需要流利地表达观点，引导学生进行口语交流，激发学生的口语表达能力，促进语言的实际运用。

2. 书面表达能力：书面表达能力对于准备教学材料、批改作业和书面沟通非常重要。教师需要能够准确、清晰地书写教学内容、课程计划等文档，以确保信息传递的准确性和效率。

3. 听力理解能力：良好的听力理解能力可以帮助教师准确地理解学生的问题和需求，及时作出回应和调整教学策略。教师需要能够听取学生的意见和反馈，从中获取信息并做出适当的反应。

4. 交流能力：教师的交流能力影响着与学生、家长和同事之间的有效沟通。教师应该善于倾听、表达自己的观点，建立良好的师生关系和团队合作氛围，以促进教学效果的提升。

5. 课堂互动能力：通过良好的语言运用能力，教师可以引导学生积极参与课堂互动，促进学生之间的合作和讨论。教师应该善于提出问题、引导讨论，激发学生的思维，培养他们的批判性思维和解决问题能力。

二、教学知识和教学技能

（一）教学知识

1. 学科知识：教师需要深入理解所教授学科的内容和背景，掌握学科的基本理论、概念和最新发展。只有对学科知识有深刻理解，教师才能有效地传授知识给学生，激发他们的学习兴趣。

2. 教育理论知识：教师需要了解教育理论，包括不同教学方法、教学策略和教学理念等。这些理论知识可以帮助教师更好地设计教学活动，提高教学效果，促进学生的全面发展。

3. 课程相关知识：教师需要熟悉教学大纲、课程标准和教学要求，确保教学内容符合规定，并能够有效地达到教学目标。同时，教师还应当能够灵活调整教学内容，根据学生的实际情况进行个性化的教学设计。

4. 学生需求和能力水平：了解学生的学习需求、兴趣爱好和学习能力是教师设计教学计划的重要基础。通过了解学生的特点，教师可以更好地选择教学方法和策略，满足学生的学习需求，提高他们的学习成就感。

5. 教育心理学知识：教师需要熟悉教育心理学理论，了解不同年龄段学生的心理特点和发展规律。这样可以帮助教师更好地理解学生的行为和思维方式，有效地引导和激发学生的学习兴趣和潜力，促进他们的全面发展。

（二）教学技能

教学技能对于教师在教学实践中的表现和教学效果起着至关重要的作用。教学技能是指教师在课堂教学中所需具备的各种技能和能力，涵盖了课堂管理、教学方法应用、学生激励以及沟通、团队合作和问题解决等多个方面。

首先，课堂管理是教学技能的重要组成部分。良好的课堂管理能力可以帮助教师有效地组织课堂教学活动，保持课堂秩序，提供良好的学习氛围。教师需要能够合理安排时间、灵活应对突发情况，确保教学进程顺利进行，让学生能够集中注意力，全情投入学习。

其次，教师需要具备多样化的教学方法应用能力。不同的学生有不同的学习风格和需求，教师应当灵活运用各种教学方法和策略，如讲授、讨论、案例分析、小组合作等，以激发学生的学习兴趣和提高他们的学习效果。通过多元化的教学方法，教师可以更好地满足学生的学习需求，提升教学效果。

再次，教师的学生激励能力也是教学技能中的重要一环。通过有效的激励和奖励机制，教师可以激发学生的学习动力，增强他们的自信心和学习兴趣。教师应当能够及时发现学生的优点和进步，给予肯定和鼓励，帮助他们树立积极的学习态度，提高学习动力。

最后，良好的沟通能力、团队合作能力和问题解决能力也是教师教学技能中不可或缺的部分。教师需要与学生、家长和同事进行有效的沟通，建立良好的师生关系和团队合作氛围。同时，教师还需要具备解决问题的能力，能够及时应对各种教学挑战和问题，确保教学质量和效果。

三、教育理论和教育心理学知识

（一）教育理论

教育理论是教育学科中的重要分支，旨在系统研究和总结教育活动的规律性、原理和方法，为教育实践提供理论指导和方法支持。教育理论的研究范围广泛，涵盖了教育的目的、价值观、教学方法、学生评价、课程设计等多个方面，旨在帮助教师深入理解教育活动的本质和目的，从而更好地开展教学工作。

首先，教育理论对教师具有重要意义。通过研究和应用教育理论，教师可以厘清教学思路，明确教学目标，选择适合的教学方法和策略，提高教学效果和质量。教育理论帮助教师建立起自己的教育理念和教学观念，使其在实践中更具方向感和方法论，有利于引导学生健康成长。

其次，教育理论有助于提高教学质量。教育理论研究教育活动的规律性和原理，为教师提供了有效的教学指导和方法支持。教师在教学中应用教育理论，能够更科学地设计教学方案，更灵活地运用教学方法，更全面地评价学生学习成果，从而提高教学质量和效果。

最后，教育理论还有助于教师不断改进和创新教学实践。通过学习和掌握教育理论，教师可以不断反思和调整自己的教学方法和策略，不断提升教学水平，实现教育教学的不断创新和发展。

（二）教育心理学知识

教育心理学知识的应用对于教学实践具有重要意义。教育心理学通过研究学习、教学和发展过程中的心理活动规律，帮助教师深入了解学生的认知、情感和社会发展等方面特点，为教学提供了理论依据和指导原则。

首先，教育心理学知识有助于教师更好地理解学生。每个学生都是独特的个体，拥有不同的认知风格、学习方式和情感特点。了解这些个体差异有助于教师更好地应对学生的需求，制定个性化的教学方案，从而提高教学效果。

其次，教育心理学知识可以帮助教师设计有效的教学活动。通过了解学生的认知发展水平、兴趣爱好和学习动机，教师可以有针对性地设计多样化、趣味性的教学内容和活动，激发学生的学习兴趣和积极性，提高他们的学习效果。

最后，教育心理学知识还可以指导教师更好地引导学生的学习过程。教师可以根据学生的认知特点和发展阶段，采用不同的教学策略和方法，激发学生的思维能力和创造力，帮助他们建立自信心，充分发挥潜能，实现全面发展。

四、跨文化交际能力和跨学科知识

（一）跨文化交际能力

跨文化交际能力是当今全球化社会中至关重要的能力之一。随着全球化进程的加速推进，不同文化之间的交流和互动变得日益频繁和密切，跨文化交际能力的重要性也日益凸显。这种能力不仅仅是简单的语言沟通能力，更包括对不同文化背景下的习俗、信仰、价值观等方面的理解和尊重。

首先，跨文化交际能力需要个体具备广泛的文化知识和敏锐的文化洞察力。在跨越不同文化背景和价值观念时，了解和尊重对方的文化传统、习俗和价值观是建立有效沟通的基础。只有通过对不同文化的深入了解，个体才能在交流中避免冒犯或误解对方，建立起相互尊重和合作的基础。

其次，跨文化交际能力需要个体具备灵活应变和解决问题的能力。不同文化之间存在着语言、沟通方式、思维模式等方面的差异，可能会导致沟通障碍和误解。在这种情况下，个体需要能够及时调整自己的沟通方式，寻找有效的沟通途径，化解潜在的冲突和误解。只有具备这种灵活性和解决问题的能力，个体才能在跨文化交际中取得良好的效果。

最后，跨文化交际能力的提升对个体的发展和成长具有重要意义。在当今多元文化的社会环境中，拥有良好的跨文化交际能力可以帮助个体更好地适应多元化的社会环境，促进跨文化合作与交流，扩大个人的人际交往圈，提升个人在国际舞台上的竞争力。同时，通过不断提升跨文化交际能力，个体也能够培养自身的包容性、开放性和智慧，更好地融入全球化的社会大家庭。

（二）跨学科知识

跨学科知识的重要性在当今世界日益突显。随着社会的不断发展和科技的飞速进步，单一学科的知识已经不足以解决日益复杂的挑战和问题。跨学科知识的涌现为我们提供了一种全新的思维方式和解决问题的途径，使我们能够更好地理解世界的多样性和互相关联性。

1. 综合思维能力

跨学科知识的拓展培养了个体的综合思维能力，使其能够从不同学科的角度审视同一问题，形成全面、多元的思考方式。这种思维模式有助于发现问题的本质和根源，从而提供更有效的解决方案。

2. 创新思维

跨学科知识的整合激发了个体的创新思维，通过将不同领域的知识进行结合和应用，可以产生前所未有的创意和想法。这种跨界的思维碰撞能够促进新观念的涌现，推动社会的创新和发展。

3. 解决复杂问题的能力

跨学科知识赋予个体处理复杂问题的能力，因为这些问题往往涉及多个领域的知识交叉。只有具备跨学科知识的个体才能够全面理解问题的各个方面，并提出综合性的解决方案。

4. 应对未来挑战的能力

在不断变化的社会环境中，跨学科知识成为了一种必备的能力。未来社会的发展趋势是多元化和复杂化的，需要我们具备跨学科思维和综合素养，才能更好地适应和把握机遇。

五、自我反思和持续专业发展能力

（一）自我反思

在英语教学艺术领域，自我反思是一项不可或缺的关键能力。通过不断地审视和评估自己的教学实践和效果，教师能够更深入地了解自己的教学方式、教学策略以及学生的学习反应，从而及时发现问题、总结经验，持续提升自身的专业水平和教学质量。

1. 反思教学方法与策略

在自我反思中，教师需要审视自己在英语教学中采用的教学方法和策略是否有效。通过回顾课堂教学过程，分析学生的学习反应和表现，教师可以发现哪些方法取得了良好的效果，哪些需要调整和改进。这种反思有助于教师更有针对性地选择适合学生的教学方法，提升教学效果。

2. 反思教学内容与资源

另一方面，教师也需要反思自己选择的教学内容和教学资源是否能够激发学生的学习兴趣和提高他们的学习效果。通过评估教材的设计和选用，教师可以调整课程内容，使之更贴近学生的实际需求和兴趣，从而提升学习的吸引力和实效性。

3. 促进与学生的互动

此外，自我反思也包括审视教师与学生之间的互动和沟通方式。教师需要思考自己在课堂中如何激发学生的参与度和积极性，是否给予足够的鼓励和支持，以及如何更好地建立师生之间的信任和互动关系。这种反思有助于教师改善教学氛围，营造更有利于学生学习和成长的环境。

通过持续进行自我反思，不断调整和改进教学实践，英语教学艺术领域的教师可以更好地应对教学挑战，提升自身的专业水平和教学质量，激发学生学习的兴趣和积极性，共同促进英语教育事业的发展和进步。因此，建议教师在日常教学中重视自我反思的实践，不断完善自己，为学生的学习成就和未来发展贡献力量。

（二）持续专业发展能力

在英语教学艺术领域，持续专业发展能力被视为教师必备的素养，这种能力对于教师的个人成长和教学质量的提升起着至关重要的作用。随着时代的不断演进和教育理念的不断更新，教师需要不断更新自己的知识和技能，以适应不断变化的教学环境和学生需求。

1. 学习新知识与技能

持续专业发展要求教师保持求知欲望，积极主动地探索学科最新的研究成果和教学方法。教师应该不断学习新的教学理论、教学技术和教学资源，以丰富自己的教学工具箱，为教学实践提供更多可能性，提高教学的多样性和质量。

2. 参与专业培训与学术交流

除了自主学习外，教师还应积极参与专业培训和学术交流活动。参加教育研讨会、学术会议、教学讲座等活动，可以让教师与同行分享经验、交流观点，从中获取启发和灵感，拓宽自己的视野，促进个人的专业成长和发展。

3. 提升教学水平与专业素养

持续专业发展不仅有助于教师提升自身的教学水平，更重要的是提升专业素养。教师通过持续学习和不断探索，可以更好地理解学生的需求和学习特点，提供更具针对性和有效性的教学方案，从而更好地为学生的学习提供支持和指导。

通过持续专业发展的实践，英语教学艺术领域的教师可以不断改进自己的教学方法，提升教学效果，为学生的语言学习和发展提供更优质的教育体验。这种积极的学习态度和不懈的努力不仅符合教育事业的要求，更能够激励学生更好地学习和成长，共同促进教育事业的发展和进步。因此，建议教师始终保持对专业发展的关注和热情，持续学习和不断提升，为教育事业的发展贡献自己的力量。

第三节　培养教师艺术修养的策略与方法

一、提高教师的教育情感和情商

（一）情感教育培训

在培养教师艺术修养的背景下，情感教育培训显得尤为重要。通过提供专业的情感教育培训，教师可以更深入地理解学生的情感需求，学会有效应对和引导学生情感。这样的培训不仅可以帮助教师建立起与学生之间更加积极的情感连接，还能够促进教师对学生的关爱和理解，从而营造出更温暖、支持性的学习环境。教师在情感教育培训中获得的知识和技能，将有助于提升他们的情商和教育情感，使其在教学实践中更加细致周到地关注学生的情感状态，引导他们健康成长，为学生成长的道路铺平坦。

（二）心理辅导支持

在培养教师艺术修养的过程中，心理辅导支持显得尤为重要。提供心理辅导和支持机制，可以帮助教师更好地管理情绪、应对压力，从而保持内心的平衡和稳定。教师在面对教学中的挑战和压力时，常常需要一个安全的空间来释放情绪、倾诉心声。心理辅导的支持可以为教师提供情感上的支持和专业的指导，让他们更好地理解自己的情绪和压力来源，学会有效的情绪调节和压力管理方法。通过心理辅导，教师可以更好地保持内心的平衡和稳定，增强应对挑战的能力，提升工作效率和教学质量。这种支持机制不仅有助于教师个人的成长和发展，也能够促进整个教育团队的凝聚力和向心力，共同营造出一个积极、健康的工作氛围，为教育事业的持续发展提供有力支持。

（三）反思与倾听

反思与倾听是构建互信互谅的教学氛围不可或缺的元素。教师需要审视自身的情感反应和行为，以提升教学的质量和效果。通过反思，教师能够更好地认识自己的情绪变化，从而更加理性地处理教学过程中的挑战和压力，保持内心的平和与从容。倾听学生的声音和需求是培养教师情感智慧和沟通技巧的重要途径。通过倾听，教师能够更好地理解学生的内心世界，建立起与学生之间真诚而平等的互动关系，促进学生成长和发展。在教学实践中，教师应该持开放的心态，愿意接受来自学生的反馈和建议，不断完善自我，提升教学水平。只有建立在相互尊重和理解的基础上，教师和学生之间的关系才能更加融洽，教学过程才能更加顺利和高效。因此，通过反思与倾听，教师能够在教学中展现出更高的艺术修养，为学生成长和发展搭建起更为宽广的舞台。

二、发展教师的教学创新能力

（一）专业发展培训

专业发展培训不仅仅是传授教学方法、技术和工具，更是激发教师的创新思维和实践能力的关键途径。教师的教学创新能力是推动教育不断进步和改善的动力源泉，而专业发展培训则为教师提供了拓宽视野、更新知识和技能的机会。

通过专业发展培训，教师可以接触到最新的教学方法、技术和工具，从而激发出他们的创新思维。这种创新思维可以帮助教师在教学实践中不断尝试新的方式和策略，探索适合自身风格和学生需求的创新教学方法。专业发展培训不仅为教师提供了丰富的教学资源和信息，更为教师创新实践提供了坚实的基础和支持。

教师的实践能力是教学创新的关键，而专业发展培训可以有效提升教师的实践能力。通过参与专业发展培训，教师可以积累更多的实践经验，提升教学技能，增强问题解决能力，从而更好地应对教学中的挑战和问题。这种实践能力的提升将有助于教师更加自信地尝试新的教学方法，勇于创新，为学生提供更富有启发性和创造性的学习体验。

（二）鼓励实践与实验

在教育领域中，鼓励教师实践与实验是培养教师教学创新能力不可或缺的重要举措。为了有效提升教师的教学水平和教学效果，教育机构应该给予教师充分的实践与实验机会，鼓励他们尝试新的教学方法和策略，以探索适合自身风格和学生需求的创新方式。

首先，提供教师实践与实验的机会是激发教师创新潜能的关键。通过让教师亲身实践和体验各种教学方法，他们可以更好地理解不同教学策略的优缺点，积累宝贵的经验教训，并逐步发展自己的教学风格。这种实践性的学习过程有助于激发教师的创造力和创新意识，培养其独立思考和问题解决能力，从而提升其教学创新能力。

其次，鼓励教师尝试新的教学方法和策略有助于拓展教学思路，促进教学改革与创新。教师在实践中不断尝试新的教学方式，可以发现教学中的不足之处，及时调整和改进教学方法，提高教学效果。通过反复实验和总结经验，教师可以逐渐形成适合自己的教学风格，并在实践中不断探索创新，为教育教学注入新的活力与动力。

最后，探索适合自身风格和学生需求的创新方式是提升教师教学创新能力的关键之一。教师应该根据自己的特长和教学风格，结合学生的实际需求和特点，灵活运用各种教学方法和工具，创造多样化的教学场景，激发学生的学习兴趣和主动性。只有不断尝试和创新，教师才能逐步提升自己的教学水平，更好地适应不断变化的教育环境和学生需求。

（三）跨学科合作

跨学科合作作为促进教师教学创新能力发展的重要策略之一，为教育领域注入了新的活力和创造性。通过跨学科合作，教师可以跳出各自学科的界限，与其他学科领域的教师共同合作，借鉴其创新理念和实践经验，从而拓展自己的教学思路和方法。

跨学科合作不仅可以促使教师跨越学科壁垒，融合多元知识和技能，还可以激发教师的创造力和创新意识。当不同学科的教师共同合作时，他们可以分享各自学科领域的最佳实践和教学策略，相互启发，激发出更多创新的火花。教师们可以从其他领域中汲取灵感，结合自身学科特点，创造出更具有前瞻性和创意性的教学方式。这种跨学科合作的互动与碰撞，有助于打破教学中的常规思维，拓展教师的教学视野，培养其跨学科整合和创新能力。

此外，跨学科合作也为教师提供了更广阔的教学资源和支持网络。通过与其他学科领域的教师合作，教师可以共同探讨教学难题，分享资源和经验，相互学习和成长。这种合作不仅可以加强教师之间的交流与合作,还可以为他们提供更多的专业支持和建议,共同探索教育领域的新理念和实践。教师在跨学科合作中可以建立更加紧密的合作关系,形成教学创新的合力,共同推动教育教学的不断发展。

最重要的是,跨学科合作有助于拓展教师的教学思路和方法,提升其教学创新能力。教师在跨学科合作中可以接触到各种不同领域的前沿理念和实践经验,从而拓宽自己的教学视野,丰富教学方法和策略。通过借鉴其他领域的创新理念,教师可以更好地应对教学中的挑战和问题,探索更加适合学生需求的教学方式,提升教学质量和效果。跨学科合作为教师提供了一个开放的学习平台,让他们在不断交流和合作中获得成长和进步,从而推动教育领域的创新和发展。

三、培养教师的人际沟通和协作能力

(一)团队建设活动

团队建设活动在教师专业发展中扮演着重要的角色,尤其是在培养教师的人际沟通和协作能力方面。通过开展团队建设活动,教师可以加强彼此之间的合作与信任,促进团队的共同成长和发展。这种活动不仅有助于改善教师之间的关系,还能提升他们的沟通技能、协作能力和团队凝聚力,为共同实现教育目标奠定坚实基础。

团队建设活动为教师提供了一个互动和合作的平台,让他们能够更好地理解彼此、建立信任,并共同成长。通过参与各种团队建设活动,如团队拓展训练、团队合作游戏、团队项目挑战等,教师们可以共同面对挑战、协力解决问题,增强团队凝聚力和合作意识。这种团队活动不仅有助于打破教师间的隔阂和壁垒,还能促进他们之间的情感交流和团队精神的形成,进而激发团队的创造力和凝聚力,共同推动团队的共同成长和发展。

在团队建设活动中,教师们还可以锻炼自己的人际沟通和协作能力。通过与他人的互动和合作,教师们可以提升自己的沟通技巧、倾听能力和解决问题的能力,培养团队合作精神和团队领导力。在团队活动中,教师们需要相互协调、合作,共同制订计划、分工合作,从而培养团队合作的技能和意识。这种协作过程不仅可以促进教师之间的相互理解和尊重,还可以提高团队的工作效率和执行力,推动团队向着共同的目标迈进。

此外,团队建设活动也有助于培养教师的领导力和团队管理能力。在团队活动中,教师们可以扮演不同的角色,学习如何激励团队成员、协调团队合作、解决团队内部矛盾等领导和管理技能。通过实践和体验,教师们可以逐步提升自己的领导能力和团队管理技巧,有效地引导团队成员共同合作、共同成长。这种经验不仅有助于教师在团队中发挥更大的作用,还可以为其未来的教育教学工作提供宝贵的经验和启示。

（二）沟通技巧培训

在教师专业发展中，沟通技巧的重要性不言而喻。针对培养教师的人际沟通和协作能力，提供有效的沟通技巧培训尤为关键。通过这样的培训，教师可以提升与同事、家长和学生之间的沟通能力，建立良好的互动关系，从而有效促进教师的个人成长和团队发展。

沟通技巧培训的重要性在于帮助教师学会有效的沟通方式和技巧，使其能够更加准确、清晰地表达自己的想法和观点，同时也更善于倾听他人的意见和需求。在与同事、家长和学生的交流中，良好的沟通能力可以减少误解和冲突，增进相互理解和信任，有利于建立积极的人际关系和合作氛围。通过沟通技巧培训，教师可以学会如何有效沟通、如何妥善处理沟通中的难题和挑战，提升自己的沟通技能和应对能力，从而更好地应对各种复杂的教育教学场景。

在教师专业发展中，良好的人际关系是至关重要的。通过提升沟通技巧，教师可以更好地与同事、家长和学生建立起良好的互动关系，实现更有效的合作和协作。与同事之间的良好沟通可以促进团队合作，增强团队凝聚力，共同推动教育教学的改进和发展。与家长之间的有效沟通可以增进家校合作，建立互信互助的关系，共同关心学生的成长和发展。与学生之间的情感沟通和理解可以建立师生间的信任和尊重，促进教学目标的达成和学生个体素质的全面提升。因此，通过沟通技巧培训，教师可以更好地处理人际关系，建立更加融洽、积极的人际互动模式，实现共同成长和发展。

沟通技巧培训不仅有助于提升教师的个人能力，也有利于促进整个教育团队的发展。当教师们具备了良好的沟通技巧，团队内部的合作和协作就会更加高效顺畅。团队成员之间能够更好地交流、协调和配合，共同面对挑战、解决问题，实现团队的共同目标。通过沟通技巧培训，教师团队可以建立起更加融洽、紧密的合作关系，促进团队的共同成长和发展，提升整个团队的综合素质和工作效能。

（三）协作项目实践

1. 培养教师的人际沟通和协作能力

在教育领域，培养教师的人际沟通和协作能力至关重要。通过推动教师参与跨学科或校际合作项目，可以有效地激发教师的协作精神，提升其团队合作能力，实现资源共享和优势互补。这种做法不仅有助于教师个人的专业发展，还能为学校带来更多创新和发展的机会。

2. 推动教师参与跨学科或校际合作项目

跨学科或校际合作项目为教师提供了一个跨越学科界限、跨越校际界限的平台，让他们能够与不同背景和专业的教师共同合作。在这样的项目中，教师们可以共同探讨问题、分享经验、汇集资源，从而达到优势互补、共同提升的效果。通过参与这样的项目，教师们不仅可以扩大自己的教学视野，还能够结识更多志同道合的伙伴，建立起良好的合作关系。

3. 培养协作精神和团队合作能力

在跨学科或校际合作项目中，教师们需要具备良好的协作精神和团队合作能力。只有在团结一致、互相信任的基础上，才能有效地完成项目任务，取得最终成功。通过与他人共同合作，教师们可以学会倾听、理解和尊重他人的意见，培养出良好的沟通和协调能力。这些能力不仅对于项目的顺利进行至关重要，也对于教师个人职业发展具有重要意义。

4. 实现资源共享和优势互补

跨学科或校际合作项目的一个重要优势在于资源共享和优势互补。不同学科、不同学校的教师之间往往具有各自独特的资源和优势，通过合作可以实现资源的共享和优势的互补。这样一来，每位教师都可以充分利用他人的优势来弥补自身的不足，实现优势互补、优势互补的效果。同时，资源的共享也可以帮助学校更好地利用有限的教育资源，提高教学质量，促进学校整体的发展。

四、加强教师的文化素养和批判思维能力

（一）跨文化交流

在当今全球化的背景下，跨文化交流变得愈发重要，尤其对于教师这一群体。鼓励教师参与国际交流与合作项目，不仅有助于拓展他们的跨文化视野，还能增强其文化理解和包容力。在加强教师的文化素养和批判思维能力方面，这一举措具有深远意义。

首先，通过参与国际交流项目，教师们可以更好地了解不同国家和地区的教育体系、文化传统以及教学方法。这种跨文化的接触能够帮助他们打破传统观念的局限，拓展思维的边界，从而更好地适应多元文化的教育环境。与来自不同文化背景的教育者合作，也将激发教师们的创造力和教学激情，促进教育教学水平的提升。

其次，参与国际交流项目有助于提升教师的文化理解和包容力。通过与外国教育者的互动交流，教师们可以更深入地了解他人的文化背景、价值观念和生活方式，培养尊重和包容不同文化的态度。这种跨文化的体验将有助于打破偏见和成见，促进跨文化沟通与合作，为建设一个更加和谐、包容的社会奠定基础。

此外，参与国际交流项目还能促进教师的个人成长和职业发展。通过与国际教育领

域的专家学者交流，教师们可以汲取新知识、学习先进的教育理念和方法，不断提升自身的教学水平和专业素养。同时，国际交流经历也将丰富教师的人生阅历，拓宽其视野，为其未来的教育教学工作注入新的活力和动力。

（二）多元文化培训

随着社会的多元化和全球化进程不断加深，教师在教育工作中面临着越来越多来自不同文化背景的学生。为了更好地应对这一挑战，提供多元文化教育培训显得尤为重要。这种培训不仅可以帮助教师更好地理解和尊重不同文化背景的学生，还能促进多元文化的融合。在加强教师的文化素养和批判思维能力方面，多元文化培训具有重要意义。

首先，多元文化培训可以帮助教师更深入地了解不同文化背景学生的特点、需求和价值观。通过学习多元文化教育的理论知识和实践经验，教师们可以更好地把握多元文化教育的核心概念，提升对跨文化交流和互动的能力。这将有助于教师更为灵活地调整教学方法和策略，创设有利于不同文化背景学生发展的教育环境。

其次，多元文化培训有助于提升教师的跨文化沟通能力和包容心态。通过培训课程中的案例分析、角色扮演等活动，教师们可以模拟跨文化交流场景，增强沟通技巧和解决问题的能力。同时，多元文化培训也将引导教师树立包容的教育理念，尊重和欣赏不同文化的多样性，从而促进学生间的相互理解和和谐相处。

此外，多元文化培训还能激发教师的批判思维能力和创新意识。通过接触不同文化背景的知识和经验，教师们将面临挑战和思考，从而激发对教育现状和教学方法的批判性思考。这种思维方式将有助于教师不断反思和改进自身的教学实践，提升教学质量和效果。

（三）批判思维训练

1. 强调批判思维的重要性

在当今信息爆炸的时代，批判思维的重要性愈发凸显。作为教育工作者，教师们肩负着培养学生全面发展的重要使命。而要实现这一目标，教师们首先需要具备批判思维的能力。批判思维不仅是一种能力，更是一种态度，它鼓励我们独立思考、审视信息，培养分析和评估问题的能力。只有通过不断地批判性思考，教师们才能在教育实践中更好地引导学生，帮助他们建立正确的认知和判断能力。

2. 培养教师的文化素养和批判思维能力

教师作为社会的引路人和学生的榜样，其文化素养和批判思维能力直接影响着学生的发展方向和素养水平。因此，加强教师的文化素养和批判思维能力成为当务之急。首先，教师应该具备广泛的知识储备和扎实的学术背景，这不仅可以提升他们的文化修养，还有助于他们更好地应对复杂多变的教育环境。其次，教师需要具备辨别信息真伪、分析问题根源的能力，这就需要他们不断提升自己的批判性思维水平。只有教师在思维上保持活跃，善于质疑和思考，才能更好地引导学生，培养他们独立思考问题的能力。

3. 提升教师的教育水平和专业素养

要加强教师的文化素养和批判思维能力，需要从多个方面入手。首先，学校和教育机构可以组织各类培训和讲座，引导教师关注当下社会热点问题，激发他们的思维火花。其次，学校可以建立定期的教师交流平台，让教师们分享教学心得和思考，相互启发，共同进步。此外，学校还可以鼓励教师参加学术研讨会和专业讲座，不断更新自己的知识储备，提升专业素养。总之，只有不断提升教师的文化素养和批判思维能力，才能更好地适应教育发展的需求，更好地引领学生走向未来。

五、培养教师的职业道德和职业操守

（一）职业伦理培训

职业伦理培训在教育领域中扮演着至关重要的角色，它不仅是教师个人素养的体现，更是维护教育公正、促进专业发展的重要保障。通过提供职业伦理培训，教师得以深入了解和内化应遵循的职业准则和道德规范，从而在教育实践中展现出高度的职业操守和道德品质。

教师是学生步入社会的引路人，他们肩负着培养未来人才的神圣使命。在这一使命的履行过程中，职业伦理培训为教师提供了指导和支持。首先，职业伦理培训强调教师应当以学生的全面发展为宗旨，倡导公正、公平的教育理念。教师应该尊重每个学生的个性差异，给予他们平等的机会和关爱，避免偏袒或歧视任何一位学生。通过这种方式，教师能够建立起与学生之间的信任和尊重，激发学生的学习热情，促进教育的公正与平等。

其次，职业伦理培训强调教师应该不断追求专业发展，保持教育的专业精神。教师作为知识的传播者和引领者，需要不断学习、更新知识，提升自身的教育水平和教学能力。只有不断提升自己，教师才能更好地引导学生，实现教育的价值与目标。因此，职业伦理培训鼓励教师积极参与教育教学研究，关注教育前沿动态，不断改进教学方法，提高教学效果，为学生提供更优质的教育服务。

在教师的职业伦理培训中，道德规范更是不可或缺的重要内容。教师作为学生的楷模和引导者，他们的一言一行都可能影响学生的成长和发展。因此，教师应该时刻牢记自己的职业操守，言传身教，以身作则。在与学生、家长、同事的交往中，教师应该保持诚信、守时、负责的态度，做到言行一致，树立良好的职业形象，赢得他人的尊重和信任。

（二）榜样示范

1. 建立榜样教师制度

在教育体系中，教师作为重要的灵魂人物，其职业道德和操守的高低直接影响着学生成长和社会发展。为了培养更多具有优秀品质和教育情怀的教师，建立榜样教师制度显得尤为重要。这一制度旨在树立优秀教师的典范，激励广大教师学习他们的职业操守和教育情怀，为教育事业的发展注入新的活力和动力。

建立榜样教师制度不仅有利于表彰和激励那些在教育一线默默奉献、业绩突出的教师，更重要的是为广大教师树立正确的导向和标杆。优秀的教师不仅在教学上有着卓越的成绩，更在职业操守、教育情怀和个人修养等方面展现出令人钦佩的品质。通过建立榜样教师制度，可以让更多教师向优秀的榜样教师学习，不断提升自身的教育水平和专业素养，推动整个教育行业向更高水平迈进。

2. 激励教师学习榜样教师的职业操守和教育情怀

作为教师，教育情怀和职业操守是至关重要的素质。教师不仅要有扎实的专业知识和教学技能，更需要怀着一颗赤诚的爱心和责任感，将学生成长成才作为己任。榜样教师的力量在于他们不仅在教学上取得了显著成就，更在言传身教方面给学生树立了良好的榜样。

通过建立榜样教师制度，可以通过评选、宣传等方式将这些优秀教师的先进事迹和优秀品质展示给更多人，激励广大教师向他们学习。教师们可以通过学习榜样教师的职业操守和教育情怀，不断提升自身的素质和能力，使自己更加符合教育事业的要求，为学生的成长和社会的进步贡献自己的力量。

（三）道德决策讨论

1. 培养教师职业道德与操守

在培养教师的职业道德和职业操守方面，道德决策讨论和案例分析是至关重要的工具。通过这种方式，教师们可以思考和解决各种职业道德问题，提升他们的职业操守和责任意识。这种讨论不仅有助于教师们更好地理解道德准则和价值观，还能够帮助他们在面对现实情境时做出明智的决策。

2. 重视道德决策讨论

道德决策讨论是一种互动式学习方式，通过模拟真实情境，让教师们深入思考和讨论各种伦理和道德问题。这种讨论有助于教师们加深对职业道德原则的理解，提升他们的道德敏感度和决策能力。在这样的讨论中，教师们可以分享彼此的观点和看法，从而拓展自己的思维，厘清道德问题的复杂性，培养正确的职业伦理观念。

3. 重视案例分析

案例分析是将抽象的道德准则与实际情境相结合的有效方式。通过分析真实或虚构的案例，教师们可以更好地理解道德理论如何应用于实践中。在案例分析过程中，教师们需要考虑各种利益相关者的观点、可能的后果以及可行的解决方案，从而培养出综合思考和判断的能力。这种实践性的学习方式能够帮助教师们更好地应对复杂的职业道德挑战，提升其职业操守和责任感。

4. 提升教师职业道德与操守

通过道德决策讨论和案例分析，教师们可以不断反思自己的行为和决策，加深对职业道德的理解和认识，提升自身的职业操守和责任意识。这种讨论和分析不仅可以帮助教师们避免犯错，还能够帮助他们在面对困难和挑战时保持清醒的头脑，做出符合道德标准的选择。

第四章　课堂教学设计与组织

第一节　教学目标的设定与达成

一、教学目标的设定

教学目标的设定是制定教学计划和教学活动的基础，是教师对学生学习的预期成果的明确表达。设定教学目标时应当具备以下要素。

（一）明确性：教学目标应该清晰明了，学生和教师都能理解。

明确性是设定教学目标时必不可少的要素，它要求教学目标的表述清晰明了，能够被学生和教师充分理解。确保教学目标具有明确性有助于以下方面。

1. 学生理解：清晰的教学目标可以帮助学生明确学习的方向和目标，避免对学习任务的困惑和迷茫，促使学生更好地投入学习。

2. 教师指导：明确的教学目标使教师能够更好地规划教学内容和教学活动，指导学生有针对性地学习，提高教学效率。

3. 评估依据：明确的教学目标为评估学生的学习成果提供了标准和依据，帮助教师准确地评价学生的学习情况，及时调整教学策略。

为确保教学目标的明确性，教师在设定目标时可以采取以下措施。

1. 使用清晰简洁的语言表述教学目标，避免术语复杂或模糊不清的表述。

2. 将教学目标分解为具体的行为表现，明确展现学生应该达到的能力和水平。

3. 与学生充分沟通，确保他们理解目标的重要性和实际意义，激发学生的学习动机。

4. 定期向学生反馈教学目标的达成情况，及时调整教学策略和目标设定。

（二）可衡量性：教学目标应该能够量化和评估，便于检验学生是否达成。

可衡量性是设定教学目标时的重要因素，指的是教学目标应该能够量化和评估，以便于教师和学生检验学生是否达成了既定的学习目标。确保教学目标具有可衡量性有助于以下方面。

1. 评估学生表现：可衡量的教学目标使教师能够通过具体的标准和指标来评估学生的学习表现，了解学生在何种程度上达到了目标要求。

2. 反馈和调整：通过对教学目标的量化评估，教师可以及时给予学生反馈，指导学生进一步提高，同时也能够根据评估结果调整教学策略和方法，提高教学效果。

3. 激励学生：可衡量的教学目标为学生提供了明确的学习方向和目标，帮助他们更好地认识自己的学习成果，激励他们继续努力向目标前进。

为确保教学目标的可衡量性，教师可以采取以下措施。

1. 明确指标：将教学目标转化为可量化的学习指标或标准，便于对学生的学习表现进行具体评估。

2. 制定评估工具：设计合适的评估工具，如测验、作业、项目等，用于客观地评估学生是否达成了目标。

3. 设定时间节点：在教学计划中设定评估的时间节点，及时检查学生的学习进度，确保学生在规定时间内达成目标。

（三）可实现性

可实现性是设定教学目标时至关重要的考量因素，指的是教学目标应该符合学生的实际水平和发展需求，不应设置过高或过低的目标。确保教学目标具有可实现性有助于以下方面。

1. 激发学习兴趣：设定符合学生实际水平的目标能够让学生感到挑战与成就感，并激发他们的学习兴趣和动力。

2. 促进学习进步：合理设定的目标可以帮助学生稳步提高，逐步实现自身的学习目标，促进其全面发展。

3. 增强自信心：学生能够相对容易地达成可实现的目标，有助于增强他们的自信心和学习动力，提高学习效率。

为确保教学目标的可实现性，教师可以采取以下措施。

1. 了解学生水平：在设定教学目标之前，深入了解学生的实际水平和学习需求，确保目标与学生能力相匹配。

2. 分阶段设定：将整体目标分解为阶段性目标，逐步引导学生达成更高层次的目标，避免一步到位设置过高难度的目标。

3. 差异化教学：针对不同水平的学生设定相应的目标，实施差异化教学策略，促进每个学生的个性化发展。

（四）具体性

具体性是设定教学目标时必要的要素之一，指的是教学目标应该具体明确，避免模糊或笼统的表述。确保教学目标具有具体性有助于以下方面。

1. 明确学习方向：具体明确的教学目标能够指导学生明确学习的方向和目标，避免学习过程中的迷茫和困惑。

2. 便于教学设计：具体的教学目标有助于教师设计具体有效的教学活动和教学资源，有针对性地引导学生学习。

3. 便于评估：具体的教学目标可以更容易地进行评估，帮助教师准确地判断学生是否达到了预期的学习成果。

为确保教学目标的具体性，教师可以采取以下措施。

1. 明确目标内容：清晰地描述教学目标所涉及的具体知识、能力和技能，避免模糊不清的表述。

2. 设定具体标准：为教学目标设定明确的标准和要求，便于学生理解和实现，同时也有利于教师评估学生的学习成果。

3. 与学生沟通：与学生充分沟通教学目标的具体内容和要求，帮助他们清晰理解目标，增强学习动力。

（五）时限性

时限性是设定教学目标时重要的考量因素，指的是教学目标应该在一定的时间范围内能够实现，有明确的完成期限。确保教学目标具有时限性有助于以下方面。

1. 促进学习效率：设定明确的完成期限可以激发学生的学习动力，促使他们在规定时间内集中精力完成学习任务。

2. 规范学习进度：时限性的教学目标有助于规范学生的学习进度，避免拖延和学习计划的混乱。

3. 评估学习成果：设定明确的完成期限可以帮助教师及时评估学生的学习成果，及时发现问题并调整教学策略。

为确保教学目标具有时限性，教师可以采取以下措施。

1. 设定截止日期：为教学目标设定明确的截止日期，让学生清楚知晓完成任务的时间要求。

2. 分阶段规划：将整体目标分解为阶段性目标，并为每个阶段设定明确的时间范围，帮助学生合理规划学习进度。

3. 定期检查与反馈：定期检查学生在时间范围内的学习进度，及时给予反馈和指导，确保目标按时完成。

二、教学目标的达成

（一）教学设计与实施

1. 教学设计

教学设计是教学工作的基础，关乎教学目标的达成。为确保教学内容与教学目标一致，教学设计应遵循以下原则。

（1）明确目标：在设计教学内容前，明确教学目标是首要任务。目标应具体、可衡量，有利于指导教学内容和方法的选择。

（2）结合学生特点：了解学生的背景、水平和学习需求，根据学生的实际情况确定教学内容，确保与学生现有知识和能力相契合。

（3）合理安排教学内容：根据教学目标和学生特点，合理组织和安排教学内容，使之有机衔接，呈现逻辑清晰的教学脉络。

（4）多元化教学方法：设计多样化的教学活动和任务，结合讲授、讨论、实践、案例分析等教学方法，激发学生的学习兴趣，提高教学效果。

2. 教学实施

教学实施是将教学设计转化为实际教学行动的过程，灵活运用不同的教学策略和手段，根据学生的实际情况进行调整和优化，有助于提高教学效果。以下是一些有效的实施策略。

（1）互动教学：鼓励学生参与课堂互动，提倡师生互动、生生互动，促进知识的交流和共享。

（2）启发式教学：倡导引导式教学，通过提出问题、激发思考等方式，引导学生主动探索和学习，培养其自主学习能力。

（3）个性化辅导：关注学生个体差异，根据不同学生的学习风格和能力水平，提供个性化的辅导和指导，帮助他们更好地理解和掌握知识。

（4）实时反馈：及时收集学生的学习情况和反馈意见，根据反馈结果及时调整教学策略，提高教学效果，确保教学目标的达成。

（二）学生参与与反馈

1. 学生参与

学生参与是教学过程中的重要环节，能够激发学生的学习兴趣和积极性，促进其主动参与学习过程，实现个性化发展。以下是促进学生参与的一些有效策略。

（1）启发式提问：通过提出引导性问题，激发学生思考和讨论，促进其积极参与课堂互动。

（2）小组合作：组织学生进行小组合作学习，让学生相互交流、合作，共同解决问题，培养团队合作精神。

（3）角色扮演：通过角色扮演、模拟情境等方式，让学生亲身体验和实践，增强学习的趣味性和参与度。

（4）项目学习：设计项目学习任务，让学生在实际项目中运用知识，培养解决问题的能力和创新意识。

2. 学生反馈

学生反馈是教学过程中的重要环节，通过定期收集学生的反馈意见和学习情况，教师可以及时了解学生的学习状态，调整教学策略，帮助学生克服困难，更好地达成目标。以下是促进学生反馈的一些有效策略。

（1）定期问卷调查：定期开展学生问卷调查，收集学生对教学内容、教学方法的反馈意见，了解学生的学习需求和困难。

（2）小组讨论：组织小组讨论会，让学生自由表达对教学的看法和建议，促进师生之间的沟通与交流。

（3）个别谈话：与学生进行个别谈话，了解他们的学习情况和困难，提供个性化的指导和支持，帮助他们克服困难。

（4）作业评价：及时对学生的作业进行评价和反馈，指出优点和不足之处，帮助学生改进学习方法和提高学习效率。

（三）评估与反思

1. 评估机制

设立有效的评估机制是教学工作中的重要环节，能够全面评估学生的学习情况，帮助教师了解学生的学习进展和掌握知识的程度。以下是一些有效的评估方法。

（1）定期测验：通过定期进行的测验，检验学生对知识的掌握情况，及时发现学习中的问题并加以纠正。

（2）作业评定：定期批改作业，评估学生的作业完成情况和学习表现，帮助学生巩固知识和提高能力。

（3）项目展示：设计项目任务，让学生展示他们的学习成果和能力，培养综合运用知识的能力和创新意识。

（4）口头表达：通过课堂讨论、演讲展示等方式，评估学生的口头表达能力和思维逻辑，促进学生思维能力的发展。

2. 教师反思

教师反思是提高教学效果的重要手段，通过对学生的学习成绩和表现进行分析，进行反思和总结，有助于发现问题并及时调整教学方法。以下是教师反思的一些有效途径。

（1）学生成绩分析：定期分析学生的成绩情况，了解学生整体学习水平和个体差异，找出存在的问题和不足。

（2）课堂反思：反思每节课的教学效果和学生反应，分析教学过程中的亮点和不足之处，为改进教学提供参考。

（3）教学方法调整：根据学生的学习情况和反馈意见，调整教学方法和策略，适时改进教学方案，提高教学效果。

（4）专业发展：定期参加教学培训和学术交流，不断学习和提升教学水平，为改进教学实践提供新思路和方法。

（四）激励与引导

1. 激励学生

（1）肯定与鼓励：及时给予学生肯定和鼓励，表扬他们的进步和努力，激发他们的学习动力和自信心。

（2）设立目标：帮助学生设立明确的学习目标，让他们明确自己的努力方向，激励他们为目标而努力。

（3）奖励机制：设立奖励机制，可以是口头表扬、奖状、小礼品等形式，鼓励学生积极参与学习活动。

（4）个性化关怀：关注每个学生的成长和进步，根据个体差异给予不同的关心和支持，激发他们的学习潜力。

2. 引导学生

（1）指导与支持：为学生提供必要的指导和支持，帮助他们克服学习困难，解决问题，实现更高水平的学习目标。

（2）学习技巧培养：指导学生学习方法和技巧，教授有效的学习策略，帮助他们提高学习效率和质量。

（3）反馈与调整：根据学生的学习情况和表现，及时给予反馈意见，指导他们改进学习方法和行为，持续提升学习水平。

（4）激发潜能：鼓励学生挑战自我，尝试新的学习方式和领域，激发他们的学习兴趣和创造力，实现个人潜能的最大发挥。

第二节　课程内容的选择与组织

一、课程内容的选择

（一）符合教学目标

1. 目标明确：首先要确保教学目标明确具体，能够指导课程内容的选择与设计，使之与目标保持一致。

2. 内容贴合：选取的课程内容应与教学目标直接相关，能够帮助学生掌握所需的知识、技能和能力，实现目标要求。

3. 层次对应：课程内容应根据教学目标的层次和要求进行选择，确保内容的难易程度与目标的要求相匹配。

4. 多维度覆盖：课程内容应从多个方面覆盖教学目标涉及的知识点、技能要求和能力培养，确保全面性和多样性。

5. 关联性强：课程内容之间应有内在的逻辑关联，能够形成连贯的教学框架，有利于学生对知识的整体理解和应用。

6. 针对性强：选取的内容应具有针对性，能够直接满足教学目标中所要求的学习需求和能力提升。

7. 灵活调整：随着教学实践的开展，根据学生的实际学习情况，灵活调整课程内容，确保与目标的实现保持一致。

（二）学科知识全面

1. 知识广度：课程内容应覆盖学科领域内的主要知识点和概念，涵盖整个学科范围内的基础和重要内容。

2. 知识深度：除了广度，课程内容也应该有一定的深度，帮助学生深入理解和掌握知识，培养扎实的学科基础。

3. 核心概念：强调教授学科的核心概念和原理，帮助学生建立系统完整的学科知识体系，提高整体理解能力。

4. 案例分析：通过案例分析和实陵应用，帮助学生将抽象的学科知识与实际情境结合，加深对知识的理解和应用能力。

5. 拓展延伸：除了基础知识，也要在课程内容中包含一定的拓展和延伸内容，引导学生探索更深层次的学科领域，激发学习兴趣。

6. 实践应用：注重将学科知识与实际生活和职业实践相结合，让学生能够将所学知识应用于实际场景，提高学习的实用性和有效性。

7. 多角度呈现：通过不同的教学方法和教学资源，从多个角度呈现学科知识，帮助学生多维度地理解和掌握知识。

（三）时效性与实用性

1. 时效性考虑因素

（1）行业发展趋势：了解相关行业的发展趋势和变化，选择与时俱进的课程内容，使学生掌握最新的知识和技能。

（2）科技应用：考虑科技的发展对学科内容的影响，整合新技术、新媒体等资源，增强教学内容的时效性。

（3）社会热点：关注社会热点事件和话题，将相关内容融入课程中，引导学生关注时事，培养批判性思维和社会责任感。

（4）跨学科整合：促进不同学科之间的整合和交叉，引入跨学科内容，拓宽学生的视野，提高课程的时效性和多样性。

（5）实践案例：引入最新的实践案例和研究成果，让学生从实际案例中学习，增强课程内容的实用性和时效性。

2. 实用性考虑因素

（1）职业导向：根据学生的职业发展方向，选择实用性强、能够提升职业技能的课程内容，帮助学生更好地应对未来职业挑战。

（2）问题导向：以解决实际问题为导向，设计课程内容，让学生通过学习能够解决实际生活中的难题，增强课程的实用性。

（3）技能培养：注重培养学生的实际操作技能和解决问题的能力，让学生能够将所学知识应用于实际工作和生活中。

（4）案例分析：引入实际案例分析，让学生通过案例学习掌握解决问题的方法和技巧，增强课程内容的实用性和针对性。

（5）实践体验：鼓励学生参与实践活动和实习实践，将理论知识与实际操作相结合，提高学生的实用能力和实践经验。

3. 策略与实施

（1）课程更新：定期评估和更新课程内容，确保与时俱进，反映最新的发展和趋势。

（2）行业合作：与相关行业和企业合作，引入行业专家讲师，提供最新的行业信息和实践经验。

（3）学生反馈：定期收集学生反馈意见，了解他们的需求和期望，根据反馈调整课程内容，增强实用性和时效性。

（4）综合资源：整合多种教学资源，如案例分析、实践项目、行业讲座等，丰富课程内容，提高实用性和时效性。

（5）导师指导：提供个性化的导师指导和辅导，帮助学生将课程内容与实际问题结合，培养实用性强的专业能力。

（四）多样性与趣味性

1. 学科内容多样性：选择涵盖不同领域和形式的学科内容，如实例分析、案例研究、实践操作等，丰富课程内容的呈现方式。

2. 教学方法多样性：运用多种教学方法和策略，如小组讨论、角色扮演、游戏化教学等，增加课堂的活跃度和趣味性。

3. 生动有趣的教学活动：设计生动有趣的教学活动，如实验演示、教学游戏、实地考察等，激发学生的好奇心和学习兴趣。

4. 鼓励互动：营造积极的学习氛围，鼓励学生参与课堂互动和讨论，促进师生互动和生生互动，增强学习的趣味性和效果性。

5. 个性化教学：关注学生的个性差异和学习需求，根据不同学生的兴趣特点和学习风格，设计个性化的教学内容和活动，提高学习的趣味性和吸引力。

（五）关联性与拓展性

1. 设立明确主题：确保课程内容围绕明确的主题或核心概念展开，使各个内容点之间具有内在的联系和逻辑关联。

2. 分层次安排：将课程内容分层次地组织和安排，由表层知识向深层次知识展开，帮助学生逐步建立起完整的知识体系。

3. 引入案例分析：通过案例分析和实例引入，将抽象的理论知识与实际情境相结合，帮助学生理解和应用知识。

4. 交叉学科融合：在课程设计中促进不同学科领域之间的交叉融合，拓宽学生的学科视野，促进跨学科思维和能力发展。

5. 概念延伸：在教学过程中，引导学生深入探讨和拓展课程中的关键概念和原理，加深对知识的理解和应用。

6. 开展综合性项目：设计综合性项目任务，让学生将不同领域的知识进行整合和应用，培养他们的综合分析和解决问题的能力。

7. 激发创新思维：鼓励学生提出新的观点和见解，引导他们进行跨领域思考和创新性思维，促进知识的拓展和创新。

（六）多媒体和技术支持

1. 多媒体资源应用：利用图片、音频、视频等多媒体资源，丰富课程内容，直观生动地呈现知识，提高学生的理解和记忆效果。

2. 交互式教学：借助交互式教学软件和平台，增加课堂互动性，让学生参与其中，促进学生的积极参与和学习效果。

3. 虚拟实验室：通过虚拟实验室和模拟实验，让学生进行实践操作和实验探究，培养他们的实验技能和科学思维。

4. 在线资源共享：利用网络资源和在线平台，分享教学资料和学习资源，拓宽学生的学习视野，提供更多学习机会和资源。

5. 远程教学：利用远程教学技术，实现线上教学和学习，突破时空限制，提供更加灵活和便捷的学习方式。

6. 游戏化教学：运用游戏化教学设计，设计有趣的教学游戏和挑战，激发学生的竞争意识和学习动力，提高学习效率。

7 个性化学习：根据学生的学习情况和反馈，利用智能化教育技术，提供个性化的学习内容和反馈，帮助学生更好地掌握知识。

（七）跨学科融合

1. 跨学科项目：设计跨学科项目，让学生在解决问题或完成任务的过程中涉及多个学科的知识和技能，促进学科之间的交叉学习。

2. 主题式教学：以跨学科的主题为中心，整合相关学科知识，帮助学生从多个角度去探索和理解一个主题，培养综合分析和综合应用能力。

3. 合作学习：鼓励学生跨学科合作，让不同学科背景的学生共同探讨和解决问题，促进跨学科交流和学习。

4. 实践教学：通过实地考察、实验实践等方式，让学生在真实场景中应用跨学科知识，培养他们的实践能力和创新思维。

二、课程内容的组织

（一）逻辑性和连贯性

1. 逻辑性

在课程内容的组织中，逻辑性指的是各个知识点之间有明确的逻辑关系，遵循一定的思维逻辑和学科规律。

（1）顺序安排：按照知识的发展脉络和学科逻辑，合理安排知识点的顺序，从易到难、由表及里地展开内容，帮助学生逐步建立知识体系。

（2）概念关联：通过引导学生建立不同概念之间的内在关联，帮助他们厘清知识之间的逻辑联系，形成整体认识。

（3）引导思考：设计启发式问题或案例，引导学生进行思辨和探究，培养他们的逻辑思维能力，帮助他们理解知识之间的逻辑关系。

2. 连贯性

连贯性指的是课程内容之间的衔接和延伸，确保学生在学习过程中能够顺畅地理解和吸收知识。

（1）知识串联：将不同知识点进行有机串联，通过引入知识点之间的联系和延伸，帮助学生建立知识之间的逻辑桥梁，促进知识的整合和应用。

（2）复习迁移：设计定期复习和迁移性练习，让学生巩固前面学过的知识，并将其应用到新的学习内容中，强化知识之间的连贯性。

（3）反馈调整：根据学生的学习情况和反馈信息，及时调整课程内容的组织，确保知识的连贯性和学生的学习效果。

（二）分层次和分模块

1. 分层次

将课程内容分解为不同层次有助于学生逐步建立知识体系，逐层深入理解和掌握知识。

（1）基础知识：首先确保学生掌握必要的基础知识，为后续知识的学习打下坚实基础，帮助学生建立知识的框架。

（2）拓展应用：逐步引入和拓展知识的应用领域和深度，让学生在掌握基础知识的基础上逐步拓展认知范围，提高知识的应用能力。

（3）深化理解：引导学生深入理解知识的内涵和外延，帮助他们建立更深层次的认知和思考，培养批判性思维和创新能力。

2. 分模块

将课程内容分解为不同模块有助于学生系统化地学习和掌握知识。

（1）主题明确：每个模块围绕一个明确的主题展开，帮助学生集中精力学习和理解特定主题，避免知识的碎片化和孤立性。

（2）逻辑串联：模块之间有明确的逻辑关系和内在联系，帮助学生建立知识之间的桥梁，促进知识的整合和应用。

（3）循序渐进：模块的难度和复杂度逐步增加，帮助学生循序渐进地掌握知识，提高学习效率和学习动力。

（三）重点突出和深化拓展

1. 重点突出

（1）明确核心内容：在课程设计中明确核心知识和概念，突出重点内容，确保学生深入理解和掌握关键知识。

（2）强化讲解：对于核心内容进行深入讲解和解读，提供清晰的逻辑和示例，帮助学生建立扎实的基础。

（3）案例分析：通过案例分析等方式，展示核心知识在实际应用中的重要性和影响，激发学生的学习兴趣和理解深度。

2. 深化拓展

（1）相关延伸：适度展开与核心内容相关的拓展知识，让学生了解更广泛的领域和知识，增加学习的深度和广度。

（2）跨学科联系：探讨核心内容与其他学科的联系，促进跨学科学习和思维，拓宽学生的知识视野和综合能力。

（3）探究性学习：鼓励学生通过探究性学习的方式深化拓展核心知识，培养他们的批判性思维，提升创新能力。

（四）案例分析和实践应用

1. 案例分析

（1）真实案例：选择真实、具体的案例，与学生的实际生活和学习经验相关联，引发学生兴趣，提高案例分析的实效性。

（2）多角度思考：引导学生从不同角度分析案例，探究问题的根本原因和解决途径，培养他们的批判性思维和解决问题的能力。

（3）讨论交流：组织学生围绕案例展开讨论和交流，促进思想碰撞和知识分享，激发学生的学习热情和合作意识。

2. 实践应用

（1）模拟实验：设计模拟实验或情境任务，让学生在实践中运用所学知识，培养他们的实践操作能力和问题解决能力。

（2）实地考察：组织学生进行实地考察或实践活动，让他们亲身体验和感知知识在实际环境中的应用，提升他们的综合素养和实际操作能力。

（3）项目设计：引导学生参与项目设计和实施过程，让他们在实践中探索和解决问题，培养他们的创新精神和团队合作能力。

（五）互动与讨论

1. 促进互动

（1）提问引导：设计引人思考的问题，引导学生参与讨论，激发他们的思维，促进互动和交流。

（2）小组合作：组织小组活动，让学生在小组中合作讨论问题，分享观点和想法，促进学生之间的合作互动。

（3）角色扮演：设计角色扮演活动，让学生扮演不同角色，从多个角度思考问题，促进学生思维碰撞和交流。

2. 鼓励讨论

（1）开放性氛围：营造开放包容的课堂氛围，鼓励学生自由表达观点和想法，促进讨论的深入和广泛性。

（2）尊重多样性：尊重学生不同的观点和看法，鼓励多样性思维，促进多元化讨论，拓展学生思维空间。

（3）引导总结：及时总结和归纳讨论内容，梳理思维脉络，帮助学生深化对知识的理解和应用。

（六）资源整合和多元化

1. 教学资源整合

（1）图书资料：引导学生利用图书馆和数字图书馆的资源，深入了解课程内容，拓展知识广度和深度。

（2）多媒体资源：利用多媒体教学手段，如幻灯片、视频等，生动展示知识，激发学生的学习兴趣，增强信息传播效果。

（3）实物展示：通过实物展示或实验演示，让学生通过观察和操作更直观地理解知识，提高学习体验和效果。

2. 教学资源多元化

（1）互联网资源：引导学生利用互联网资源，查找相关资料和信息，拓宽学习视野，培养自主学习能力。

（2）在线平台：利用在线教学平台或学习管理系统，提供在线课程、讨论区等功能，促进学生互动和合作，拓展学习方式。

（3）实践活动：组织学生参与实践活动，如实地考察、社会实践等，让学生通过实践经验深化对知识的理解和应用。

（七）反馈与调整

1. 学生反馈

（1）定期评估：定期进行学生评估，包括问卷调查、小测验等形式，了解学生对课程内容和教学方式的看法和反馈意见。

（2）课堂反馈：鼓励学生在课堂上提出问题和意见，促进互动交流，及时了解学生的理解情况和困惑点。

（3）个性化反馈：针对学生个体差异，提供个性化反馈和指导，帮助他们克服困难，提高学习效率。

2. 教学调整

（1）根据反馈调整：根据学生的反馈意见和评估结果，及时调整课程内容的组织方式和讲解方法，解决学生存在的问题和困惑。

（2）灵活应对：根据学生的学习情况，灵活调整教学进度和内容安排，确保教学与学生需求相匹配。

（3）多样化教学

尝试多种教学方法和工具，如小组讨论、案例分析、实践活动等，以满足不同学生的学习需求，激发学习兴趣，提高教学效果和学习成果。通过多样化教学，可以促进学生全面发展，培养其批判性思维和创新能力，实现更有效的知识传授和能力培养。

第三节　教学活动的设计与安排

一、教学活动的设计

（一）学习目标明确

学习目标的明确是教学活动设计的基础，能够确保教学活动与课程目标相一致，使学生在活动中能够达到预期效果和目标。明确定义的学习目标有助于指导教学活动的设计、评估学生的学习成果以及调整教学策略。

1. 重要性

（1）指导教学设计：明确的学习目标可以指导教师设计教学活动、选择教学方法和评价学生学习成果，确保教学活动符合课程目标。

（2）提高学习效率：学习目标的明确性有助于学生理解学习重点和方向，帮助他们集中精力、明确学习目的，提高学习效率。

（3）评估学习成果：清晰的学习目标能够帮助教师更准确地评估学生的学习成果，了解学生是否达到预期目标，为后续教学提供参考。

2. 实现方法

（1）具体明确：学习目标应该具体明确，包括行为动词、条件和标准，确保学生能够清晰理解目标并实现。

（2）与课程目标对齐：学习目标应与整体课程目标相一致，确保教学活动的开展符合整体教学目标的要求。

（3）可衡量：学习目标应该是可衡量的，便于教师进行评估和反馈，帮助学生了解自己的学习进度和成果。

（4）持续调整：随着教学活动的进行，学习目标可能需要进行调整和优化，教师应根据实际情况随时对学习目标进行更新和调整。

（二）多元化方法

1. 重要性

（1）满足学生多样性：采用多元化教学方法能够满足不同学生的学习需求和学习风格，提高教学的个性化和差异化。

（2）激发学习兴趣：多元化的教学方法能够增加课堂的丰富性和趣味性，激发学生的学习兴趣，提高学习积极性。

（3）促进深层学习：通过不同的教学方法，如案例分析、实验等，能够促进学生的思维碰撞和批判性思维，促进深层次的学习。

2. 实现方法

（1）讨论与互动：组织课堂讨论和小组活动，促进学生之间的互动交流，激发思想碰撞和观点交流。

（2）实验与实践：引入实验和实践活动，让学生通过实践体验和探究，加深对知识的理解和应用。

（3）案例分析：引入真实案例进行分析，让学生从实际问题出发，培养解决问题的能力和综合应用能力。

（4）多媒体技术：结合多媒体技术，如视频、幻灯片等，丰富教学形式，提高信息传播效果，增强学生的学习体验。

（三）灵活性和互动性

1. 活动设计要点

（1）主题设置：选择富有吸引力和互动性的主题，激发学生的兴趣和参与欲望。

（2）多元化形式：结合讨论、游戏、小组合作等多种形式，让学生在不同的活动环节中展现自己的特长和能力。

（3）任务明确：活动任务要具体清晰，明确学生需要达到的目标和成果，以引导学生有效参与。

（4）时间安排：合理安排时间，充分考虑学生的注意力集中程度，避免活动过长导致学生疲劳。

2. 促进互动和合作的方法

（1）小组合作：设立小组任务，鼓励学生共同讨论、合作完成，培养学生团队合作意识和能力。

（2）角色扮演：让学生扮演不同角色，进行情景模拟和互动，激发学生表达和沟通的积极性。

（3）游戏化元素：引入游戏化元素，例如竞赛、奖励机制等，增加活动趣味性，促进学生互动。

（4）实践操作：设计实践操作环节，让学生动手实践，通过实际操作促进学生之间的互动和合作。

（四）评估和反馈

为设立有效的评估机制和及时反馈学生学习情况，从而帮助他们改进和提高学习效率，可以采取以下策略。

1. 评估机制设计

（1）多元评估方式：结合课堂表现、作业、小组项目、考试等多种评估方式，全面了解学生的学习情况。

（2）明确评估标准：设立清晰的评估标准和目标，让学生清楚自己的学习目标和要求，有利于评估结果的客观性。

（3）定期评估：设置定期评估时间点，让学生在学习过程中有目标性地学习，及时发现问题并进行调整。

2. 反馈机制设计

（1）及时反馈：及时给予学生学习成绩和表现的反馈，让学生及早了解自己的学习情况，有针对性地进行改进。

（2）个性化反馈：针对学生个体差异，提供个性化的反馈和建议，帮助学生发挥自身优势、改善不足。

（3）建设性反馈：反馈内容要具有建设性，指出问题的同时给予改进的建议和方法，激励学生进步。

（4）学生参与：鼓励学生参与反馈过程，让他们对自己的学习情况有更深入的了解，并从中获得成长和提升。

（五）关联实际

1. 实践案例引入

（1）案例分析

在教学中，可以通过引入实际案例进行分析和讨论，激发学生的学习兴趣和动力。通过案例分析，学生可以将所学理论知识应用到具体情境中，培养问题解决能力和实践技能。讨论案例过程中，引导学生思考案例背后的原因、解决方法，促进他们的批判性思维和创新能力，从而更好地理解和运用所学知识。

（2）行业调研

行业调研是将学生的学习与实际行业情况结合的重要方式。通过组织学生进行实地调研，他们能够亲身感受行业现状，了解行业内部运作和实际问题。这种体验不仅能帮助学生将理论知识与实际情况相结合，还能激发他们对所学专业的兴趣和热情。在调研过程中，学生可以与行业专业人士交流，拓宽视野，掌握最新趋势和发展动向。通过实地调研，学生可以培养批判性思维、问题解决能力和团队合作精神，为将来的职业发展奠定坚实基础，使学习更加具有实践意义和价值。

2. 职业导向教学

（1）职业技能培养

在教学中，职业技能培养是培养学生实际工作能力的重要环节。通过设置与职业技能相关的任务和项目，学生可以在实践中提升自己的专业能力。这些任务和项目可以包括模拟实际工作场景、解决真实问题的案例分析、参与专业实践项目等。通过参与这些任务和项目，学生可以接触到真实的工作挑战，锻炼解决问题的能力和专业技能。同时，这种实践性的学习方式能够加深学生对所学知识的理解和掌握，提高他们在相关领域的竞争力。通过职业技能培养，学生不仅可以提升自己的专业水平，还能更好地适应未来工作的挑战，实现自身职业发展目标。

（2）模拟实践

通过模拟真实工作场景的活动，学生可以在教学环境中体验实际工作情境，将理论知识应用到实际情况中，提升实际操作能力和解决问题的技能。通过模拟实践，学生可以面对类似真实工作场景的挑战，培养应变能力和创新思维。同时，这种活动也可以激发学生的学习兴趣，增强他们对所学知识的理解和记忆。通过反复练习和模拟实践，学生可以逐渐掌握解决问题的方法和技巧，为将来真实工作中的应对做好准备。综合来看，模拟实践是一种有效的教学方法，能够培养学生的实际操作能力和解决问题的能力，为其未来的职业发展打下坚实基础。

3. 社会实践融入

（1）社区服务

通过组织学生参与社区服务活动，可以促使他们将所学知识应用到实际情境中，同时提升社会责任感。参与社区服务活动可以让学生亲身体验社会问题，理解社区需求，并通过实际行动为社区作出贡献。在这个过程中，学生不仅可以将课堂学习与实际情况相结合，还能培养解决现实问题的能力和创新思维。通过社区服务，学生还能感受到帮助他人的快乐和成就感，激发积极向上的情感体验，同时树立正确的人生观和社会责任感。这种体验不仅有助于学生的个人成长和发展，也有助于培养学生的社会关怀意识，使他们成为有担当、有情怀的社会公民。

（2）行业合作

与相关行业合作是一种促进学生理论与实践结合的有效方式。通过参与真实项目，学生能够将在课堂上学到的理论知识应用到实际工作中，锻炼实际操作能力。与行业合作还可以让学生接触到真实行业环境和问题，提升解决问题的能力和创新思维。通过与行业合作，学生可以学习到行业内部的最新趋势和实际操作技巧，增强就业竞争力。同时，与行业合作也能为学校和行业之间搭建桥梁，促进资源共享和双方合作，实现校企合作共赢。这种实践性学习方式不仅有助于学生在职业发展中的应用能力提升，也为他们搭建了与专业人士交流学习的平台，促进了理论与实践的有机结合。

4. 反思与总结

（1）案例总结

案例总结是帮助学生将理论知识与实际情况相结合的重要方法。通过引导学生总结案例分析的经验教训，可以促使他们思考如何将所学知识应用到未来的实际工作中。在总结过程中，学生可以回顾案例中的问题、解决方案及结果，分析成功与失败的原因，从中汲取宝贵经验教训。通过反思案例，学生能够深入理解理论知识在实践中的应用，培养批判性思维和问题解决能力。同时，将案例分析与未来实际工作相结合，可以帮助学生建立与实际工作场景的联系，提前预演职业生涯中可能面临的挑战，为未来的职业发展做好充分准备。综合来看，案例总结是促进学生理论与实践结合的重要环节，有助于他们将所学知识转化为实际工作能力，实现学以致用的目标。

（2）经验分享

经验分享是激发学生对实际应用的兴趣和认识的重要方式。邀请行业专家或校友分享实际工作经验，可以让学生直观地了解行业现状和工作环境，启发他们对实际应用的兴趣。专家或校友的分享可以让学生从实践者的角度了解行业内部的挑战和机遇，获得宝贵的职业建议和经验教训。通过听取他们的经验分享，学生可以汲取成功的经验，避免犯同样的错误，提高职业发展的效率和质量。此外，经验分享还可以帮助学生建立与行业专家或校友的联系，拓展职业人脉，为未来的职业发展做好准备。综合来看，经验分享是促进学生实际应用认识和职业发展的重要环节，有助于激发学生对实际工作的兴趣，引导他们走向成功的职业道路。

二、教学活动的安排

（一）合理安排时间

合理安排时间是教学中至关重要的一环。通过合理规划教学活动的时间长度，可以确保每个活动有足够的时间进行，避免过于拥挤或拖沓。首先，需要根据活动内容和目标设定合理的时间框架，充分考虑学生的学习能力和注意力持久性。在安排时间时，要留出适当的缓冲时间，以处理意外情况和提供深入讨论的可能性。同时，教师需要灵活调整时间安排，根据学生的反馈和实际情况适时调整活动进度。定期评估时间分配的效果，根据反馈进行优化调整，确保教学活动的流程紧凑而不压抑，有序而不拖沓。合理的时间安排不仅可以提高教学效率，还能为学生提供更好的学习体验，促进教学质量的提升。

（二）顺畅过渡

为确保教学过程的连贯性和学生参与度，需要合理安排教学活动之间的过渡环节。顺畅过渡可以让学生在不同活动之间转换注意力，保持学习状态的稳定。为实现顺畅过渡，教师可以通过简短的总结、提问引导、关键词呈现等方式，将前后活动联系起来，引导学生顺利过渡。此外，利用过渡时间展示相关视频、图片或音频素材，激发学生兴趣，为下一环节做铺垫。教师还可以设立小组讨论或思考题目，引导学生思考前一活动的内容与下一活动的联系，促进知识的内化和应用。通过精心设计的顺畅过渡环节，教学活动之间的转换将更加自然流畅，有助于维持教学节奏的连贯性，提升学生的学习效果和参与度。

（三）多样化安排

为了保持学生的兴趣和注意力，教师可以采取多样化安排的策略，交替安排不同类型的教学活动。这包括小组讨论、实践活动、讲座等多种形式，以丰富教学内容，激发学生的学习热情。通过小组讨论，学生可以展开思维碰撞，交流意见，培养团队合作意识；实践活动可以让学生动手实践，加深对知识的理解；而讲座则可以向学生传授理论知识，拓宽视野。交替安排不同类型的教学活动可以避免单一形式带来的枯燥感，提高课堂活跃度和参与度，促进学生全面发展。同时，多样化安排还可以满足不同学生的学习需求和学习风格，帮助他们更好地掌握知识，提高学习效率。综合来看，多样化安排教学活动是促进教学质量和学生学习动力的重要手段。

（四）个性化关注

个性化关注是提高教学效果和学生学习体验的重要方法。教师可以根据学生的学习情况和需求，灵活调整教学活动的安排，提供个性化的教学支持和指导。通过了解每位学生的学习风格、兴趣爱好和学习能力，教师可以为他们量身定制适合的学习计划和教学方式。在教学过程中，可以通过差异化教学，为学习能力较弱的学生提供更多支持和辅导；对于学习能力较强的学生，则可以提供更多挑战性的任务，激发其学习潜力。个性化关注还包括及时反馈和指导，帮助学生克服学习困难，提高学习效率。通过个性化关注，每位学生都能得到更好的学习支持，发挥出自己的潜力，实现个性化学习目标，提高整体教学质量。

（五）充分准备

充分准备是教学成功的关键。教师应对每个教学活动进行充分准备，包括准备教材、教具、技术设备等，以保证活动的顺利进行。提前准备教学内容和教学资源，确保教学材料的准确性和完整性。同时，检查和测试技术设备的运行情况，确保设备正常工作。在教学活动前，教师还应对活动流程和教学目标进行详细规划，确保教学过程有条不紊。充分准备可以提高教学效率，保证教学质量，同时也展现了教师的专业素养和敬业精神，赢得学生和家长的信任和尊重。通过充分准备，教师可以更好地应对意外情况，调整教学策略，提升教学活动的流畅度和教学效果，为学生营造更好的学习体验。

第四节　教学资源的运用与创新

一、教学资源的运用

（一）多媒体教学

多媒体教学是一种现代教学方法，通过运用投影仪、电脑等多媒体设备展示图片、视频、动画等多种形式的信息，以激发学生学习兴趣，提升教学效果。多媒体教学的优点包括以下几点。

1. 视觉化呈现：通过图像、视频等视觉元素，直观生动地展示教学内容，使学生更易理解和记忆。

2. 多样化表达：结合文字、图片、视频、音频等多种形式的表达方式，满足不同学生的学习风格和需求。

3. 互动性强：多媒体教学可以设计互动性强的教学内容，让学生参与其中，促进学生思维的活跃和交流。

4. 激发兴趣：丰富多彩的多媒体内容能够吸引学生的注意力，激发他们的学习兴趣，提高学习积极性。

5. 提升教学效果：多媒体教学能够生动直观地展示抽象概念，加深学生对知识的理解，提升教学效果和学习效率。

（二）实验教学

实验教学作为一种重要的教学方法，通过利用实验设备进行实践操作，让学生亲自动手参与实验活动，旨在加深他们对知识的理解，培养实验技能，培养科学精神和实践能力。

1. 直观感受：实验教学可以让学生通过亲身参与实践操作，直观感受实验现象，加深对知识的理解和记忆。

2. 培养动手能力：实验教学能够锻炼学生的动手能力和实验操作技能，培养他们的实践能力和解决问题的能力。

3. 激发兴趣：通过实验教学，学生可以发现科学的乐趣和魅力，激发他们对科学的兴趣和探索欲望。

4. 培养科学精神：实验教学有助于培养学生的科学精神，包括观察、实验、探索、分析和总结的能力，培养学生的科学思维方式。

5. 巩固理论知识：通过实验操作，学生能够将课堂上学习到的理论知识与实际实验现象相结合，加深对知识的理解和应用。

实验教学的成功实施需要教师精心设计实验方案，确保实验过程的安全性和有效性；同时，要引导学生正确操作实验设备，培养他们良好的实验习惯和安全意识。教师还应鼓励学生积极参与实验，引导他们观察、思考、探究，培养他们的独立思考和实验能力。此外，及时对实验结果进行分析和总结，引导学生从实验中获取结论，加深对知识的理解。

（三）教学游戏

教学游戏作为一种生动有趣的教学方式，通过设计各种有趣的游戏活动，旨在增加课堂的趣味性，促进学生的参与和互动，从而提升学习效果。

1. 激发学习兴趣：教学游戏以寓教于乐的方式呈现知识，激发学生的学习兴趣，提高他们的学习动机。

2. 促进学生互动：通过游戏活动，学生可以在轻松愉快的氛围中展开互动，促进同学之间的合作和交流。

3. 增强记忆与理解：通过参与游戏，学生需要积极思考、解决问题，从而加深对知识的记忆和理解。

4. 培养团队合作：一些团队游戏可以促进学生之间的团队合作，培养他们的团队意识和协作能力。

5. 激发竞争意识：适度的竞争可以激发学生的竞争意识和求胜欲望，提高学习的积极性。

设计教学游戏时，教师可以根据教学内容和学生的特点灵活设置不同类型的游戏，如知识问答、角色扮演、团队竞赛等。同时，游戏内容应与课程内容紧密结合，确保游戏活动能够达到教学目标。教师还可以根据学生的反馈和学习情况调整游戏设置，保持游戏的挑战性和趣味性，提高学生的参与度。

在教学游戏中，教师可以扮演引导者和组织者的角色，引导学生参与游戏、激发他们的学习兴趣。同时，及时总结游戏过程中的经验和教训，引导学生从游戏中汲取知识和启示，加深对课程内容的理解。

（四）在线资源

1. 丰富教学内容：在线资源提供了丰富多样的学习资料，可以帮助教师拓展教学内容，使课堂内容更加丰富多彩。

2. 个性化学习：学生可以根据自身学习进度和兴趣，在线自主学习，实现个性化学习路径，提高学习效率。

3. 跨时空学习：通过在线资源，学生可以随时随地获取学习资料，实现跨时空学习，方便灵活。

4. 互动交流：在线资源提供了各种互动平台和社区，学生可以与同学、教师及其他学习者进行交流、讨论，促进学习互动。

5. 自主学习：学生可以通过在线资源自主选择学习内容和学习方式，培养自主学习和自我管理能力。

在利用在线资源时，教师可以根据课程需求，精心挑选适合的在线资源，如优质网站、教学视频、在线课程平台等。教师还可以通过在线资源为学生提供额外的学习资料、拓展阅读等，帮助学生更全面地了解知识内容。

同时，教师可以引导学生正确使用在线资源，教育他们辨别信息的真实性和有效性，培养批判性思维和信息素养。鼓励学生在学习中积极利用在线资源，提高他们的信息检索能力和自主学习能力。

（五）教辅材料

1. 巩固知识：提供练习题和复习材料可以帮助学生巩固课堂所学知识，加深理解和记忆。

2. 拓展思维：通过案例分析等教辅材料，激发学生的思维，帮助他们运用知识解决实际问题，拓展思维广度和深度。

3. 个性化学习：教辅材料可以根据学生不同的学习需求和水平，提供不同难度和类型的练习，实现个性化学习。

4. 加强实践能力：通过案例分析等实践性教辅材料，学生可以锻炼实际问题解决能力，提高实践操作技能。

5. 促进自主学习：教辅材料可以供学生自主学习和复习使用，增强他们的自主学习和自我管理能力。

在准备教辅材料时，教师可以根据课程内容和学生需求精心设计练习题、案例分析等材料，确保内容与教学目标一致。同时，教师还可以根据学生的学习反馈调整教辅材料，使之更贴近学生的学习需求。

教师可以在课后布置练习题，让学生巩固课堂所学知识；在课堂中引入案例分析，激发学生思维，培养问题解决能力。教师还可以组织学生小组讨论、展示案例分析成果，促进学生之间的合作和交流。

二、教学资源的创新

（一）虚拟现实技术

利用虚拟现实技术是一种创新的教学方法，通过创建沉浸式学习环境，让学生身临其境地体验学习内容，以增强互动性和吸引力。

1. 沉浸式体验：虚拟现实技术可以让学生身临其境地参与学习，提供逼真的感官体验，增强学习的沉浸感和真实感。

2. 互动性强：学生可以通过虚拟现实技术与学习内容进行互动，探索、实验和操作，促进学生参与度和学习兴趣。

3. 视觉化呈现：通过虚拟现实技术呈现图像、视频等视觉元素，使抽象概念具体化、生动化，有助于学生更好地理解和记忆知识。

4. 安全性：在虚拟环境中进行实践操作可以降低风险，特别适合进行危险或昂贵的实验和训练。

5. 跨学科学习：虚拟现实技术可以模拟各种学科领域的场景和情境，促进跨学科学习和综合能力的培养。

在教学中利用虚拟现实技术时，教师可以设计与课程内容相关的虚拟场景和互动体验，引导学生积极参与学习。通过虚拟现实技术展示复杂概念、模拟实际操作，可以帮助学生更直观地理解和掌握知识。

教师还可以结合虚拟现实技术设计互动式学习任务、模拟实验等活动，激发学生的学习兴趣和探究欲望。此外，教师应根据学生的反馈和表现及时调整虚拟现实体验，使之更符合学生的学习需求。

（二）在线协作工具

1. 实时协作：在线协作工具可以实现实时编辑和评论，学生可以同时在线编辑文档、分享想法，促进团队合作和即时反馈。

2. 跨时空学习：学生可以随时随地利用在线协作工具进行合作学习，突破时间和空间限制，实现跨时空的协作与学习。

3. 共享资源：学生可以共享文档、资料、笔记等学习资源，方便快捷地进行信息共享和团队合作，提高工作效率。

4. 促进交流：在线协作工具提供评论、讨论等功能，学生可以在其中进行交流讨论，分享见解，促进思想碰撞和学习互动。

5. 监督和管理：教师可以通过在线协作工具实时监督学生的合作进度，及时给予指导和支持，提高团队合作的效率和质量。

在教学中利用在线协作工具时，教师可以设定合作项目，让学生分组使用在线工具进行协作，共同完成任务和项目。同时，教师可以提供清晰的任务说明和目标，引导学生合理分工，促进团队协作。

教师还可以通过在线协作工具为学生提供反馈和评价，监督学生的工作进度，引导他们有效地利用在线工具进行合作学习。此外，教师还可以通过在线协作工具收集学生的作业和成果，便于评估学生的学习情况和团队合作能力。

（三）个性化学习平台

1. 个性化学习：个性化学习平台可以根据学生的学习风格、兴趣和学习需求，提供个性化的学习路径和内容，满足不同学生的学习需求。

2. 自主学习：学生可以根据自身时间和进度，在个性化学习平台上自主学习，提高学习自主性和管理能力。

3. 定制化反馈：个性化学习平台可以根据学生的学习表现提供定制化的反馈和建议，帮助学生更好地调整学习策略和提升学习效果。

4. 激发学习兴趣：个性化学习平台可以根据学生的兴趣和学习方式设计学习资源，激发学生的学习兴趣，提高学习动力。

5. 跟踪学习进度：个性化学习平台可以实时跟踪学生的学习进度和表现，帮助教师更好地了解学生的学习情况，进行个性化指导和支持。

在教学中利用个性化学习平台时，教师可以根据学生的学习特点设定个性化学习计划，引导学生在平台上进行学习。教师可以根据学生的学习数据和表现及时调整学习资源和内容，确保学生获得最合适的学习支持。

同时，教师还可以利用个性化学习平台为学生提供定制化的任务和评估，促进学生的自主学习和个性化发展。通过个性化学习平台的反馈和评估，教师可以更好地指导学生的学习，提高学习效率和质量。

（四）增强现实应用

1. 实践性学习：增强现实技术可以模拟实际场景和情境，让学生进行实践操作，加深对知识的理解和应用。

2. 直观体验：通过增强现实技术，学生可以在虚拟环境中直观体验、互动操作，使抽象概念具体化，增强学习的直观性和实际性。

3. 激发兴趣：创新的学习方式和体验可以激发学生的学习兴趣，增加学习的乐趣和动力。

4. 个性化学习：增强现实应用可以根据学生的学习需求提供定制化的学习内容和反馈，实现个性化学习，满足不同学生的学习需求。

5. 提高参与度：互动式的增强现实学习环境可以提高学生的参与度和投入度，促进学生积极参与学习活动。

在教学中利用增强现实技术时，教师可以设计虚拟场景和互动体验，让学生在其中进行实践操作、模拟实验等，促进学生的实际操作能力和解决问题的能力。

教师还可以通过增强现实应用设计创新的学习任务和项目，激发学生的思维和创造力，培养学生的问题解决能力和创新精神。同时，教师应根据学生的学习反馈和表现及时调整增强现实应用的设计和内容，确保学生获得最有效的学习支持。

（五）游戏化教学

1. 激发学习兴趣：通过游戏化元素的设计，可以增加学习内容的趣味性和吸引力，激发学生的学习兴趣。

2. 提高学习动机：游戏化教学可以设立奖励机制、排名制度等，激励学生参与学习活动，提高学习动机和积极性。

3. 促进竞争与合作：通过游戏化教学，可以促进学生之间的竞争与合作，培养团队合作意识和竞争意识，提高学生的团队协作能力。

4. 增强记忆与理解：游戏化教学可以通过挑战、任务等形式促使学生参与互动、思考，从而加深对知识的记忆和理解。

5. 提升学习效果：通过游戏化教学，学生可以在竞争和合作中不断提升自己，从而达到更好的学习效果和成绩。

在游戏化教学中，教师可以设计各种游戏化元素，如关卡设计、成就系统、任务挑战等，让学生在学习过程中获得成就感和乐趣。通过设定明确的学习目标和奖励机制，教师可以激励学生积极参与学习活动。

同时，教师还可以通过游戏化教学激发学生的合作意识，设计团队任务和竞赛，让学生在合作与竞争中相互学习、成长。通过游戏化教学的互动性和趣味性，教师可以提升学生的参与度和学习效果。

第五章　学生参与与合作学习

第一节　学生主体性的培养与发展

一、学生主体性概述

（一）学生主体性的定义

学生主体性是指学生在学习和生活中具有独立思考、自主学习、自我管理的能力和意识，能够根据自身的特点、兴趣和目标进行学习规划和选择，积极参与学习过程，主动探究和解决问题，发挥自己的潜能，不断提升自我，成为一个自信、负责、有社会责任感的个体。学生主体性的培养旨在培养学生全面发展的个性和能力，使其在学习和生活中能够更好地适应社会的需求和变化。

（二）学生主体性的重要性

1. 促进个性发展

学生主体性的培养强调学生独立思考、自主选择，培养学生独立自主、勇于创新的个性特质，有利于促进学生的个性发展。通过培养学生主体性，学生可以更好地发挥自身潜能，培养自信心和责任感，拓展个人视野和能力范围，从而促进个体发展。这种独立性和创新精神的培养，不仅有助于学生在学习和生活中更好地应对挑战，还为其未来的成长和发展打下坚实的基础。因此，学生主体性的重要性在于促进学生个性发展，培养学生成为具有自主性和创新能力的个体，为其未来的发展奠定良好基础。

2. 激发学习动力

学生主体性的培养能够激发学生的学习动力，促使他们更加积极主动地参与学习过程，从而提高学习效率。通过培养学生自主学习的能力和习惯，激发他们内在的学习动机和兴趣，使学习变得更具意义和愉悦。学生在主动选择学习内容和方式的过程中，能够更好地发挥自己的特长和兴趣，增强学习的自我价值感，从而提高学习的积极性和主动性。

此外，学生主体性的培养也可以帮助学生建立自信心和成就感，通过自主解决问题和探究学习，获得成功的经验和成就感，进而激发学生持续学习的动力和信心。同时，学生主体性还能促使学生更深入地思考和探索知识,培养其批判性思维和问题解决能力,激发学生对学习的热情和渴望。

因此,学生主体性的培养对于激发学生的学习动力至关重要,能够使学生更加积极主动地投入学习过程,提高学习效率,培养学生持续学习的动力和自我驱动力,为其未来的学习和发展打下坚实基础。

3. 培养问题解决能力

培养学生主体性有助于提高学生的问题解决能力和创新能力。通过培养学生独立思考、自主学习的能力,学生可以更好地面对各种挑战,培养解决问题的能力和创新意识。学生在主动探究和解决问题的过程中,通过自主思考和探究,可以培养批判性思维、创新意识和解决问题的能力,从而在学习和生活中更加自信地应对各种复杂情况和挑战,为个人成长和未来发展奠定坚实基础。因此,学生主体性的培养对于提高学生的问题解决能力和创新能力具有重要意义,使他们具备在面对挑战时自主思考、灵活应对的能力。

4. 提升学习质量

学生主体性的培养能够提升学习质量,培养学生的自主学习和自我管理能力,有助于他们更好地掌握知识和技能。通过培养学生主体性,学生可以根据自身的兴趣、需求和学习风格制订学习计划,选择适合自己的学习方式和方法,提高学习的效率和效果。学生在主动参与学习过程中,能够更深入地理解和消化所学知识,提升学习的深度和广度,从而提高学习质量。

此外,学生主体性的培养还可以激发学生的学习兴趣和动力,使他们更加积极投入学习,增强学习的主动性和自我驱动力,进一步提升学习质量。学生通过自主学习和自我管理,能够培养良好的学习习惯和方法,提高学习效率和成果,从而在学业上取得更好的成绩和表现。

因此,学生主体性的培养对于提升学习质量至关重要,能够培养学生的自主学习和自我管理能力,帮助他们更好地掌握知识和技能,提高学习效率和成就感,为个人的学习和成长增添动力和活力。

5. 促进终身学习

学生主体性的培养能够促进终身学习的发展,使学生形成积极的学习态度和习惯,培养学生终身学习的意识。通过培养学生主体性,学生可以逐渐意识到学习是一种持续不断的过程,是终身发展的必经之路。他们能够培养自我学习和自我提升的能力,不断追求知识和技能的更新和提升。

学生在培养主体性的过程中,逐渐形成了主动学习、自主学习的习惯和态度,能够主动探究和解决问题，不断探索学习的乐趣和意义。这种积极的学习态度和习惯有助于学生在学习过程中保持持续的动力和热情，促使他们持续不断地学习、成长和进步。

通过学生主体性的培养，学生逐渐认识到学习是一种终身的过程，能够持续地自我反思、自我提升，不断完善自己的知识结构和技能体系，适应社会发展的需求和变化。因此，学生主体性的培养有助于培养学生终身学习的意识，使他们具备持续学习、自我提升的能力，为未来的发展和成长奠定坚实基础。

6. 适应社会需求

学生主体性的培养有助于学生适应社会需求，培养他们面对未来社会变化和挑战的能力，更好地融入社会。通过培养学生主体性，学生可以发展自主思考、创新能力和解决问题的能力，使他们具备适应社会变化的灵活性和适应性。

学生主体性的培养使学生更加自信、独立和有责任感，能够更好地适应社会的发展需求和变化，勇于面对挑战和改变。他们具备自主学习和自我管理的能力，能够不断学习、成长和进步，适应社会对人才的需求和要求。

通过培养学生主体性，学生还能够培养批判性思维、合作精神和创新意识，使他们具备面对复杂社会问题和挑战的能力，能够积极参与社会活动和解决社会问题。这种综合能力的培养有助于学生更好地融入社会，为社会发展和进步作出积极贡献。

因此，学生主体性的培养对于培养学生适应社会需求的能力至关重要，能够使他们具备面对未来社会变化和挑战的能力，更好地融入社会，成为具有责任感、创新精神和社会参与意识的社会成员。

7. 促进个人发展

学生主体性的培养有助于促进个人发展，提升学生的个性特质，增强自信心、责任感和社会参与意识，有利于个人的综合素质提升。通过培养学生主体性，学生可以更好地发掘和发展自己的个性特点和潜能，形成独立自主、勇于创新的个性特质，从而实现全面发展。

学生主体性的培养可以帮助学生建立自信心，培养积极乐观的心态，勇于面对挑战和困难。学生在主动学习和解决问题的过程中，逐渐培养责任感和自律意识，形成良好的行为习惯和价值观念，为个人的成长和发展奠定坚实基础。

此外，通过学生主体性的培养，学生能够培养社会参与意识和团队合作精神，懂得尊重他人、合作共赢，具备良好的人际交往能力和社会责任感。这种综合素质的提升不仅有助于个人的成长和发展，也为其未来的学习、工作和生活奠定了坚实基础。

二、学生主体性的培养

（一）提倡自主学习

1. 设定明确学习目标

设定明确的学习目标对于学生的学习至关重要。通过帮助学生设定明确的学习目标，可以让他们明白为何学习、学到什么，从而激发学习的目的性和动力。

设定明确的学习目标有助于学生明确自己的学习方向和目的，使其具备明确的学习动机和意义。学生了解学习的目标和意义后，能够更加专注、有针对性地进行学习，提高学习的效率和成效。同时，明确的学习目标还能够帮助学生建立自我激励和自我监督的机制，保持学习的连续性和稳定性。

设定明确的学习目标还有助于激发学生的学习动力和热情。当学生清楚地知道自己的学习目标和期望时，会更加努力地去实现这些目标，增强学习的自觉性和主动性。明确的学习目标能够激发学生内在的学习动机，使其更加积极主动地投入学习过程，提高学习的效果和成就感。

因此，设定明确的学习目标不仅有助于学生明确学习方向和目的，还能激发学习的目的性和动力，提高学习的效率和成效。教育者应重视帮助学生设定明确的学习目标，引导他们明确学习的意义和目标，激发学生的学习动力和热情，促进其全面发展和成长。

2. 提供自主学习机会

提供自主学习机会对于学生的成长和发展至关重要。通过提供多样化的学习资源和途径，鼓励学生选择适合自己的学习方式，有助于培养其自主学习的能力。学生在自主选择学习资源和途径的过程中，能够更好地发挥自己的学习风格和优势，提高学习的效率和成效。此外，提供自主学习机会还能够激发学生的学习兴趣和动力，使其更加积极主动地参与学习过程。通过自主学习，学生可以培养自我管理和自我调节的能力，提升学习的自主性和独立性，为其未来的学习和生活奠定坚实基础。因此，教育者应重视提供自主学习机会，促进学生选择适合自己的学习方式，培养其自主学习的能力，从而推动学生全面发展和成长。

3. 倡导学生自我评价

倡导学生自我评价对于他们的学习和成长具有重要意义。通过鼓励学生对自己的学习过程进行反思和评价，可以培养他们的自我认知和自我调节能力。学生通过自我评价，能够更全面地了解自己的学习状态、优势和不足，有助于提高学习的效果和效率。

自我评价可以帮助学生建立自信心和自律意识，使他们更加自觉地控制学习过程，及时调整学习策略和方法。通过对学习过程的反思和评价，学生能够发现自己的学习问题和瓶颈，有针对性地进行改进和提升，提高学习的质量和效果。

此外，倡导学生自我评价还能够促进学生的自主学习和自我管理能力的培养。通过自我评价，学生可以更好地掌握自己的学习情况和进展，培养自我管理的能力，提高学习的自主性和独立性。

因此，倡导学生自我评价是培养学生自我认知和自我调节能力的重要途径，有助于提高学生的学习效果和自主学习能力，为其未来的学习和成长奠定坚实基础。

4. 引导学生自主解决问题

引导学生自主解决问题是培养学生解决问题能力的重要途径。通过培养学生解决问题的能力，鼓励他们在学习中遇到困难时主动寻找解决方法，有助于提升自主学习能力。

学生在解决问题的过程中，需要运用逻辑思维、创造性思维和批判性思维，从而培养解决问题的能力。教师可以通过引导学生自主解决问题的方式，激发学生的学习兴趣和动力，提高他们的问题解决能力。学生在主动寻找解决方法的过程中，不仅可以提升自己的学习能力和技能，还能培养自信心和责任感。

通过引导学生自主解决问题，还可以促进学生的自主学习能力的提升。学生在解决问题的过程中，需要独立思考、自主学习，培养自我管理和自我调节的能力，提高学习的自主性和独立性。

因此，引导学生自主解决问题是培养学生解决问题能力和自主学习能力的重要方法，有助于提升学生的学习效果和自主学习能力，为他们的学习和成长提供良好的支持。

（二）激发学习动机

1. 创设良好学习氛围

创设良好的学习氛围对于学生的学习效果和情感体验至关重要。通过营造积极向上的学习氛围，可以激发学生学习的热情和兴趣，使学习成为一种愉悦的体验。教师可以通过多种方式实现这一目标，如鼓励积极参与、赞扬努力表现、提供支持和鼓励等。在积极的学习氛围中，学生会感受到学习的乐趣和成就感，更愿意投入学习并持续努力。同时，创设良好的学习氛围还能促进同学间的合作与交流，培养团队精神和互助意识，共同营造一个相互支持、共同成长的学习环境。因此，通过创设积极向上的学习氛围，学生的学习热情和动力将得到有效激发，学习过程也将变得更加愉快和充实。

2. 注重个性需求

注重学生的个性需求对于教育工作至关重要。通过关注学生的个性特点和需求，根据不同学生的兴趣和学习方式提供个性化的学习支持，可以激发他们的学习动机，提高学习效率。

每位学生都有独特的学习风格、兴趣爱好和学习需求。教师应该了解并关注每位学生的个性特点，针对其不同的学习需求和喜好，提供个性化的学习支持和指导。通过满足学生的个性需求，可以增强他们的学习兴趣和动机，使学习变得更具吸引力和意义。

个性化的学习支持还有助于激发学生的自主学习能力和自我管理能力。根据学生的个性特点和学习方式设计个性化的学习计划和任务，能够提高学生的学习效率和成效，培养其自主学习的能力和习惯。

因此，注重学生的个性需求是促进学生学习动机的重要途径，能够提高学生的学习积极性和成就感，培养其自主学习和自我管理能力，为其学习和成长提供有力支持。

3. 设立奖励机制

设立奖励机制对于激励学生、提高学习积极性至关重要。建立奖励机制可以及时给予学生积极的反馈和认可，激励他们努力学习、超越自我。通过奖励机制，学生可以感受到成就感和肯定，增强自信心和学习动力。及时的积极反馈和认可可以激发学生的学习热情，促使他们更加专注和努力地投入学习。奖励机制也可以帮助建立良好的学习氛围，激励学生积极参与学习活动，提高学习效率。通过设立奖励机制，学生将更有动力去克服困难、追求进步，从而培养他们的自律性和持续学习的习惯，为个人的成长和发展奠定良好基础。

4. 提供有意义的任务

提供有意义的任务对于激发学生的学习兴趣和动力至关重要。通过设计有挑战性和意义的学习任务，让学生感受到学习的重要性和意义，能够激发他们的内在动机，提高学习的积极性和投入度。

有意义的任务能够让学生意识到学习的目的和意义，激发他们的学习动机。挑战性的任务可以激发学生的求知欲和探究欲，促使他们克服困难、勇敢尝试，培养解决问题的能力和创新思维。同时，意义深远的任务能够让学生认识到学习与现实生活的联系，激发学习的热情和愿望，使学习过程变得更加有意义和具有成就感。

通过完成有意义的任务，学生可以在挑战中成长，在探索中获得成就感，从而更加积极地投入学习。这种内在动机的激发有助于培养学生的自主学习能力和自我激励能力，提高学习效率和成就感。

因此，提供有挑战性和意义的任务对于激发学生的内在动机和提高学习效率非常重要。教育者应设计有意义的任务，让学生在学习过程中感受到成长和收获，激发他们的学习热情，促进全面发展和成长。

（三）培养批判性思维

1. 提倡多元思维

提倡多元思维对学生的认知发展和综合素质提升至关重要。通过鼓励学生接受不同观点和思维方式，可以培养开放包容的思维习惯，促进批判性思维的形成。

多元思维的培养有助于学生拓宽视野、增强思维活跃性，使其能够更全面地理解问题，更灵活地处理复杂情境。通过接触不同观点和思维方式，学生可以从多角度思考问题，培养辩证思维，提高问题解决能力和创新能力。

鼓励多元思维还能培养学生的开放包容心态，使其更愿意接纳不同观点和文化，增强沟通能力和团队合作意识。同时，多元思维的培养有助于提升学生的批判性思维，让他们能够理性分析信息、独立判断，形成独立思考的能力。

因此，提倡多元思维对于培养学生的综合素质、批判性思维和创新能力至关重要。教育者应积极创造多元化的学习环境，鼓励学生接受多元观点，培养其开放包容的思维习惯，从而为其未来的学习、工作和生活奠定坚实基础。

2. 引导学生质疑思考

引导学生质疑思考对于培养其批判性思维和问题解决能力至关重要。通过鼓励学生对所学知识进行深入思考和质疑，可以培养他们主动探究和解决问题的能力。

学生通过质疑思考，能够激发他们的好奇心和求知欲，培养批判性思维，帮助他们理解问题的本质，从而深化对知识的理解。质疑思考还能培养学生的独立思考能力，让他们从不同角度思考问题，提高逻辑推理和分析能力，培养解决问题的能力。

鼓励学生质疑思考也有助于培养学生的创新意识和自主学习能力。通过自主探究和解决问题，学生能够培养探索精神和创新能力，培养自主学习的能力和习惯，提高学习的深度和广度。

因此，引导学生质疑思考是培养学生批判性思维和问题解决能力的重要途径。教育者应鼓励学生勇于质疑、勇于探究，培养其主动思考和独立思考的能力，为其综合素质和未来的发展打下坚实基础。

3. 开展讨论和辩论

开展讨论和辩论活动对于培养学生的批判性思维和逻辑推理能力至关重要。通过组织学生进行讨论和辩论活动，可以促进学生交流思想、碰撞观点，培养其批判性思维和逻辑推理能力。

讨论和辩论是学生展示观点、表达观点、辩护观点的重要方式，能够帮助他们厘清思路、分析问题，培养批判性思维和逻辑推理能力。在讨论和辩论中，学生需要通过论证和反驳来支持自己的观点，从而提高逻辑思维和辩证能力，培养独立思考和判断的能力。

通过参与讨论和辩论活动，学生还能够学会倾听他人观点、尊重他人意见，培养团队合作精神和沟通能力。讨论和辩论活动能够激发学生的思维活跃性和创新意识，培养他们解决问题的能力和应对挑战的勇气。

因此，开展讨论和辩论活动是培养学生批判性思维和逻辑推理能力的有效途径。教育者应鼓励学生参与讨论和辩论，促进思想交流和观点碰撞，培养学生的批判性思维、逻辑推理和沟通能力，为其综合素质的提升和未来的发展奠定坚实基础。

4. 注重实践应用

注重实践应用对于学生的学习效果和能力提升至关重要。通过鼓励学生将所学知识运用到实际问题中，可以培养其解决问题的能力和批判性思维。

实践应用能够帮助学生将抽象的理论知识转化为具体的实践行动，加深对知识的理解和掌握。通过实际问题的应用，学生需要运用所学知识进行分析和解决，培养其问题解决的能力和创新思维。实践应用还能促使学生在实际操作中发现问题、思考解决方案，培养批判性思维和逻辑推理能力。

鼓励学生进行实践应用还能激发其学习兴趣和动机，使学习变得更具有意义和实用性。通过实践，学生能够体验知识的实际应用价值，增强学习的实践性和生动性，培养他们的学以致用能力和创新意识。

因此，注重实践应用是促进学生解决问题能力和批判性思维发展的重要途径。教育者应鼓励学生将所学知识运用到实际问题中，培养其实践能力和解决问题的能力，为其学习和发展提供更加全面和深入的支持。

三、学生主体性的发展

（一）发展学生的学习自觉性

学习自觉性是学生主体性的重要表现之一，指学生在学习过程中能够自觉地制定学习目标、规划学习步骤，控制学习进度，评价学习效果，形成良好的学习习惯和自我管理能力。教育者可以通过设立明确的学习目标、提供个性化的学习支持、鼓励自主学习等方式，促进学生的学习自觉性的发展，使他们能够更加主动地参与学习过程，提高学习效率。

（二）培养学生的问题解决能力

问题解决能力是学生主体性的重要体现，指学生在面对困难和挑战时能够独立思考、勇于探索、灵活应对，找到解决问题的有效方法。教育者可以通过提供有意义的任务、鼓励学生质疑思考、引导学生自主解决问题等方式，培养学生的问题解决能力，促使他们具备在复杂情境下独立思考、勇敢尝试的能力，从而提升自主学习和自我管理的能力。

（三）促进学生的创新思维

创新思维是学生主体性的重要体现，指学生具备开放的思维方式、勇于尝试新观念和方法，能够在解决问题和应对挑战时提出独特见解和创新方案。教育者可以通过开展讨论和辩论活动、注重实践应用、培养多元思维等方式，促进学生的创新思维的发展，激发其思维活跃性和创新意识，培养其独立思考和创新能力，为其未来的学习和发展奠定坚实基础。

四、学生主体性的培养策略

（一）学生主体性在课堂教学中的应用

1. 启发式教学法

启发式教学法是一种重要的教学方法，通过激发学生的主动性和探究精神，促使他们更深入地参与学习过程。在这种教学法下，教师不再是简单的知识传授者，而是引导者和启发者。通过提出开放性问题、引导学生进行讨论和探索，学生被激励去独立思考、自主学习，培养了解决问题的能力和批判性思维。启发式教学法不仅能够激发学生的求知欲，还能够培养其自主学习的能力和团队合作精神，使学习更加生动有趣和具有意义。通过这种方式，学生可以更好地理解知识，提高学习效率，培养终身学习的态度和习惯。

2. 小组合作学习

小组合作学习是一种促进学生互动、合作和共同成长的有效方式。通过让学生在小组中展开讨论、合作完成任务，可以培养他们的合作意识和领导能力。在小组学习中，学生不仅可以相互交流、分享思想，还能共同解决问题、完成任务，培养团队合作精神和沟通能力。通过与他人合作，学生学会倾听他人意见、尊重他人观点，培养包容性和合作性。此外，小组合作学习也有助于培养学生的领导能力，通过组织协调小组活动、分配任务并监督执行，学生可以锻炼自己的领导才能和团队管理能力。总的来说，小组合作学习不仅促进了学生的学习效果，还培养了其合作意识、领导能力和团队精神，为其未来的发展奠定了良好基础。

3. 个性化反馈

个性化反馈是一种重要的教学策略，通过针对每个学生的学习情况给予具体、个性化的指导和建议，激励他们自我调整和提高。这种反馈方式能够更有效地帮助学生了解自己的学习状况，发现自身的优势和不足，从而有针对性地进行改进和提高。个性化反馈不仅可以增强学生的学习动力和自信心，还能够促使他们更加专注于自身的学习目标和发展方向。通过及时、具体的反馈，学生可以更好地认识到自己的学习需求，更好地调整学习策略，提高学习效率。同时，个性化反馈也有助于建立师生之间更紧密的联系和互动，增强学生对学习的积极性和主动性。综上所述，个性化反馈是一种重要的教学手段，能够有效激发学生的学习动力，促进其自我调整和提高。

（二）个性化学习对学生主体性的促进

1. 因材施教

因材施教是一种个性化教学的重要策略，通过根据学生的不同特点和需求，量身定制学习计划，激发他们的学习兴趣和动力。这种教学方法强调每个学生的独特性和差异性，以满足其个性化的学习需求和发展潜力。通过因材施教，教师可以更好地了解每位学生的学习特点、兴趣爱好和学习风格，有针对性地设计教学内容和活动，使学生在感兴趣的领域中得到更好的发展。此外，因材施教还可以激发学生的学习动力和自信心，让他们在学习过程中体验到成就感和乐趣，从而更加积极地投入到学习中去。通过个性化的学习计划，学生可以更好地发挥自己的优势，弥补自身的不足，提高学习效率和成绩。因此，因材施教是一种有效的教学策略，有助于激发学生的学习兴趣和动力，促进其全面发展和成长。

2. 自主学习

自主学习是一种重要的学习方式，倡导学生自主选择学习内容和方式，培养其自我管理和自我激励能力。通过自主学习，学生能够根据自身的兴趣、需求和学习风格，自主决定学习的内容、进度和方式，从而更加积极主动地参与学习过程。这种学习方式有助于培养学生的自我管理能力，让他们学会制订学习计划、安排学习时间、管理学习任务，提高自我控制和执行力。同时，自主学习也能够激发学生的自我激励能力，让他们学会自我激励、自我调节，保持学习的积极性和持久性。通过自主选择学习内容和方式，学生可以更好地发挥自己的潜能和创造力，培养批判性思维和解决问题的能力。总的来说，自主学习是一种促进学生全面发展的重要途径，通过培养学生的自我管理和自我激励能力，激发其学习潜能，提高学习效率和成就感。

3. 个性化评估

个性化评估是一种重要的评估方式，通过采用多样化的评估方式，更全面地了解学生的学习情况，为其提供有针对性的指导和支持。传统的评估方式可能无法全面准确地反映学生的学习情况和能力，而个性化评估则能够更加细致地了解每个学生的学习特点、兴趣爱好和学习进展。通过多样化的评估方式，包括考试、作业、项目、口头报告等，可以更全面地评价学生的学习成绩、技能和表现，从而为其提供更具针对性的指导和支持。个性化评估不仅可以帮助教师更好地了解学生的学习需求，还能够激发学生的学习动力和自信心，让他们更有信心面对挑战和提高自己。通过个性化评估，学生可以更清晰地了解自己的学习状况，及时调整学习策略，提高学习效率和成绩。综上所述，个性化评估是一种促进学生个性化发展和提高学习效率的重要手段，有助于为学生提供更加个性化的指导和支持，实现其全面发展和成长。

（三）提升学生主体性的教学策略

1. 激发兴趣

激发学生的兴趣是教学中的重要任务之一，通过引导学生发现学习的乐趣和意义，可以让他们愿意投入到学习中去。

（1）生动引人的教学方式：利用多媒体、案例分析、实地考察等方式，让课堂内容更加生动有趣，引起学生的好奇心和兴趣。

（2）与实际生活结合：将学习内容与学生的实际生活和经验相联系，让学生感受到学习的实用性和意义。

（3）提供选择权：允许学生在一定范围内选择学习内容或学习方式，增加学生的参与度和投入感。

（4）赞赏和鼓励：及时表扬学生的努力和进步，激发他们的自信心和学习动力。

2. 引导思考

引导思考是培养学生批判性思维能力的重要途径，通过提问、讨论等方式引导学生深入思考问题。教师可以通过设立开放性问题、引导学生进行小组讨论、激发学生探索问题的多个角度等方式，促使学生思考问题的本质、原因和解决方案。这种教学方法可以激发学生的思维活力，培养其批判性思维能力和逻辑推理能力，让他们学会分析问题、提出观点、辩证思考。通过引导思考，学生可以更全面地理解知识，培养独立思考和判断能力，提高问题解决的效率和质量。同时，引导思考也有助于培养学生的创新意识和批判性思维，让他们具备面对复杂问题和挑战的能力，为未来的学习和发展打下坚实的基础。

3. 赋予选择权

赋予学生选择权是一种重要的教学策略，通过让学生在学习过程中拥有选择权，可以培养其自主学习和决策能力。教师可以提供不同的学习任务、项目或学习方式，让学生根据自身兴趣和能力进行选择，激发其学习的积极性和主动性。这种方式能够增强学生的学习动力，让他们更加投入到学习中，提高学习效率和成就感。同时，赋予选择权还可以培养学生的自主学习和决策能力，让他们学会自我管理、自我激励，培养独立思考和解决问题的能力。通过选择权的赋予，学生可以更好地发挥自己的潜能，培养自信心和责任感，为其未来的学习和生活打下坚实基础。综上所述，赋予学生选择权是一种促进学生自主学习和发展的重要途径，有助于培养学生的独立性和自主性，提高其学习效果和发展潜力。

4. 鼓励创新

鼓励创新是教育中至关重要的一环，通过激励学生勇于尝试、创新，可以培养其解决问题的能力和创造性思维。

（1）提供开放性的学习任务和项目，鼓励学生提出新颖的想法和解决方案。

（2）提倡尝试和失败的正面态度，让学生明白失败是创新过程中的一部分，鼓励他们从失败中学习。

（3）提供资源和支持，让学生有信心尝试新的方法和思路，培养他们的创造性思维。

（4）设立创新奖励机制，激励学生积极参与创新活动，展现他们的创造潜力。

通过鼓励创新，学生可以更加勇于挑战和尝试新事物，培养解决问题的能力和创造性思维。这种教学方式能够激发学生的创造力和想象力，培养其创新精神和独立思考能力，为其未来的发展和成长打下坚实基础。

第二节　学生参与的形式与策略

一、学生参与的重要性

（一）学生参与对学习的促进作用

1. 激发学习兴趣：通过参与课堂讨论、活动等方式，学生更容易产生学习兴趣，提高学习的积极性和主动性。

2. 加深理解：参与讨论、实践等活动能够让学生更深入地理解知识，从而提高学习效率。

3. 提升记忆和应用能力：通过参与实践、解决问题等活动，学生能够将所学知识更好地内化、记忆，并能够灵活应用于实际情境中。

4. 培养合作意识：学生参与小组合作、讨论等活动可以培养其合作意识、团队精神和沟通能力，提高协作能力。

5. 激发创新思维：通过参与创意活动、解决问题等，学生能够培养创新思维和独立解决问题的能力。

（二）学生参与对教学效果的影响

1. 提高教学活跃度：学生积极参与课堂互动能够增加教学活跃度，促进师生互动，使教学更加生动有趣。

2. 个性化教学：学生参与能够帮助教师更好地了解学生的学习情况和需求，从而实现个性化教学，更好地满足学生的学习需求。

3. 促进学生思维发展：学生参与讨论、思考等活动能够促进学生思维发展，培养批判性思维和创造性思维。

4. 增强学习动力：学生参与能够增强学生的学习动力和自信心，让他们更加积极主动地投入到学习中去，提高学习效率。

5. 促进教师专业成长：学生参与也有助于促进教师的专业成长，激发教师教学创新的动力，提高教学质量。

二、学生参与的形式

（一）课堂讨论与互动

1. 促进思维碰撞：通过提出问题、引导讨论，启发学生思维，促使他们展开思想碰撞、交流观点。

2. 增强学习兴趣：参与讨论可以使学生更加主动参与学习，增强学习兴趣，提高学习效率。

3. 培养表达能力：讨论与互动可以培养学生的表达能力和沟通能力，提高其口头表达能力和思维逻辑性。

4. 促进合作学习：在讨论过程中，学生可以相互学习、互相启发，促进合作学习，培养团队合作精神。

（二）小组合作与协作学习

1. 促进团队合作：学生在小组中合作完成任务，培养团队合作意识和协作能力，培养团队合作精神。

2. 互助学习：小组成员之间可以相互学习、互相帮助，促进知识共享和学习互助，提高学习效率。

3. 培养领导能力：小组合作中，学生可以担任不同的角色，培养领导能力和团队管理能力。

4. 促进交流与分享：小组合作可以促进学生之间的交流与分享，拓宽视野，促进学生全面发展。

三、学生参与的策略

（一）激发学生学习兴趣

1. 生动有趣的教学方式

生动有趣的教学方式是激发学生学习兴趣的有效途径，运用多媒体、实例故事、趣味游戏等方式，让课堂内容更加生动有趣，激发学生的好奇心和学习兴趣。通过丰富多样的教学手段，可以吸引学生的注意力，增加互动性，让学习变得更加有趣和引人入胜，从而激发学生的学习动力和积极性。

2. 与实际生活联系：将学习内容与学生日常生活、社会现实相联系，让学生认识到学习的实用性和意义，激发学习动力。

3. 个性化学习：根据学生的兴趣爱好和学习特点，设计个性化学习任务，让学生更容易产生学习兴趣。

4. 赞赏和鼓励：及时表扬学生的努力和进步，激励他们继续努力，增强学习动力和自信心。

（二）提供多样化的参与机会

1. 课堂讨论与互动：鼓励学生提问、回答问题，参与课堂讨论，促进师生互动。

2. 小组合作与协作学习：组织小组活动，让学生在小组中合作完成任务，培养团队合作精神。

3. 实践操作与案例分析：通过实践操作、案例分析等方式，让学生将理论知识应用到实际情境中，提高参与度和学习效果。

4. 角色扮演和模拟演练：让学生扮演不同角色，参与模拟演练，增强参与感和实践能力。

（三）创造积极的学习氛围

1. 尊重和信任：建立师生之间的尊重和信任关系，让学生感受到被尊重和被理解，增强参与意愿。

2. 鼓励开放交流：鼓励学生自由表达观点和想法，促进师生之间的积极交流，营造开放包容的学习氛围。

3. 激励与支持：给予学生积极的激励和支持，鼓励他们勇于参与、尝试，充分展现自己的潜力。

4. 建立合作共赢的氛围：倡导合作共赢的理念，让学生明白团队合作的重要性，共同努力实现学习目标。

四、参与形式与教学实践

（一）利用科技手段促进学生参与

1. 互动式课堂：利用在线投票工具、互动白板等，让学生参与课堂互动，回答问题、表达观点，增加参与感。

2. 多媒体资源：运用多媒体教学资源，如视频、动画等，生动展示知识内容，激发学生兴趣，提高学习效率。

3. 虚拟实验平台：利用虚拟实验平台进行实验操作，让学生在虚拟环境中进行实践，提高学生的参与度和实践能力。

4. 在线讨论平台：建立在线讨论平台，让学生在网络空间中展开讨论、交流，促进学生思维碰撞和知识分享。

（二）学生参与对教师教学方式的影响

1. 激发教师教学激情和创新意识

学生的积极参与可以激发教师的教学激情和创新意识。当教师看到学生对课堂活动感兴趣、参与度高时，会更有动力去探索新的教学方法和策略，以更好地激发学生学习兴趣和提高学习效率。

2. 调整教学策略和方法

学生参与的程度和方式会促使教师调整教学策略和方法。通过观察学生的反应和参与情况，教师可以及时调整课堂节奏、教学内容的呈现方式，以更好地满足学生的学习需求。

3. 提高教师的教学适应能力

学生参与的积极程度也能够提高教师的教学适应能力。面对不同参与程度和学习风格的学生，教师需要灵活调整教学方式，个性化教学，以更好地引导学生参与和学习。

4. 促进互动式教学

学生的参与可以促进互动式教学的实施。教师可以通过与学生互动、讨论、合作等形式，更好地传达知识、激发学生思维，促进知识的深入理解和应用。

5. 增强以学生为中心的教学理念

学生参与的重要性也促使教师更加重视以学生为中心的教学理念。通过关注学生的需求和反馈，教师可以更好地调整教学内容和方式，让学生在教学过程中发挥主体作用，实现个性化教学。

6. 促进教师专业成长

学生参与的过程也是教师专业成长的重要机会。通过反思学生的反馈和参与情况，教师可以不断改进自己的教学方法和策略，提高教学质量和效果，实现自身的教学成长。

（三）学生参与形式对学习效果的影响

1. 积极参与促进深层次学习

学生积极参与课堂讨论、小组合作、实践操作等形式，有助于促进深层次学习。通过与他人交流讨论，学生可以加深对知识的理解和掌握，发现问题并寻找解决方法，从而达到知识的内化和运用。与此同时，学生在参与中还能够培养批判性思维和解决问题的能力，提高学习的质量和效果。

2. 多元参与促进全面发展

不同的参与形式可以促进学生在认知、情感、技能等多个方面的全面发展。比如，参与角色扮演可以培养学生的表达能力和情感体验；参与实践操作可以提升学生的动手能力和实践能力；参与小组合作可以培养学生的团队合作意识和沟通能力。通过多元的参与形式，学生可以全面发展自己的能力，提高综合素质。

3. 个性化参与促进个体学习

个性化的参与形式有助于满足不同学生的学习需求，促进个体学习的发展。针对不同的学生特点和学习风格，可以采用个性化的参与形式，比如针对性的辅导、个性化的任务设计等。通过个性化参与，可以更好地激发学生的学习兴趣，提高学习效率，实现个体差异的优化。

4. 反馈参与促进效果评估

学生参与形式还可以通过及时反馈促进学习效果的评估和调整。在学生参与的过程中，教师可以通过观察、记录、评价等方式及时了解学生的学习情况，发现问题并给予指导和帮助，及时调整教学方法和学习计划，提高教学效果。学生也可以通过反馈了解自己的学习状态，及时调整学习策略，提高学习效率。

第三节　合作学习的理论与实践

一、合作学习的理论基础

（一）合作学习概念及原理

1. 概念

合作学习是指学生之间共同参与、共同合作完成学习任务的过程。在合作学习中，学生相互协作、交流、分享知识和经验，共同解决问题，促进彼此的学习和发展。合作学习注重学生之间的互动和合作，强调团队精神和共同努力，旨在提高学习效率、促进学生全面发展。

2. 原理

（1）社会互动原理

合作学习强调学生之间的社会互动，通过互动交流促进知识的建构和共享。学生在合作学习中可以相互借鉴、启发，共同探讨问题，促进思维的碰撞和碰撞的火花。

（2）共建知识原理

合作学习倡导学生共同建构知识，通过合作探讨、协作实践，促进知识的共享和交流。学生在合作学习中不仅能够接受他人的知识，也能够分享自己的见解，促进知识的全面发展。

（3）互惠性原理

合作学习强调互惠性合作，即学生之间相互帮助、相互支持，实现合作共赢。通过互惠性合作，学生可以共同攻克难关、解决问题，提高学习效率和成就感，培养团队精神和合作意识。

（4）个体发展原理

合作学习注重个体发展和团队合作的结合，既关注学生个体的学习需求和发展，也注重学生在团队中的作用和价值。通过个体发展原理，学生在合作学习中可以发挥自己的特长，提高自身能力，同时也学会倾听、尊重他人，实现个体与团队的和谐发展。

（二）社会建构主义与协作学习理论

1. 社会建构主义

（1）定义：社会建构主义强调个体通过与社会和他人的互动、交流来建构知识和理解世界。个体的认知和学习是通过社会交往、语言交流以及参与社会实践来实现的。

（2）重点：关注个体在社会交往中的学习过程，强调学习是社会性的、文化性的，认为知识是在社会互动中建构的。

（3）教学方法：倡导以合作、交流、互动为基础的教学方法，鼓励学生参与讨论、合作学习，注重教师引导和学生建构共同知识。

2. 协作学习理论

（1）定义：协作学习理论认为学习是一种社会活动，学生通过与他人合作共同建构知识，相互协助、互相学习，实现个体和集体的共同发展。

（2）重点：强调学生之间的互动、合作对学习的重要性，提倡学生通过合作解决问题、交流观点，促进学习效果。

（3）教学方法：强调小组合作学习、团队项目等形式，倡导学生互相协助、共同探讨问题，通过合作促进学习效果和个体发展。

二、合作学习的形式与模式

（一）小组合作学习

1. 定义

小组合作学习是指将学生组成小组，让他们在小组内共同学习、合作完成任务或项目，通过互相交流、讨论、协作，共同实现学习目标的过程。

2. 特点

（1）协作性强：小组成员之间需要相互协作、互相支持，共同完成学习任务。

（2）互动交流：小组内成员可以进行思想碰撞、意见交流，促进深入思考和共同探讨。

（3）共同建构知识：通过小组合作学习，学生可以共同建构知识，理解多种观点和方法，提高学习效率。

3. 优势

（1）促进学习动机：小组合作学习可以激发学生的学习兴趣和动机，增强学习的积极性。

（2）促进交流互动：学生在小组内可以进行频繁的交流和互动，促进彼此之间的理解和合作。

（3）培养团队意识：通过小组合作学习，学生可以培养团队合作意识，学会倾听、尊重他人意见，培养团队合作能力。

4. 实施策略

（1）明确学习目标：在小组合作学习中，明确学习目标是非常重要的，可以帮助小组成员明确方向，共同努力实现目标。

（2）分工合作：合理分工可以让每个小组成员充分发挥自己的优势，提高效率，共同完成任务。

（3）促进讨论交流：鼓励小组成员开展讨论、交流意见，可以促进思想碰撞，激发创新思维。

（4）定期反馈评估：定期对小组合作学习的进展进行评估和反馈，及时发现问题并加以改进。

（二）合作探究式学习

1. 概念

合作探究式学习是一种注重学生合作、探究和交流的学习方式。在这种模式下，学生通过小组合作，共同探讨问题、解决难题，从而深化对知识的理解和运用能力。教师在这一过程中更多地充当引导者和促进者的角色，激发学生的学习兴趣和主动性。

2. 特点

（1）学生主体性强：学生在合作探究中扮演着主体角色，通过自主思考、讨论和合作，积极参与到学习过程中。

（2）交流互动频繁：学生之间的交流与合作是合作探究式学习的核心，通过互相讨论、分享和反馈，促进彼此之间的学习。

（3）任务设计多样：任务设计旨在激发学生的思维，培养他们的解决问题能力和团队合作意识，具有一定的挑战性和启发性。

3. 优势

（1）促进思维深化：通过合作探究，学生能够从不同角度思考问题，拓展思维广度，深化对知识的理解。

（2）培养团队精神：学生在小组合作中学会倾听、尊重他人意见，培养团队协作与沟通能力。

（3）激发学习兴趣：学生在合作探究中更容易感受到学习的乐趣，从而提高学习动力和积极性。

4. 实施策略

（1）明确学习目标：在设计合作探究任务时，要明确学习目标，确保任务与课程目标一致。

（2）合理组建小组：小组成员间要具有一定的异质性，既能互相学习，又能相互促进，提高合作效果。

（3）设置有效反馈机制：建立有效的反馈机制，让学生及时了解自己的不足，促进进步。

（4）教师适时介入：教师要适时介入学生的探究过程，引导他们思考、总结，提供必要的支持和指导。

（三）跨学科合作学习

1. 定义

跨学科合作学习是指各学科之间相互融合、交叉运用，通过跨越学科界限，促进学生综合运用知识、技能和概念，解决复杂问题。这种学习方式旨在培养学生的综合素养和跨学科思维能力，提高他们的综合解决问题的能力。

2. 重要性

（1）促进综合思考：跨学科合作学习能够帮助学生从多学科角度思考问题，促进综合思考和分析能力的提升。

（2）培养创新能力：不同学科的融合可以激发学生的创新思维，培养其解决问题的创造性能力。

（3）增强实际应用：通过跨学科合作学习，学生能够将所学知识应用于实际问题解决中，提高学习的实用性和生活适应能力。

3. 实施策略

（1）明确学习目标：在跨学科合作学习中，需要明确学习目标和任务，确保各学科知识的整合与运用符合整体目标。

（2）合理设计课程：设计跨学科课程时，要合理整合各学科内容，确保内容之间的联系性和连贯性。

（3）鼓励学生合作：促使学生跨学科合作，鼓励他们分享、讨论和协作，培养团队合作意识和技能。

（4）提供支持与指导：教师在跨学科合作学习中要提供必要的支持与指导，引导学生跨学科思维，解决合作中遇到的问题。

三、合作学习的实践策略

（一）团队建设与合作技能培养

1. 建立信任与尊重

建立信任与尊重是促进团队合作的基础。团队成员之间应建立相互信任的关系，相互尊重彼此的想法和贡献。通过鼓励开放性的沟通和交流，团队成员可以更好地理解彼此，减少误解和冲突，建立良好的合作氛围。在这样的信任和尊重基础上，团队成员能够更好地协作，共同实现团队目标，发挥出团队的最大潜力。教师在团队合作中也扮演着重要角色，引导学生建立信任和尊重，促进团队合作的顺利进行，培养学生的团队合作意识和能力。

2. 明确角色与责任

在团队中，明确角色与责任对于有效的合作至关重要。每位成员应清楚了解自己在团队中扮演的角色和承担的责任，以确保任务分工明确、协作高效。通过明确角色与责任，团队成员可以更好地理解自己的定位，避免任务重叠或遗漏，提高工作效率和质量。同时，明确的角色分工还可以帮助团队成员更好地发挥各自的优势，协作完成任务。教师在团队合作中扮演着指导和监督的角色，应帮助学生明确各自的角色与责任，促进团队成员之间的协作与配合，实现团队合作的顺利进行。

3. 培养团队意识

培养团队意识对于团队合作的成功至关重要。通过团队建设活动和讨论，可以帮助学生意识到团队的重要性，培养其团队意识和合作精神。这种培养过程有助于提高团队的凝聚力，增强团队成员之间的信任和合作意愿。通过团队建设活动，学生可以学会倾听、尊重他人的意见，学会合作、分享和互助，从而更好地融入团队，共同追求团队的目标。教师在团队建设中扮演着重要的引导和促进作用，应通过各种活动和讨论激发学生的团队意识，培养他们的合作精神，从而实现团队的协作和凝聚，共同创造出更好的成果。

（二）任务设计与分工协作

1. 明确任务目标

在合作学习中，明确任务目标至关重要。在设计任务时，应当清晰明确任务的学习目标和要求，确保每位团队成员都能理解任务的重要性。明确的任务目标有助于激发学生的学习动机，指导他们的学习方向，确保团队工作朝着正确的方向前进。学生理解任务目标后，能够更加明确自己的任务职责，明白自己在团队中的作用和重要性，从而更有动力参与合作，并为实现任务目标作出贡献。教师在任务设计中应清晰表达任务目标，向学生解释任务的意义和价值，帮助他们意识到任务的重要性，激发学生的学习热情，促进团队成员的合作和协作，实现任务的高效完成。

2. 合理分工

在合作学习中，合理的分工是确保团队高效运作的关键。根据每位成员的能力和特长，应当合理分配任务，以充分发挥每个人的优势。通过合理的分工，可以让每位团队成员承担符合其能力和兴趣的任务，提高工作效率和质量。合理分工还能激发团队成员的积极性和参与度，减少任务冲突和重复，有利于团队协作的顺利进行。教师在分工过程中应了解每位学生的能力和特长，根据实际情况合理安排任务分工，鼓励学生相互合作、互相支持，共同完成任务。通过合理的分工，团队成员能够更好地发挥自己的优势，实现个人与团队的共同成长和成功。

3. 协调沟通

在合作学习中，协调沟通是确保团队顺利合作的重要环节。建立良好的沟通机制能够确保团队成员之间能够及时沟通、协调工作，并有效解决问题。通过有效沟通，团队成员可以分享想法、交流进展、提出建议，从而增进彼此的理解和合作，推动团队任务的顺利完成。良好的沟通机制还可以减少误解和冲突，增强团队协作的效率和效果。教师在团队合作中应鼓励学生进行开放、及时的沟通，建立互相尊重和倾听的氛围，促进团队成员之间的有效互动。同时，教师也可以设立团队会议、在线平台等沟通工具，帮助团队成员进行交流与协调，及时解决问题，确保团队合作的顺利进行。通过良好的协调沟通，团队成员能够更好地协作配合，共同实现团队目标，提升团队整体绩效。

（三）沟通与反馈机制

1. 促进有效沟通

促进有效沟通是团队合作中至关重要的一环。鼓励团队成员开放、坦诚地交流意见和想法，可以确保信息的流畅传递，减少误解，促进团队合作的顺利进行。通过开放的沟通氛围，团队成员可以更好地理解彼此的想法和立场，增进相互间的信任和合作。鼓励坦诚交流还能激发团队成员的创造性思维，促进问题的全面讨论和解决，提高团队的绩效和效率。教师在团队合作中扮演着引导者的角色，应该鼓励学生开放地表达意见，倾听和尊重他人观点，建立良好的沟通氛围。通过有效的沟通，团队成员可以更好地协作，共同实现团队目标，提高团队的合作水平和成果。因此，促进团队成员之间的有效沟通是确保团队合作顺利进行的关键因素之一。

2. 建立反馈机制

建立有效的反馈机制在团队合作中起着至关重要的作用。通过建立反馈机制，团队成员可以及时了解自己的表现和团队的进展情况，从而促进改进和提高。有效的反馈可以帮助团队成员识别自身的优势和不足，明确改进方向，促进个人和团队整体的成长。同时，反馈还可以增进团队之间的互信和合作，促进团队成员之间的积极互动和学习。教师在团队合作中应设立明确的反馈机制，鼓励团队成员相互之间和教师之间进行开放、真诚的反馈，提供具体、建设性的意见和建议。通过及时的反馈，团队成员可以根据反馈信息调整自己的行动和表现，提高团队的整体效能和绩效。因此，建立有效的反馈机制是确保团队合作高效进行、达成优质成果的关键所在。

3. 重视集体讨论

重视集体讨论是促进团队合作和提升团队效率的重要方式。定期组织团队讨论会议，让每位成员有机会分享观点、提出建议，共同改进工作。通过集体讨论，团队成员可以交流想法、分享经验，激发创新思维，促进团队共识的形成。每位成员都有机会参与讨论、表达意见，增强团队凝聚力，提高团队成员的责任感和归属感。定期的团队讨论会议也有助于发现问题、解决困难，促进团队工作的高效进行。教师在团队合作中应重视集体讨论的重要性，鼓励团队成员积极参与讨论，倾听他们的意见和建议，共同制定解决问题的方案。通过集体讨论，团队成员可以共同改进工作，提高团队的整体绩效，达到共同目标。因此，重视集体讨论是促进团队合作、提升团队效率的关键策略之一。

四、合作学习的评价与效果

（一）评估合作学习的有效性

评估合作学习的有效性对于确保教学质量和学生学习成果至关重要。有效的评估方法能够帮助教师了解合作学习的效果，发现问题并及时调整教学策略，促进学生的综合发展。

1. 定期的反馈：定期向学生征求反馈意见，了解他们对合作学习过程的感受和建议，以便及时调整教学方法和组织形式。

2. 学习成果展示：要求学生展示他们在合作学习中取得的成果，如展示项目作品、演示学习成果等，以评估学生的学习效果和表现。

3. 学生自我评价：鼓励学生进行自我评价，让他们反思自己在合作学习中的表现和收获，帮助他们认识到自身的优势和不足，促进个人成长和发展。

4. 小组评价：让小组成员相互评价，评估彼此的贡献和合作效果，以促进团队内部的合作和协作精神。

5. 教师观察：教师可以通过观察学生的表现、参与度和互动情况来评估合作学习的效果，及时发现问题并进行调整。

（二）合作学习对学生学习成果的影响

1. 思维深化：通过合作学习，学生从与他人的互动中获得不同的观点和思考方式，促使他们思维更加深入和全面。学生可以通过讨论、分享和合作，拓展思维广度，从而提高学习成果的质量。

2. 团队合作意识：在合作学习中，学生需要与他人合作完成任务，这有助于培养他们的团队合作意识和团队精神。学生学会倾听、尊重他人意见，学会协作、分享和互助，从而提高团队整体的学习成果。

3. 解决问题能力：合作学习促进学生共同探讨和解决问题，培养他们的解决问题能力和创造性思维。通过与他人合作，学生可以从不同角度思考问题，找到更有效的解决方案，提高学习成果的创造性和实用性。

4. 沟通能力：合作学习强调团队成员之间的有效沟通和交流，帮助学生提高沟通能力和表达能力。良好的沟通能力有助于学生更好地理解他人观点、表达自己想法，促进合作学习的顺利进行，进而提高学习成果的质量。

5. 综合素质发展：合作学习不仅促进学生学科知识的掌握，还培养学生的综合素质，如批判性思维、创新能力、团队合作能力等。通过合作学习，学生在实践中不断提升自身的能力和素质，实现个性化、全面发展。

（三）合作学习与个体发展的关系

1. 培养自信心：通过合作学习，学生在团队合作中能够体验成功和失败，逐渐建立自信心。与他人合作并取得共同成果可以增强学生的自信心，激发其学习动力和积极性。

2. 促进自主学习能力：在合作学习中，学生需要自主学习、自主解决问题，培养了他们的自主学习能力和自主思考能力。通过合作学习，学生学会独立思考、主动探索，提高自主学习的能力。

3. 强化团队合作意识：合作学习促进了学生的团队合作意识和团队精神。在团队合作中，学生学会倾听、尊重他人意见，学会协作、分享和互助，培养了团队合作的意识和技能。

4. 提高解决问题能力：合作学习锻炼学生的解决问题能力和创新思维。通过与他人合作解决问题，学生可以从不同角度思考问题，找到更有效的解决方案，提高解决问题的能力。

5. 促进社交能力和人际关系：合作学习有助于促进学生的社交能力和人际关系的发展。在团队合作中，学生学会与他人合作、沟通和协调，建立良好的人际关系，提高与他人相处的能力。

5. 培养领导能力和团队合作精神：通过合作学习，学生有机会扮演不同角色，培养领导能力和团队合作精神。学生在团队中学会协调、组织和领导，培养了领导能力和团队合作的精神。

第六章 语言文化视角下的英语教学艺术

第一节 文化意识与文化素养的培养

一、语言与文化的密切关系

（一）语言是文化的载体

语言不仅是人类交流的工具，更是文化传承和表达的重要方式。通过语言，人们传递和沟通文化价值观念、情感和知识，反映了一个民族或群体的思维方式和生活方式。不同语言中的礼貌用语、称谓方式、祝福语等都反映了不同文化背景下的社会关系和价值观念。语言承载着丰富的文化信息，是文化传承和表达的重要载体，通过语言学习和交流，我们可以深入了解不同文化背景下的思维模式、生活习惯和社会价值观念。

（二）语言背后的文化信息

每种语言都承载着独特的文化信息，包括词汇、成语、谚语等，这些语言元素反映了当地的历史、传统和生活方式。通过学习语言，我们可以了解到不同文化背景下的独特表达方式和思维模式，加深对这些文化的理解和尊重。例如，中文的成语和谚语蕴含着丰富的历史和文化内涵，反映了中国人的价值观和智慧。在西方语言中，如英语、法语等，不同的词汇和习惯用语也反映了西方文化的特点和传统。通过学习这些语言元素，我们可以窥探不同文化背景下的生活方式、价值观念和社会习惯，从而增进对这些文化的理解和尊重。语言不仅是沟通的工具，更是文化的载体和表达方式，通过深入学习和体验不同语言的文化元素，我们可以拓宽视野，拥有更广阔的世界观，促进跨文化交流和理解的进程。因此，语言学习不仅是提高沟通能力的途径，更是了解和尊重不同文化的桥梁，有助于构建和谐多元的社会。

（三）语言学习与文化背景

在语言学习过程中，了解目标语言所处的文化背景是至关重要的。只有了解目标文化的价值观念、习俗和历史，才能更好地理解和运用语言。例如，在英语学习中，了解英美文化的差异可以帮助学生更准确地运用英语表达自己的思想和观点。

通过深入了解目标语言所处的文化背景，学习者可以更好地理解语言中蕴含的文化内涵，从而更准确地把握语言的使用场景和语境。以英语学习为例，英美文化虽然共享同一语言，但在价值观念、习俗和社会规范方面存在着差异。了解这些差异可以帮助学生更好地理解英语中的一些表达方式和用词习惯，避免误解或不当使用。同时，通过了解文化背景，学生还能更好地融入英语国家的社会环境，提高跨文化交际的能力。

在语言学习过程中，了解文化背景也有助于拓展学生的视野，增进对不同文化的尊重和理解。通过学习目标文化的历史、传统和价值观念，学生可以培养跨文化交流的意识和能力，拓展自己的国际视野，从而更好地适应多元文化的社会环境。

因此，语言学习与文化背景的结合是十分重要的，能够帮助学生更全面地掌握语言，提高语言运用能力，同时也促进跨文化交流与理解，培养学生的国际视野和文化素养。

（四）结合语言与文化的教学方法

在教学中，注重结合语言与文化的教学方法对于促进学生的文化意识和素养至关重要。通过设计涵盖文化元素的教学内容，引导学生了解语言背后的文化内涵，可以激发学生对文化的兴趣，提高他们的文化意识和素养。

1. 文化背景介绍：在课堂中引入目标语言国家的文化背景介绍，包括历史、传统、习俗等，帮助学生了解语言所处的文化环境，增强他们对文化的认识和理解。

2. 文化差异比较：通过比较不同文化背景下的习俗、价值观念等，让学生意识到文化之间的差异和共通之处，促进跨文化交流与理解，拓宽学生的视野。

3. 文化体验活动：组织学生参与文化体验活动，如文化展示、传统节日庆祝、美食品尝等，让学生亲身感受目标文化的魅力，加深对文化的体验和认知。

4. 角色扮演：设计角色扮演活动，让学生扮演不同文化背景下的角色，体验不同文化间的交流互动，提高跨文化交际能力。

5. 文化讨论小组：组织学生参与文化讨论小组，让他们分享和交流对文化的看法和理解，促进同学之间的文化交流与合作。

二、文化意识的培养

（一）语言与文化之间的联系

1. 语言与文化的关系

语言与文化之间存在密切联系，语言不仅是交流的工具，更是文化的载体。通过学习一门语言，人们不仅掌握了词汇和语法，更深入地了解了背后蕴含的文化内涵。语言反映了人们的文化观念、价值体系和社会习俗，通过语言学习，人们可以逐渐领悟这些文化元素。因此，语言学习不仅是为了提高交流能力，更是为了更好地理解和融入目标文化。

2. 语言传承文化

词汇与文化观念：语言中的词汇反映了人们对世界的认知和重视的事物，体现了文化的独特视角。

语法与思维方式：语言的语法结构影响着人们的思维方式和逻辑推理，不同语言的语法体现了不同文化背景下的思考方式。

社会习俗与礼仪：语言中的礼貌用语、称谓方式等反映了社会的等级关系和人际交往方式，揭示了文化中的尊重和礼仪观念。

3. 意识到语言与文化的联系

通过学习语言，学生可以逐渐领悟语言与文化之间的紧密联系，拓宽视野，增进跨文化交流能力。这种意识有助于学生更深入地理解目标文化，避免文化冲突和误解，促进不同文化间的相互尊重和包容。因此，语言教育不仅关注语言表达能力的培养，更应注重培养学生的跨文化意识和文化素养。

（二）尊重与理解不同文化

1. 文化教育：为学生提供多元文化的知识，让他们了解不同文化的历史、价值观和传统，拓宽视野，增进对多样性的认识。

2. 跨文化体验：组织学生参与跨文化交流活动、实地考察或文化体验，让他们亲身感受不同文化，促进文化间的交流与理解。

3. 开放思维：引导学生保持开放的心态，尊重不同文化背景下的观念和习俗，消除对陌生文化的偏见和成见。

4. 跨文化交流能力：培养学生的跨文化交流能力，包括跨文化沟通技巧、文化适应能力等，使他们具备与不同文化背景人群交流的能力和意识。

5. 倡导包容性：教育学生尊重文化差异，倡导包容性思维，鼓励学生在跨文化交流中展现尊重和理解，促进不同文化之间的和谐共存。

（三）开放包容的文化观念

1. 跨文化教育：通过课程设置和教学活动，引导学生了解和尊重不同文化，拓宽视野，培养包容心态。

2. 文化交流活动：组织跨文化交流活动，让学生亲身体验不同文化，促进文化间的相互理解和融合。

3. 文化体验项目：开展文化体验项目，让学生参与文化活动、传统节日庆祝等，深入感受不同文化的魅力和独特之处。

4. 鼓励探索：鼓励学生积极探索和接纳新事物，培养开放的思维方式，拒绝偏见和歧视，欣赏文化多样性。

5. 启发思考：通过引导学生思考文化差异背后的原因和意义，促使其形成独立思考和包容的文化观念。

（四）培养国际视野

1. 全球意识教育：引导学生了解全球事务、国际关系，培养对全球性问题的认识和理解，树立全球意识。

2. 国际交流项目：组织学生参与国际交流项目、交换生计划等，让他们亲身体验不同国家和文化，增强跨文化交流能力。

3. 外语学习：鼓励学生学习多种外语，提高跨文化沟通能力，促进与不同国家人士的交流和合作。

4. 国际课程设置：开设国际课程、国际文化研究等课程，让学生深入了解不同国家和地区的文化、历史和社会。

5. 国际合作项目：促进学校与国际机构、学校的合作，开展国际交流与合作项目，为学生提供更广阔的国际视野和机会。

三、文化素养的培养

（一）语言学习与文化内涵

通过语言学习，学生可以深入了解背后的文化内涵，探讨词汇、习惯等反映的文化意义，从而拓宽视野，加深对文化的理解。语言不仅是交流工具，更是文化的载体，通过学习语言，学生能够逐步领悟不同文化背景下的价值观念、社会习俗，提升文化素养，促进跨文化交流与理解。

（二）参与文化活动

参与文化活动对学生的文化素养提升至关重要。鼓励学生积极参与各类文化活动，如传统节日庆祝、文化展览等，能让他们亲身体验不同文化，感受文化的魅力，促进文化交流与融合。参与这些活动不仅可以让学生了解不同文化的传统和习俗，还能激发他们的兴趣，拓宽视野。在传统节日庆祝中，学生能深入体验当地风俗文化，感受民俗活动的独特魅力；参观文化展览则能让他们接触到当代艺术、历史文物等，增强对文化的认知和理解。通过亲身参与，学生不仅能感受到文化的多样性和丰富性，还能促进跨文化交流与融合，培养包容心和尊重他者的态度。这种经历不仅开阔了学生的视野，还为他们建立起与不同文化交流的桥梁，为未来的国际交往打下坚实基础。因此，鼓励学生积极参与文化活动，是培养他们全面发展和提升文化素养的重要途径。

（三）跨文化交际能力

通过鼓励学生参与跨文化交流、交换项目等活动，可以有效提高他们的跨文化交际能力。这样的经历有助于培养学生的包容性和尊重不同文化的态度，使他们更加乐于接触和理解来自不同背景的人，促进文化间的相互交流与融合。

（四）文化素养课程

设置专门的文化素养课程对学生的全面发展和文化素养的提升至关重要。这样的课程涵盖文化历史、传统习俗、价值观等内容，旨在引导学生全面了解和尊重各种文化。通过这些课程，学生可以深入学习不同文化背景下的历史演变、传统习俗的演变与意义，以及不同文化背景下的价值观。这种全面的文化教育有助于拓宽学生的视野，增进对多元文化的认知和理解，培养他们的包容心和尊重他人的态度。通过学习文化素养课程，学生可以更好地理解不同文化之间的联系和差异，从而更好地适应多元社会的环境，提升自身的文化修养和综合素质。这些课程的开设不仅可以帮助学生建立跨文化意识，还可以促进文化交流与融合，培养学生成为具有全球视野和包容性的国际公民。因此，设置专门的文化素养课程是教育领域重要的一环，为培养未来社会的文化精英和全球公民打下坚实基础。

（五）实践与体验

组织学生参与实地考察和文化体验项目是提升他们文化素养的有效途径。通过这些活动，学生能够深入了解不同文化背景，从而培养他们的文化敏感性和包容心态。实地考察让学生亲身体验文化的魅力，观察当地风土人情，了解文化传统与习俗。这样的体验不仅丰富了学生的见识，也增强了他们对文化多样性的认识和理解。参与文化体验项目，如传统手工艺制作、民俗表演等，能让学生感受到文化的生动性和独特之处，激发对文化的热爱与尊重。通过亲身体验，学生不仅能加深对文化的理解，还能培养与他人交流互动的能力，提升跨文化交流的技巧和意识。这样的实践活动不仅可以激发学生的学习兴趣，还能促进他们的全面发展和个性成长。因此，组织学生参与实践与体验活动，是培养他们文化素养、开宽视野、培养包容心态的重要举措，为他们未来的成长和社会交往打下坚实基础。

四、语言文化视角下的教学策略

1. 设计涵盖文化元素的教学内容：包括文化背景介绍、文化差异比较等，让学生了解语言背后的文化内涵，拓宽视野，加深对文化的理解。

2. 创设具有文化特色的学习环境：通过装饰教室、展示文化物品等方式，营造具有文化特色的学习氛围，激发学生的文化兴趣和学习动力。

3. 引入文化体验活动：如文化展示、文化交流等，让学生参与实际的文化体验，促进他们对文化的感知和认知，加强学习体验。

这些教学策略有助于提升学生的跨文化意识，培养他们对文化的敏感性和包容心态，同时激发学生的学习兴趣，促进他们在语言学习中更全面地理解和应用文化知识。通过融合语言与文化的教学，可以使学生在语言习得的过程中更加深入地认识和欣赏不同文化，为其成为具有全球视野的终身学习者奠定坚实基础。

第二节　文化导入与文化体验的设计

一、文化导入的重要性

（一）激发学习兴趣

文化导入在教学中扮演着重要角色，能够增加教学内容的多样性，吸引学生的注意力，激发他们的学习兴趣，使学习过程更加生动有趣。

通过引入文化元素，教学内容得以丰富和多样化，使学生在学习过程中不仅仅是学习语言知识，更是了解和体验目标文化的方方面面。这种跨文化体验能够激发学生的好奇心和探索欲，使他们更加投入到学习中。

文化导入还可以让学生从不同的角度去理解语言知识，帮助他们建立起更加深刻和丰富的语言认知。通过文化元素的引入，学生可以在语言学习中获得更多的情境和背景信息，从而更好地理解和运用所学的语言知识。

此外，文化导入也可以培养学生的跨文化意识和文化素养，促进学生对多样文化的尊重和理解。通过文化导入，学生可以拓宽视野，增进对世界的认知，培养包容心和跨文化交流能力。

因此，文化导入不仅仅是为了丰富教学内容，更是为了激发学生的学习兴趣，促进他们全面发展，并为未来的跨文化交流打下坚实基础。

（二）增进文化了解

文化导入在教学中扮演着重要角色，通过引入文化元素，可以帮助学生深入了解目标文化的传统、习俗、价值观等，从而增进对目标文化的了解和尊重，促进跨文化交流与理解。

通过文化导入，学生可以接触到目标文化的各个方面，了解文化的背景、历史、传统等元素，从而形成更全面的文化认知。这种深入了解有助于打破文化隔阂，促进不同文化之间的交流与融合。

文化导入还可以引发学生对文化的好奇心和探索欲，激发其对目标文化的兴趣，从而主动去了解和学习。透过文化导入，学生能够更加细致地体会到文化的独特魅力，增强对文化的尊重和理解。

通过深入了解目标文化，学生可以培养跨文化交流与理解的能力，拓宽视野，增进对世界的认知，促进不同文化之间的相互尊重与包容。这种文化导入不仅有助于学生的学术发展，更能培养他们成为具有全球视野和跨文化能力的终身学习者。

因此，通过文化导入增进文化了解，可以为学生打开一扇了解世界、尊重多元文化的窗户，促进跨文化交流与理解，为其未来的成长和发展奠定坚实基础。

（三）提高学习效率

文化导入在教学中扮演着关键角色，能够帮助学生更好地理解语言背后的文化内涵，使语言学习更具深度和意义，从而提高学习效率和记忆度。

通过文化导入，学生不仅学习语言知识，还了解语言所蕴含的文化信息，从而使学习更加生动有趣。理解语言背后的文化内涵有助于学生更深入地掌握语言的应用场景和语境，使语言学习更加贴近实际应用。

文化导入还能激发学生对学习的兴趣和热情，让他们更加投入到学习中。通过文化元素的引入，学生可以在学习过程中建立更为丰富的联想和联系，帮助记忆语言知识，提高学习效率和记忆度。

此外，文化导入也有助于拓展学生的认知领域，培养跨文化意识和综合素养。通过深入了解文化背景和价值观，学生可以更好地理解不同文化之间的差异和共通之处，促进跨文化交流与理解，为其成为具有全球视野的终身学习者奠定基础。

因此，文化导入不仅能提高学生的学习效果和记忆度，更能激发学习兴趣，促进跨文化理解与交流，为学生的综合发展和学习成就提供有力支持。

二、设计文化导入的方式

（一）利用多媒体资源展示目标文化

利用多媒体资源展示目标文化是一种有效的文化导入方式，能够通过图片、视频、音频等多媒体形式展示目标文化的特点、传统、风俗习惯，让学生通过视听的方式直观感受和了解目标文化，激发他们的兴趣和好奇心。

通过图片展示，学生可以看到目标文化的建筑、服饰、美食等方面，直观感受不同文化的视觉特点和美丽风景，增强对文化的认知和理解。观看相关视频可以让学生身临其境地了解目标文化的日常生活、传统节日、艺术表演等，拉近与目标文化的距离，使学生更加投入和感受其中。音频资源可以带领学生聆听目标文化的音乐、语言、民俗故事等，通过听觉方式加深对文化的体验和认知。

这种多媒体展示方式不仅生动直观，而且能够激发学生的好奇心和学习兴趣，使学习过程更加生动有趣。通过视听方式直观感受目标文化，学生可以更深入地了解和体验不同文化，促进跨文化交流与理解，为其成为具有全球视野的终身学习者打下坚实基础。

（二）组织文化主题讨论

组织文化主题讨论是一种有益的文化导入方式，通过引导学生参与讨论，探讨文化差异和相似之处，拓宽视野，促进学生对不同文化的理解和尊重。通过讨论，学生可以从多角度思考文化问题，增进对文化多样性的认知。

在文化主题讨论中，学生有机会分享自己的文化背景和经历，了解他人的文化视角，从而促进跨文化交流与理解。通过探讨文化差异和相似之处，学生能够更深入地了解不同文化的特点和价值观，拓宽视野，培养包容心和尊重他人文化的态度。

文化主题讨论还能激发学生的批判性思维和跨文化意识，帮助他们从多角度思考文化问题，认识到文化的多样性和丰富性。通过交流和讨论，学生可以深化对文化多样性的认知，拓展认知边界，增进对世界的理解和尊重。

这种组织文化主题讨论的方式不仅有助于学生提升跨文化交流能力，还能促进学生对不同文化的理解和尊重，培养其成为具有全球视野的终身学习者。通过讨论文化主题，学生可以更加全面地认识和体验不同文化，为建设一个包容和谐的社会作出贡献。

（三）设置情境教学

通过情境教学设计让学生在真实场景中体验目标文化是一种强有力的文化导入方式，能够增强学习体验，加深对文化的理解和记忆。例如，组织文化体验活动、实地考察等，让学生亲身感受目标文化的生活方式、传统习俗。

在文化体验活动中，学生可以参与各种文化活动，如传统节日庆祝、手工艺制作、民俗表演等，从而深入体验目标文化的魅力和独特之处。通过亲身参与，学生不仅能感受到文化的生动性和活力，还能更加深入地理解文化的内涵和价值观。

另外，实地考察也是一种有效的情境教学方式，让学生走出课堂，亲临目标文化的实际场景，观察、体验、感受。通过实地考察，学生可以目睹目标文化的生活方式、建筑风格、社会习俗等，加深对文化的理解和记忆，使学习更加具体和深刻。

这种情境教学设计不仅可以增强学生对文化的体验和认知，还能激发学生的学习热情和好奇心，促进跨文化交流与理解。通过让学生在真实场景中亲身体验目标文化，可以使他们更深入地了解和融入不同文化，为其跨文化素养的培养和全面发展提供有力支持。

三、文化体验的设计原则

1. 注重情感体验

让学生通过参与活动真正感知文化是关于文化体验的重要原则，通过这种参与方式，学生可以产生情感共鸣，增强对文化的认知和理解。创造令人难忘的体验，激发学生情感上的共鸣和连接，有助于帮助他们更深入地体验和理解文化的内涵。

通过参与文化活动，学生可以亲身感受文化的独特之处，从而在情感上与文化产生共鸣。这种情感共鸣可以加深学生对文化的认知和理解，使学习不再仅仅停留在知识层面，而是融入情感和体验，使学生更加全面地领悟文化的深刻内涵。

创造令人难忘的体验可以激发学生情感上的共鸣和连接，让学生在体验过程中建立起与文化的情感联系。这种情感共鸣有助于加深学生对文化的体验和理解，使学习过程更加生动有趣，激发学生对文化的热爱和探索欲望。

通过创造真实而难忘的文化体验，学生可以更深入地感知和理解文化的内涵，从而在情感上与文化建立更为紧密的联系。这种体验不仅可以帮助学生更好地理解目标文化，还能激发他们对文化的兴趣和热爱，促进跨文化交流与理解，为其成为具有全球视野的终身学习者奠定坚实基础。

2. 提供多样化的体验活动

（1）设计多样化的体验活动

设计多样化的体验活动对于学生全面感知目标文化具有重要意义。通过举办文化展览，学生可以深入了解目标文化的艺术、历史和传统；举办传统节日庆祝活动，则能让学生亲身体验目标文化的节庆氛围和习俗，增进对文化传统的认知和理解；同时，组织文化交流活动可以让学生与目标文化的人群互动，促进跨文化交流与理解。通过这些多样化的体验活动，学生不仅可以在知识层面了解目标文化，还能从情感、体验、互动等多个维度全面感知目标文化，拓宽视野、增进人文素养，促进跨文化交流与融合。

（2）多样性体验

多样性体验是通过涵盖文化的各个方面，让学生在多元体验中拓宽视野，深化对文化的认知和体验。这种体验不仅包括参观博物馆、艺术展览等传统形式，还应该包括参与传统工艺制作、民俗活动体验、地道美食品尝等更为亲身和实践性的活动。通过参与这些多样性体验，学生可以更全面地了解目标文化的历史、价值观、生活方式等多个方面，拓展自己的认知边界，增进对文化的尊重和理解。此外，多样性体验还可以激发学生的创造力和想象力，促进他们对文化的情感投入，实现文化体验的深度和广度的统一，从而更好地融入和传承目标文化。

（3）文化展览

对于文化展览活动，可以安排学生参观各种形式的展览，如艺术画展、历史文物展、民俗风情展等，通过视觉、听觉等多种感知方式，让学生深入体验和理解文化内涵。参观艺术画展可以让学生领略艺术家的创作风采，感受艺术作品背后的文化意蕴；参观历史文物展可以帮助学生了解文化传统的渊源和演变；参观民俗风情展则能让学生体验到文化的生活气息和民间传统。通过参与文化展览，学生可以拓宽视野、增进知识，培养审美情趣，激发对文化的兴趣，从而全面感知和理解所学文化，提升自身的人文素养和跨文化交流能力。

（4）传统节日庆祝

在传统节日庆祝活动中，组织学生参与其中可以让他们亲身体验并了解传统文化的价值和意义。通过参与传统节日的庆祝活动，学生可以感受到节日带来的喜庆氛围和人们团聚的欢乐，深刻体会到传统文化对人们生活的影响和意义。例如，参与春节的庆祝活动可以让学生了解中国传统的家庭团聚文化和祈福祭祖习俗，增进对传统价值观的认知；参与端午节的龙舟比赛可以让学生体验到团结合作和挑战自我的精神。通过这样的活动，学生可以在亲身参与中感受到传统文化的魅力，加深对文化传统的理解和尊重，同时也促进跨文化交流与融合。

（5）文化交流

安排文化交流活动对于学生与不同文化背景的人互动至关重要，可以促进跨文化理解和交流。通过这样的活动，学生可以与来自不同文化背景的人员进行交流互动，分享彼此的文化特色、传统习俗、价值观念等，从而拓宽视野、增进跨文化认知。这种交流不仅可以让学生更好地理解和尊重他人的文化，还能激发学生对多元文化的兴趣和好奇心，培养包容性思维和跨文化沟通能力。通过与不同文化背景的人交流，学生可以打破文化隔阂，促进文化融合与共生，培养国际视野和全球意识，为未来的跨文化交流和合作奠定良好基础。

3. 鼓励学生自主探索

（1）提供自主探索机会

提供自主探索机会对于学生感悟文化内涵至关重要。通过给学生展开自主探索的机会，他们可以根据个人兴趣和需求选择参与不同类型的文化活动，从而深入体验并感悟文化内涵。这种自主探索可以包括参观博物馆、艺术画廊、历史遗迹等地方，参与传统手工艺制作、民俗活动体验等实践性活动，或者独自阅读、研究相关文化资料等方式。通过自主探索，学生可以更加深入地了解目标文化，培养独立思考能力和学习兴趣，激发对文化的独特理解和体验。这样的体验不仅可以加深学生对文化的认知和理解，还能培养其对文化的热爱和传承的责任感，促进个人全面发展和跨文化交流能力的提升。

（2）引导学生主动思考

在体验过程中引导学生主动思考、探索是帮助他们深入理解文化的重要方法。通过提出问题、启发思考，激发学生对文化背景、传统习俗、艺术表达等方面的思考和探索。可以组织讨论、小组分享、写作反思等活动，引导学生从多个角度思考和理解所体验的文化内容。同时，可以鼓励学生提出自己的见解和观点，促进学生之间的交流和互动，从而形成更加丰富和深入的认知。通过引导学生主动思考，他们可以培养批判性思维、创造性思维和综合性思维能力，提升对文化的感知和理解水平。这样的引导不仅可以使学生在体验中得到更多启发和收获，还能促进他们对文化的深入思考，培养出具有独立见解和思考能力的文化素养。

（3）激发学生的好奇心和学习兴趣

通过自主探索可以激发学生的好奇心和学习兴趣，让他们发现文化的魅力和深度。给予学生自主选择和探索的机会，让他们根据个人兴趣和偏好主动选择参与文化活动，从而激发好奇心和求知欲。通过自主探索，学生可以亲身体验并深入了解文化内涵，不断发现文化的新奇和魅力，从而激发学习的热情和动力。在这个过程中，学生会不断追问问题、寻找答案，拓展知识边界，培养自主学习和探究的能力。这种基于好奇心和兴趣驱动的学习方式能够激发学生的学习潜能，提升他们对文化的理解和认知水平，培养他们对文化的独特感悟和体验，从而更好地传承和弘扬文化。通过激发学生的好奇心和学习兴趣，可以使他们在文化探索中获得更多的乐趣和成长。

（4）培养对文化的持续关注和探索精神

培养学生对文化的持续关注和探索精神是非常重要的，可以帮助他们建立对文化的深刻理解和认知。通过激发学生对文化的兴趣和好奇心，引导他们在日常生活中保持对文化的关注和探索。可以通过定期组织文化活动、展览、讲座等方式，持续激发学生的学习兴趣，让他们保持对文化的持续关注。同时，鼓励学生积极参与文化活动，不断拓宽自己的文化视野，加深对文化内涵的理解和认知。通过建立良好的学习氛围和文化氛围，可以培养学生对文化的热爱和传承意识，使他们在学习和生活中始终保持对文化的关注和探索精神。这样的持续关注和探索可以使学生建立起对文化的深刻理解和认知，不断丰富自己的文化素养，为跨文化交流和文化传承打下坚实基础。

四、教学实践中的应用

1. 设计文化主题任务

设计文化主题任务是一种有趣而具有教育意义的方法，通过任务的完成过程让学生亲身体验目标文化。例如，可以设计一个文化探索任务，要求学生通过阅读、调研或实地考察的方式，深入了解一个特定文化主题，如传统节日、民俗习俗等。学生在完成任务的过程中，不仅可以获取知识，还能体验到文化的魅力和深度，增进对目标文化的理解和认知。

2. 利用角色扮演活动

角色扮演活动是一种生动有趣的教学方式，可以让学生身临其境地扮演不同文化背景的角色，促进跨文化交际和理解。通过角色扮演，学生可以更加深入地体验到不同文化之间的差异和共通之处，从而培养出跨文化沟通的能力和意识。例如，可以设计一个跨文化交流的角色扮演活动，让学生在扮演不同国家的代表时，体会到文化差异对交流的影响，促进对跨文化交际的理解和尊重。

3. 组织文化体验活动

组织文化体验活动是让学生全方位感知目标文化的有效途径，如观影讨论、文化展示、文化交流活动等。通过这些活动，学生可以通过视觉、听觉、互动等多种方式，丰富自己的文化体验，增进对文化的认知和理解。例如，可以组织学生观看一部展现特定文化的电影，并进行深入的讨论和交流；或者组织学生参加一个文化展示活动，让他们亲身感受目标文化的魅力和独特之处。这样的活动不仅可以提升学生的文化素养，还能促进跨文化交流与融合，培养学生的国际视野和全球意识。

在教学实践中，结合设计文化主题任务、角色扮演活动和组织文化体验活动，可以帮助学生在体验中深入了解目标文化，培养他们的跨文化交流能力和文化素养，促进他们的全面发展和跨文化理解。这些方法的运用不仅可以使教学更加生动有趣，还能激发学生的学习兴趣，提升他们对文化的认知和理解水平，为跨文化交流与合作打下坚实的基础。

第三节　跨文化交际与语言表达的培养

一、跨文化交际能力的重要性

（一）融入国际社会

具备跨文化交际能力的学生能更好地融入国际社会。他们能够与来自不同文化背景的人进行有效沟通和合作，建立积极的人际关系和广泛的社会网络。通过理解和尊重不同文化的差异，这些学生能够消除跨文化交流中可能存在的隔阂和误解，促进友好合作与共同发展。在国际社会中，跨文化交际能力不仅可以帮助学生更好地适应多元文化的环境，还能为他们提供更广阔的发展空间和职业机遇。因此，培养学生的跨文化交际能力是教育的重要任务，有助于他们在全球化背景下更加成功地融入和发展。

（二）拓展国际视野

通过跨文化交际，学生得以接触和了解不同文化的观念、价值观和习俗，从而拓展国际视野，增进对世界的认识和理解。这种跨文化体验让学生能够超越本土文化的限制，开阔眼界，拓展思维，以更宽广的视角去看待世界。通过了解不同文化的特点和背景，学生能够更好地理解世界的多样性和复杂性，增强对全球事务和国际关系的认识。这种国际视野的拓展不仅有助于学生培养包容和开放的心态，还能促进跨文化交流与合作，为其未来的学习、工作和生活奠定更加坚实的基础。

（三）增加尊重与理解

跨文化交际能力的培养有助于学生尊重和理解不同文化，促进文化之间的和谐互动，避免误解和冲突的发生，建立跨文化友好关系。通过学习和体验不同文化，学生能够培养尊重和包容的态度，理解和欣赏文化差异，从而建立起互相尊重和理解的基础。这种尊重和理解的能力有助于促进文化之间的交流与合作，减少文化冲突和误解的可能性，建立跨文化友好关系。通过培养尊重与理解的能力，学生可以更好地适应多元文化社会的环境，拓展人际关系和社会网络，为构建一个更加和谐、包容的世界作出积极贡献。

（四）提高适应能力

通过跨文化交际的训练，学生可以提高适应不同文化环境的能力。这种训练有助于增强学生在跨文化背景下的自信和灵活性，使其更具包容性和适应性。学生通过与不同文化背景的人交流互动，逐渐培养出解决跨文化交流中问题和挑战的能力。他们学会尊重和理解不同文化，灵活应对文化差异，以开放的心态与他人交流，从而在多元文化环境中更好地适应和融入。这种适应能力不仅有助于学生在国际社会中取得成功，还能培养出具有全球视野和跨文化背景的人才，为其未来的职业发展和国际合作打下坚实基础。因此，跨文化交际的训练是培养学生适应能力的重要途径，有助于他们成为具有全球胸怀和国际视野的综合型人才。

（五）提高沟通效果

具备跨文化交际能力的学生能够理解并适应不同文化背景下的交流方式，从而提高跨文化沟通的效果和效率。他们能够更好地解读他人的言行举止，避免因文化差异而产生的误解和偏差，有效地进行跨文化交流。通过对文化背景的了解和尊重，这些学生能够选择合适的沟通方式和表达方式，提高信息传达的准确性和清晰度，促进良好的跨文化沟通效果。减少跨文化沟通中的误解和偏差有助于建立信任和友好关系，促进文化之间的交流与合作。因此，跨文化交际能力的培养不仅有助于提高沟通效果和效率，还能促进跨文化交流的顺畅进行，为个人和组织的国际化发展提供重要支持。

二、语言表达能力的培养

（一）词汇量的扩充

扩充词汇量对于学生的语言表达能力至关重要。通过增加词汇量，学生可以拓展表达方式，更准确地传达自己的想法和观点。词汇量的积累可以通过多种方式进行，包括阅读、听力、词汇记忆等。阅读丰富的书籍和文章可以帮助学生接触各种词汇并理解其用法，同时提高词汇量。通过聆听不同类型的语音材料，学生可以学习新词汇并加强记忆。词汇记忆练习，如使用记忆卡片或应用程序进行词汇练习，也是提高词汇量的有效方法。这些方式有助于学生建立丰富的词汇库，提高语言表达的准确性和丰富度，使其能够更流畅、更具说服力地表达自己的思想和情感。因此，扩充词汇量是提升学生语言表达能力的重要途径，对于他们在学术、职业和社交领域的发展至关重要。

（二）语法准确性的提升

提升语法准确性对于学生的语言表达至关重要。正确的语法运用是语言表达的基础，可以帮助学生清晰地传达思想和观点，避免因语法错误而影响表达效果。通过语法练习和纠错训练，学生能够提高语法准确性，加强对语法知识的掌握和应用能力。教师可以设计针对性的语法练习，结合学生常见的语法错误进行纠错训练，引导他们规范运用语法知识。通过不断地练习和纠错，学生可以逐渐消除语法错误，提高语法准确性，从而在语言表达中展现出更专业和准确的语言能力。这种针对性的语法训练有助于学生建立起良好的语言基础，提升语言表达的质量和准确度，为他们未来的学习和职业发展打下坚实的基础。因此，通过语法练习和纠错训练，学生可以有效提升语法准确性，确保语言表达的清晰度和准确性，提高沟通效果和表达能力。

（三）语言流畅度的提高

提高语言流畅度对于学生的语言表达能力至关重要。语言流畅度指的是语言表达的连贯性和流畅性，能够让学生的表达更具有说服力和效果。通过口语对话、写作练习等形式的训练，可以有效提高学生的语言表达流畅度。鼓励学生多加练习、多加实践，能够帮助他们提高口头和书面表达的流畅性和自信度。通过口语对话的练习，学生可以提高语言交流的即时性和流畅度，锻炼自己清晰表达观点的能力。写作练习则可以让学生有机会思考、组织语言，并提高书面表达的流畅性。鼓励学生多进行语言实践，不断提升语言表达的流畅度，可以帮助他们更好地传达思想和观点，提高沟通的效果和质量。因此，通过口语对话、写作练习等形式的训练，以及不断地实践和反馈，学生可以有效提升语言流畅度，使其语言表达更加自如和生动，提高交流的效率和效果。

（四）多样化训练形式

1. 口语对话

通过口语对话练习，学生可以提高口头表达能力，培养自信心和流利度，同时锻炼即时交流的能力。

2. 写作练习

写作练习可以帮助学生提高书面表达能力，培养逻辑思维和结构化表达能力，同时提升语言组织和文字表达能力。

3. 演讲比赛

参加演讲比赛可以让学生锻炼演讲技巧、提高演讲表达能力，培养自信心和应变能力，同时激发他们的领导力和表达能力。

4. 朗诵比赛

通过参与朗诵比赛，学生可以提高语音语调、情感表达和节奏感，培养语言韵律感和表达力，同时增强自信心和舞台表现能力。

三、跨文化交际与语言表达的结合

结合跨文化交际和语言表达训练，可以让学生在语言运用中更好地体现跨文化意识和文化素养。引导学生通过语言表达传递文化信息，培养他们的文化表达能力，提高跨文化交际的效果。

通过结合跨文化交际和语言表达训练，学生可以更深入地了解不同文化背景下的语言使用规范和表达方式，从而更好地适应和理解跨文化交际中的文化差异。教师可以引导学生在语言表达中融入特定文化元素，如俚语、谚语、习俗等，以增强文化表达的深度和丰富度。同时，通过训练学生在语言表达中传递文化信息的能力，可以培养他们的文化敏感性和包容心，增强在跨文化交际中的理解和尊重他人文化的能力。

培养学生的文化表达能力不仅可以提高他们的语言表达水平，还可以促进跨文化交际的效果和成效。通过结合跨文化交际和语言表达训练，学生可以在语言运用中展现出更加丰富和深刻的文化意识，提升跨文化交际的质量和效果，同时也为他们的综合发展和国际视野的提升打下坚实基础。因此，教育者应重视跨文化交际与语言表达的结合，引导学生在语言运用中体现出丰富的文化素养，为其未来的跨文化交际和职业发展奠定良好基础。

四、教学实践中的应用

（一）设计跨文化交际任务

在当今全球化的背景下，跨文化交际能力变得越来越重要。为了帮助学生更好地理解和应对不同文化背景下的交流挑战，我们设计了一系列富有挑战性和启发性的跨文化交际任务。通过这些任务，学生将有机会体验到在多元文化环境中沟通的复杂性，培养跨文化交际的技能和信心。

任务一：模拟跨文化交流场景

在这个任务中，学生将被分成跨文化团队，每个团队代表不同的文化背景。他们将被要求共同完成一个项目，需要在沟通、决策和解决问题过程中克服文化差异带来的障碍。通过模拟真实的跨文化工作环境，学生将学会尊重和欣赏不同文化间的差异，提高协作能力和解决问题的技能。

任务二：解决文化差异引发的问题

在这个任务中，学生将被提供一些真实发生的文化冲突案例，要求他们分析问题根源并提出解决方案。通过思考文化差异可能带来的误解和冲突，学生将学会更好地理解和应对跨文化交流中的挑战，培养包容性和解决问题的能力。

任务三：展示对不同文化的理解和尊重

在这个任务中，学生将被要求选择一个自己不熟悉的文化，进行深入研究并展示给全班同学。通过分享和交流，学生将增进对其他文化的理解和尊重，拓宽视野，培养包容性和开放性思维。

（二）多样化的语言活动设计

多样化的语言活动设计是促进学生语言表达能力提升的重要途径。通过结合语言表达训练，设计角色扮演、辩论赛、文化展示等多种形式的语言活动，可以激发学生的学习兴趣，丰富他们的语言表达技巧，全面提升语言能力。以下是针对不同语言活动的设计和实施方法

1. 角色扮演活动

角色扮演是一种生动有趣的语言活动，可以帮助学生模拟不同文化角色，锻炼语言表达和理解能力。设计一个跨文化角色扮演活动，要求学生扮演来自不同文化背景的人物，在模拟场景中展示对不同文化的理解和尊重。通过扮演不同角色，学生可以深入体验和理解不同文化的思维方式和行为习惯，提升跨文化交际的能力。

2. 辩论赛活动

参与辩论赛可以帮助学生提高逻辑思维和辩论技巧，促进语言表达能力的提升。设计一个跨文化辩论赛活动，让学生就跨文化交际中的话题展开辩论，激发他们思考和表达的能力。通过辩论，学生可以锻炼辩证思维和逻辑推理能力，提升语言表达的清晰度和说服力。

3. 文化展示活动

举办文化展示活动可以让学生展示自己对文化的理解和表达能力。设计一个跨文化文化展示活动，要求学生通过展示文化特色、传统习俗、美食、音乐等方式，展现对不同文化的理解和尊重。通过文化展示，学生可以提升文化表达能力，加深对文化的认知，促进跨文化交际的效果和质量。

通过以上多样化的语言活动设计，可以全面提升学生的语言表达能力，激发他们的学习热情，丰富他们的语言技能，为他们未来的学习、工作和生活打下坚实基础。这样的活动设计不仅能够提升学生的语言能力，还有助于培养他们的文化意识、团队合作精神和综合素养，使其在跨文化交际中更加游刃有余。

（三）提供实践机会

1. 提供跨文化交际实践机会

为了全面提升学生的跨文化交际能力和语言表达能力，提供实践机会是至关重要的。通过参加国际交流活动和志愿者服务等形式，学生将能够在实践中锻炼自己，拓宽视野，增进对不同文化的理解和尊重，从而全面发展个人素养和应对能力。

2. 参加国际交流活动

参加国际交流活动是提升跨文化交际实际能力的重要途径之一。学生将有机会与来

自不同国家和地区的人们互动，体验和感受不同文化带来的魅力和挑战。通过与外国友人交流、合作，学生将提高自己的跨文化交际技能，培养全球化视野和国际意识，为未来的国际合作和交流打下坚实基础。

3. 参与志愿者服务

参与志愿者服务是培养学生人际交往和沟通能力的有效途径之一。通过参与各种志愿活动，学生将接触到各种不同背景和需求的人群，锻炼自己的社交技能和沟通能力。志愿者服务也可以提升学生的语言表达能力，让他们在实践中运用所学语言知识，提高表达清晰和有效沟通的能力，为将来的职场和社交生活做好准备。

提供实践机会对于学生的综合素养和个人发展至关重要。通过实践，学生可以将课堂学习所掌握的理论知识应用到实际生活中，加深理解和记忆。在实践中，学生会遇到各种挑战和问题，从而培养解决问题的能力和应变能力，提高自身的综合素养和应对的能力。

第七章 英语教学中的语言艺术

第一节 语言艺术与听说读写技能的培养

一、语言艺术在听力教学中的应用

（一）音乐的运用

音乐作为一种充满节奏感和情感表达的艺术形式，在听力教学中具有独特的魅力。教师可以选择具有清晰歌词和优美旋律的歌曲作为听力训练的资源。通过欣赏歌曲，学生可以感知语言的节奏、语调和情感表达，从而提高他们的语音辨别能力和听力理解水平。

首先，音乐的节奏感能够帮助学生更好地抓住语言的重点和重音，从而提高他们的语音辨别能力。通过跟随歌曲的节奏，学生可以更加清晰地感知语言中的重音和语调变化，有助于他们准确理解和模仿口语表达。

其次，音乐中丰富的情感表达也能够激发学生的情感共鸣，帮助他们更好地理解和体会语言中的情感色彩。通过欣赏歌曲，学生可以感受到歌词中蕴含的情感，从而提高他们对语言情感的敏感度和理解能力。

此外，歌曲中地道的语言表达方式也是学生学习的宝贵资源。通过学习歌词，学生可以接触到地道的语言表达方式和习惯用语，有助于他们提高语言的自然表达能力，加深对语言文化的理解。

（二）戏剧和影视的运用

戏剧和影视作为富有情节性和表现力的艺术形式，同样是优秀的听力教学资源。教师可以选取具有生动对话和丰富情节的戏剧片段或影视片段，让学生通过对话和情节的理解来提升听力水平。通过观看戏剧或影视作品，学生可以更好地理解语言在不同情境下的应用方式，感受语言所传达的情感和文化内涵。

首先，戏剧和影视作品中的生动对话能够帮助学生更好地感知语言的实际运用情景。通过欣赏戏剧或影视片段，学生可以接触到真实世界中的对话交流，理解语言在不同情境下的应用方式和表达习惯，从而提高他们的听力理解能力和交际技巧。

其次，戏剧和影视作品所呈现的丰富情节和情感表达也能够帮助学生更深入地感知语言所传达的情感和文化内涵。通过观看戏剧或影视作品，学生可以感受到人物之间的情感交流，从中学习到丰富的情感表达方式和文化背景，有助于他们更全面地理解和运用语言。

（三）学生受益与综合提升

通过语言艺术的运用，学生不仅可以感受语言的美感和艺术魅力，还能更深入地理解语言的应用场景和语言交际技巧。这种综合的学习方式不仅提高了学生的听力技能，还促进了他们的语言表达能力、文化理解和批判性思维能力的发展。

1. 提升听力技能与语言表达能力

学生在接触语言艺术作品时，需要倾听并理解其中所蕴含的意义和情感。这种聆听训练有助于提升他们的听力技能，使他们更敏锐地捕捉语言细节和情感色彩。同时，通过分析文学作品中的语言运用和表达方式，学生能够学习到丰富多样的语言技巧，丰富自己的表达方式，提升语言表达能力。

2. 促进文化理解与批判性思维能力

语言艺术作品往往承载着丰富的文化内涵和历史背景，通过学习和欣赏这些作品，学生可以更深入地了解不同文化间的差异与共通之处。这有助于拓宽学生的视野，培养跨文化交流能力，提高文化理解能力。

同时，分析文学作品还需要运用批判性思维，从多个角度去理解和评价作品，培养学生的批判性思维能力和逻辑思维能力。他们需要思考作者的用意、作品的内涵，以及作品与当代社会的关联，从而培养出独立思考和分析问题的能力。

3. 支持与推动全面发展

综合提升的学习方式不仅有助于学生在语言能力方面的提升，更重要的是为他们的全面发展提供了重要的支持和推动。通过欣赏和理解语言艺术作品，学生在情感、审美、智力等多个方面得到综合培养，提高了自身的综合素质，为未来的学习和生活奠定了坚实的基础。

二、语言艺术在口语教学中的运用

（一）戏剧表演的运用

戏剧表演是一种生动活泼的形式，可以激发学生的表达欲望和表演激情，帮助他们提高口语表达能力。教师可以组织学生进行角色扮演或话剧表演，让他们在模拟情境中运用语言进行交流。

1. 提高口语表达能力与情感表达

参与戏剧表演可以让学生充分展现自己的想法和情感，通过扮演不同角色来体验和表达多样化的情感。这种体验有助于提高学生的口语流畅度和表达能力，让他们在实际交流中更加自信和流利。同时，通过扮演角色，学生还可以学会如何准确地表达不同情绪和态度，提升情感表达能力。

2. 提升语言交际技巧与团队合作精神

在戏剧表演中，学生需要与其他演员合作，共同完成一场戏剧的呈现。这促进了学生之间的团队合作精神和协作能力的培养，让他们学会倾听、理解和配合他人，共同完成一个目标。此外，通过戏剧表演，学生还可以锻炼语言交际技巧，学会如何在情境中运用语言进行有效的交流，提高他们的语言表达和沟通能力。

3. 培养表现力与自信心

戏剧表演要求学生在舞台上展现自己，表达自己的情感和想法。这种经历可以帮助学生培养表现力和自信心，让他们学会面对观众展示自己的才华和能力。通过不断的表演实践，学生可以逐渐克服紧张和胆怯，变得更加自信和大方。

（二）音乐和影视资源的运用

除了戏剧表演，音乐和影视资源也是口语教学中的宝贵资源。教师可以利用音乐和影视中的对话或歌曲来进行口语训练，让学生通过模仿语音语调和表达方式来改善发音准确性，培养地道口语表达能力。

1. 改善发音准确性与地道口语表达能力

音乐和影视资源中的对话和歌曲包含丰富的语音语调和表达方式，通过模仿这些资源中的语言，学生可以提高发音准确性，学习地道的口语表达方式。通过反复练习，学生可以更好地掌握语音语调的变化规律，提高口语表达的地道性和流畅度。

2. 提升口语表达流畅度与自然度

欣赏和模仿音乐和影视中的语言表达有助于学生更自然地运用语言，提高口语表达的流畅度和自然度。通过学习音乐中的歌词或影视中的对话，学生可以感受到语言在真实情境中的运用方式，从而更加灵活地运用语言进行表达，增强口语表达的自信心和流畅度。

3. 激发学习兴趣与提升口语能力

音乐和影视资源作为口语教学的辅助工具，不仅能够提升学生的口语能力，还能够激发他们的学习兴趣。通过欣赏和模仿音乐和影视资源中的语言表达，学生可以在愉快的氛围中学习，轻松地提升口语能力，增加学习的乐趣和动力。

（三）学生受益与综合提升

通过语言艺术在口语教学中的应用，学生不仅能够提高口语表达能力和语音语调的准确性，还能够增强语言交际技巧和情感表达能力。参与戏剧表演和口语训练，可以激发学生的表达欲望和自信心，培养他们的团队合作精神和表现力。同时，通过音乐和影视资源的运用，学生不仅能够感知语言的美感和节奏感，还能够锻炼听力和口语能力，提升整体语言素养。

1. 提高口语表达能力与语音语调准确性

通过参与戏剧表演和口语训练，学生能够锻炼口语表达能力，提高语音语调的准确性。在表演过程中，他们需要准确地传达角色的情感和台词，从而提升口语表达的准确性和流畅度。同时，通过模仿不同角色的语音语调，学生可以更好地理解和运用语言的变化，提高口语表达的多样性和地道性。

2. 增强语言交际技巧与情感表达能力

参与戏剧表演和口语训练有助于学生增强语言交际技巧，让他们学会在不同情境下运用恰当的语言进行交流。同时，通过表演角色和情感，学生可以更好地表达自己的情感和想法，提升情感表达能力。这种综合的学习方式促进了学生综合能力的提升，使他们在语言交际中更加得心应手。

3. 培养团队合作精神与表现力

戏剧表演和口语训练需要学生在团队中协作完成任务，这培养了他们的团队合作精神和协作能力。同时，参与表演让学生展示自己的表现力和自信心，激发了他们的表达欲望和独立性，为个人成长提供了重要支持。

4. 提升整体语言素养与审美能力

通过音乐和影视资源的运用，学生不仅能够感知语言的美感和节奏感，还能够提升听力和口语能力，提高整体语言素养。欣赏音乐和影视作品中的语言表达，有助于学生更全面地理解和运用语言，培养审美能力和文化修养。

三、语言艺术在阅读教学中的实践

（一）文学作品和诗歌的运用

文学作品和诗歌是语言艺术中的珍贵资源，在阅读教学中起着重要作用。教师可以选取具有文学价值和情感表达力的作品进行阅读指导，让学生在阅读中感受语言的美感和情感共鸣。通过文学作品和诗歌的赏析和解读，学生可以深入理解作品背后的意义和情感，增强对文学作品的感知和理解能力。这种体验式的阅读方式不仅可以提升学生的阅读技能，还可以培养他们的审美意识和情感表达能力，激发对文学的兴趣和热爱。

1. 提升阅读技能与理解能力

通过阅读文学作品和诗歌，学生可以提升阅读技能和理解能力。文学作品和诗歌往往涵盖丰富的情感和意义，需要学生仔细品味和理解其中的内涵。通过赏析和解读，学生可以培养深入思考和分析的能力，提高对文学作品的理解深度和广度，从而提升阅读的效果和意义。

2. 感受语言美感与情感共鸣

文学作品和诗歌的语言常常具有美感和情感共鸣力，能够触动人心，激发内心的共鸣和情感体验。通过阅读和赏析优秀的文学作品和诗歌，学生可以感受到语言的美感和情感表达力，拓展自己的情感世界，增强情感体验和表达能力。

3. 培养审美意识与情感表达能力

阅读文学作品和诗歌有助于培养学生的审美意识和情感表达能力。通过对作品的赏析和解读，学生可以领略文学的魅力和艺术之美，培养自己的审美情趣和鉴赏能力。同时，通过理解作品中蕴含的情感和主题，学生可以提升自己的情感表达能力，学会用语言表达内心感受和情感体验。

4. 激发对文学的兴趣和热爱

通过体验式的阅读方式，学生可以更加深入地了解文学作品和诗歌的魅力和价值，激发对文学的兴趣和热爱。阅读优秀的文学作品和诗歌可以开阔学生的视野，丰富其内心世界，启发其对文学的独特感悟和理解，从而培养出对文学的深厚情感和持久兴趣。

（二）提升对语言文化的理解和欣赏能力

通过阅读文学作品和诗歌，学生不仅可以提高阅读理解能力，还可以增强对语言文化的理解和欣赏能力。文学作品和诗歌往往蕴含丰富的文化内涵和历史背景，通过阅读和解读这些作品，学生可以深入了解作者的思想和情感，感受不同文化背景下的语言表达方式和价值观念。这种跨文化的阅读体验不仅拓宽了学生的视野，还促进了对多元文化的包容和理解，培养了学生的文化意识和跨文化交际能力。

1. 提高阅读理解能力与文化理解

阅读文学作品和诗歌是提高学生阅读理解能力的有效途径。通过解读作品中的语言和情感，学生可以逐步理解作者的用意和主题，探索作品背后所蕴含的文化内涵和历史意义。这种深入阅读的过程不仅提升了学生的文学素养，还促进了对文化的理解和欣赏，帮助他们建立起对语言文化的深刻认识和感悟。

2. 感受不同文化背景下的语言表达

文学作品和诗歌是不同文化背景下的语言表达方式的载体。通过阅读不同文化背景下的作品，学生可以感受到不同民族和地区的语言特色和表达风格，深入体验到文化对语言的影响和塑造。这种体验有助于学生拓宽视野，增加跨文化交际的能力，培养包容不同文化的态度和理解力。

3. 促进对多元文化的包容与理解

阅读文学作品和诗歌可以促进学生对多元文化的包容和理解。通过了解不同文化背景下的作品，学生可以感受到文化之间的差异和共通之处，培养尊重和理解他者的态度，增强文化交流和融合的意识。这种跨文化阅读体验有助于拓宽学生的国际视野，促进文化多样性的认知和尊重。

4. 培养文化意识与跨文化交际能力

通过阅读文学作品和诗歌，学生可以培养文化意识和跨文化交际能力。理解作品背后的文化内涵和历史背景，学生能够更好地理解和欣赏不同文化的语言表达和价值观念，增强自己的文化认同感和自信心。同时，跨文化阅读也为学生提供了锻炼跨文化交际能力的机会，培养他们面对多元文化环境时的应变能力和沟通技巧。

（三）培养批判性思维和文学素养

通过对文学作品和诗歌的赏析和解读，学生可以培养批判性思维和文学素养。在阅读过程中，学生需要分析作品的结构、语言运用和主题表达，展开思辨和评价。这种批判性思维的训练不仅提升了学生的阅读理解能力，还培养了他们的批判性思维和文学鉴赏能力。

1. 批判性思维训练

在阅读文学作品和诗歌时，分析作品的结构、语言运用和主题表达是关键的一步。作品的结构包括情节安排、篇章组织等，语言运用则涉及作者的修辞手法、语言风格等方面，而主题表达则是作品所要传达的核心思想。通过深入分析这些要素，读者可以更全面地理解作品的内涵和意义。

展开思辨和评价是培养批判性思维的重要方式。读者可以思考作品背后的深层含义，探讨作者的用意和观点，以及作品与当代社会的关联。通过对作品进行批判性思考和评价，读者可以拓展自己的思维广度和深度，培养独立思考和批判性思维能力。

这种阅读方式不仅提升了阅读理解能力，还拓展了读者的认知视野，让他们更深入地理解作品背后的文化、历史和社会背景。通过不断练习分析作品结构、语言运用和主题表达，展开思辨和评价，读者可以逐渐提升自己的文学素养和批判性思维能力，从而更好地理解和欣赏文学作品。

2. 文学素养提升

通过阅读文学作品和诗歌，读者不仅可以感受到语言的美感和情感共鸣，还能够培养独特的文学理解和欣赏能力。作品中精心选用的词语、句式和修辞手法，使得语言本身就成为一种艺术，触动读者的情感和想象力。读者在阅读中会与作品中的人物、情节产生共鸣，体验到作者所表达的情感与思想。

这种情感共鸣不仅让读者更深刻地理解作品，还培养了他们独特的文学理解和欣赏能力。通过对作品中情感的体验和思想的感悟，读者可以拓展自己的情感世界和审美情趣，形成对文学作品的独特感悟和理解。这种个性化的阅读体验丰富了读者的文学视野，使其在文学作品中找到独特的价值和意义。

提升整体文学素养和人文素养是阅读文学作品的重要目标之一。通过感受语言的美感和情感共鸣，培养独特的文学理解和欣赏能力，读者不仅可以提升自己的文学素养，还能够增进对人文精神的理解和尊重。这种全面的阅读体验将丰富读者的心灵世界，拓展其人文视野，使其在现实生活中更具人文关怀和审美情怀。

通过阅读文学作品和诗歌，学生不仅可以体验到语言之美和情感的共鸣，还能够培养对文学作品的独特理解和欣赏能力，从而提升整体的文学素养和人文素养。这种综合的阅读体验将帮助学生更深入地理解文学作品，培养批判性思维，同时提升他们的文学鉴赏能力和审美情趣。

四、语言艺术在写作教学中的发展

在写作教学中，语言艺术扮演着至关重要的角色，它不仅可以激发学生的写作创意，提高他们的表达能力和写作技巧，还可以帮助他们更加深入地理解和感知语言的美妙之处。通过引导学生接触文学作品、诗歌等形式，教师可以唤起他们内心的灵感火花，激发他们对写作的热情和创造力。

首先，文学作品是写作教学中的重要素材之一。通过阅读经典文学作品，学生可以领略到不同作家的独特风格和表达方式，从中汲取灵感和启示。教师可以引导学生分析作品中的修辞手法、情节设置以及人物塑造，帮助他们更好地理解文学作品背后的意义和情感，进而运用到自己的写作中去。

其次，诗歌是另一种能够激发学生写作灵感的形式。诗歌的简洁与深刻常常能够触动人心，启发学生发掘自己内心深处的情感和思想。通过学习诗歌，学生可以培养自己的感知能力和表达能力，提高写作的审美水平和表达的深度。

除了文学作品和诗歌,音乐和影视资源也是教师在写作教学中可以借鉴的宝贵工具。音乐和影视作为另类的艺术形式,常常能够给学生带来全新的感官体验和启示。教师可以选择一些具有代表性的音乐作品或电影片段,让学生倾听音乐的旋律、感受影视的画面,从中获取灵感和情感,进而融入自己的写作中去。

通过语言艺术的引导和激励,学生可以更加自如地表达自己的思想和情感,提高写作水平。写作不仅是一种技能,更是一种表达自我的方式。通过接触和学习不同形式的语言艺术,学生可以开阔自己的视野,拓展自己的想象力和表达能力,从而在写作中展现出更加独特和丰富的内涵。语言艺术的魅力在于它的多样性和包容性,它可以让每一个学生都找到适合自己的表达方式和风格,从而实现真正意义上的写作提高和创新。

第二节　语言艺术与文化意识培养

一、文化意识在语言学习中的重要性

文化意识在语言学习中扮演着至关重要的角色。了解一种语言背后的文化,可以帮助学习者更深入地理解和运用该语言。文化背景影响着语言的表达方式、习惯用法和含义,因此培养文化意识对于提高语言学习的效果和交际能力至关重要。

（一）语言与文化的紧密联系

语言是文化的载体,反映着特定社会群体的价值观、习俗和历史。每种语言都蕴含着丰富的文化内涵,因此要真正掌握一门语言,就必须了解其所处的文化背景。举例而言,不同文化对于礼貌用语、称呼方式甚至沟通方式都有着不同的习惯和规范,如果缺乏对这些文化差异的了解,就很容易造成交流障碍。

（二）文化意识对语言学习的帮助

1. 理解语言的含义和用法

通过了解目标语言背后的文化,学习者可以更准确地理解词汇和句法结构的含义及使用方式。文化背景可以为学习者提供更丰富的语境,帮助他们更好地掌握语言规则和语言习惯。

2. 提高交际能力

文化意识有助于学习者在交流中更加得体地运用语言。了解对方文化的学习者可以更好地选择合适的词汇和表达方式,避免因文化差异而引起的误解或冒犯。

3．拓宽视野

通过学习语言背后的文化，学习者可以开阔自己的视野，了解不同文化间的差异和共通之处。这不仅有助于语言学习本身，也有助于促进跨文化交流和理解。

（三）培养文化意识的途径

1．研究文化资料

学习者可以通过阅读文化书籍、观看相关电影或纪录片等方式，深入了解目标语言所处文化的历史、传统和价值观。

2．参与文化活动

参加与目标语言文化相关的活动，如传统节日庆祝、文化展览等，可以让学习者亲身体验和感受文化的独特魅力。

3．与母语人士交流

与说该语言的母语人士交流，可以帮助学习者更直观地感受文化差异，了解语言背后的文化内涵。

二、语言艺术与跨文化交际能力的培养

语言艺术作为跨文化交际的桥梁，扮演着重要的角色。通过学习语言的艺术表达和修辞手法，人们可以提升跨文化交际能力，促进不同文化间的理解和沟通。了解不同文化背景下语言的使用方式和表达习惯，有助于避免交流误解，使跨文化沟通更加顺畅和有效。

（一）语言艺术与跨文化交际能力的提升

1．丰富表达方式

语言艺术包括丰富多彩的修辞手法和表达形式，通过学习这些艺术技巧，人们可以更生动地表达自己的想法和情感。在跨文化交际中，灵活运用语言艺术可以使表达更具有吸引力和感染力，增加交流的效果和吸引力。

2．促进文化理解

语言艺术反映了不同文化的审美观和情感体验，通过学习他们，可以更深入地了解不同文化背景下人们对于语言和表达的理解。这有助于跨文化交际时更好地理解对方的语言习惯和表达方式，避免因文化差异而引起的误解和冲突。

3．增强交际技巧

学习语言艺术可以提升人们的交际技巧，包括倾听、表达和理解能力。在跨文化交际中，这些技巧尤为重要，可以帮助人们更好地应对不同文化背景下的交流挑战，促进

沟通的顺利进行。

（二）培养跨文化交际能力的途径

1. 学习语言艺

学习语言艺术是一种宝贵的能力，能够帮助人们更加准确、生动地表达自己的想法和情感。掌握不同语言的修辞手法、比喻和隐喻等技巧，可以让人的表达更加丰富多彩，让语言更具有感染力和说服力。同时，这也有助于增强跨文化交际能力，因为不同文化背景下的人们可能对语言和表达方式有不同的理解，学习语言艺术可以帮助人们更好地理解和沟通。因此，通过学习语言艺术，人们可以提升自己的表达能力，拓展跨文化交际的能力，促进更加深入和广泛的交流与理解。

2. 尊重文化差异

在跨文化交际中，尊重对方的文化背景和价值观是至关重要的。通过了解和尊重不同文化的语言使用方式和表达习惯，可以有效避免交流中的误解和冲突。

首先，尊重文化差异意味着理解并接受不同文化之间的差异性。每个文化都有其独特的价值观念、传统习俗和思维模式，而这些差异性构成了文化的多样性和丰富性。通过尊重他人的文化背景，我们能够更好地理解彼此之间的差异，避免因误解而引发的冲突和隔阂。

其次，了解和尊重不同文化的语言使用方式和表达习惯可以提升跨文化交际的效果。语言是文化的重要载体，不同文化之间存在着语言习惯、语言含义和表达方式上的差异。通过学习和尊重对方的语言习惯，我们可以更准确地传达自己的意思，避免因语言误解而导致的沟通障碍和冲突。

3. 开放心态

在当今日益全球化的社会中，跨文化交际能力的重要性日益凸显。学习语言艺术是提升这一能力的有效途径之一。通过学习不同语言的修辞手法、比喻和隐喻等技巧，人们可以更深入地了解不同文化背景下语言的特点和表达习惯。这种了解不仅可以帮助人们更准确地传达自己的思想和情感，还能促进跨文化交际的顺利进行。

语言艺术修养的提升有助于打破语言和文化之间的障碍，增进不同文化间的理解与尊重。通过学习语言艺术，人们可以更加灵活地运用语言，更具表现力地表达自己，从而在跨文化交际中展现更高的沟通技巧和交流能力。这种能力的提升不仅可以促进文化间的交流与融合，还可以拓宽个人的视野，增强包容与尊重他者的意识。

因此，建议人们在学习语言的过程中，注重培养自己的语言艺术修养。通过不断学习和实践，不断提升自己的语言表达能力和跨文化交际技巧，从而在全球化时代更好地适应多元文化的社会环境，创造更多的交流机会与可能。持续提升语言艺术修养，将为个人的成长和社会的发展带来积极的影响。

三、文化体验与情感共鸣的实践

通过文化体验和情感共鸣的实践，学习者可以深入感受不同文化的魅力和内涵，加深对他人文化的理解和尊重。在语言学习过程中，通过参与文化活动、阅读文学作品等方式，培养情感共鸣，能够使学习者更好地融入目标文化，提升跨文化交际的能力。

（一）重要性与作用

1. 深入感受文化魅力

通过实际参与文化活动，学习者可以身临其境地感受到不同文化的独特魅力，从而更加直观地理解和体验目标文化的特点和价值观。

参与文化活动可以让学习者更深入地了解当地人的生活方式、传统习俗以及艺术表现形式，有助于拓宽视野，增进跨文化交流和理解。

通过亲身体验，学习者可以更好地感受到文化的魅力，激发学习兴趣，提升学习效果，实现知识的内化和转化。

通过参与文化活动，学习者还可以培养自己的审美情趣和创造力，促进个人全面发展，提升综合素养。

2. 加深文化理解与尊重

通过情感共鸣的实践，学习者能够建立起与目标文化的情感联系，增进对该文化的理解和尊重，从而更好地融入其中，促进跨文化交际的顺利展开。

首先，情感共鸣使学习者能够深入体验目标文化的情感体验和文化内涵。通过与目标文化的文学作品、音乐、艺术等产生共鸣，学习者能够感受到文化背后所蕴含的情感和精神内涵，进而更好地理解该文化的价值观和生活方式。这种情感共鸣的体验有助于学习者增进对目标文化的情感认同和理解，从而建立起与该文化的情感联系。

其次，情感共鸣促进学习者对目标文化的尊重和包容。当学习者能够理解并共享目标文化的情感体验时，他们会更加尊重该文化的传统、习俗和价值观念，认识到每种文化都有其独特的魅力和价值。这种尊重和包容的态度有助于建立跨文化交际中的互信和友好关系，促进文化间的交流与融合。

3. 提升交际能力

提升交际能力对于跨文化交流至关重要。通过文化体验和情感共鸣的实践，学习者可以更好地理解目标文化的语言使用方式、表达习惯等，从而提升自己的跨文化交际能力和水平，更加得心应手地与他人进行交流。

首先，文化体验和情感共鸣可以帮助学习者更深入地理解目标文化的语言使用方式。通过接触目标文化的文学作品、音乐、电影等，学习者可以感受到语言背后所承载的文化内涵和情感色彩，从而更好地把握语言的含义和表达方式。这种深入的文化体验有助于学习者在跨文化交际中避免语言误解和交流障碍，提升沟通的效果和准确性。

其次，通过情感共鸣的实践，学习者可以更好地理解目标文化的表达习惯。当学习者能够与目标文化的情感体验产生共鸣，理解其中蕴含的情感表达方式和文化背景时，他们就能更加自然地运用这些表达习惯和方式进行交流。这种情感共鸣的体验不仅可以增进与他人的情感联系，还能够使交流更加贴近人心，增强交流的亲和力和共鸣感。

（二）实践方法与建议

1. 参与文化活动

参与文化活动是深入了解当地文化、增进对文化认同的重要途径。参加当地的传统节日庆典、艺术展览、音乐会等活动，可以让人们亲身感受当地文化的魅力，深刻体验文化氛围，从而加深对文化的理解和认同。

（1）传统节日庆典

参加当地的传统节日庆典是了解文化传统的绝佳机会。在节日庆典中，人们可以欣赏传统舞蹈、音乐表演，品尝当地美食，参与各种仪式活动，感受文化的独特魅力和活力。通过亲身参与，学习者可以更深入地了解当地人民的生活方式、价值观念和传统习俗，增进对文化的认同感。

（2）艺术展览与音乐会

参观艺术展览和音乐会是感受文化艺术的好方法。在艺术展览中，学习者可以欣赏当地艺术家的作品，了解艺术创作背后的文化内涵和历史背景；而在音乐会上，可以聆听当地音乐家的演奏，感受音乐带来的情感共鸣和文化氛围。这些艺术活动不仅能够拓宽视野，还能够加深对当地文化的理解和欣赏。

2. 阅读文学作品

阅读目标文化的文学作品，如小说、诗歌等，对学习者有着深远的影响。通过阅读文学作品，学习者可以更深入地了解该文化的历史、价值观和人文精神。文学作品往往蕴含着丰富的历史背景和文化内涵，通过作品中的人物、情节和对话，读者可以窥探到作者所处时代的社会风貌、价值观念以及文化传统。这样的阅读体验不仅可以帮助学习者拓宽视野，还能够让他们更好地理解和尊重不同文化之间的差异和共通之处。

除了历史和价值观念，阅读文学作品还能让学习者产生情感共鸣。文学作品往往通过情节、人物的塑造以及情感的表达，触动读者的内心，引起共鸣。当读者与作品中的角色经历相似的情感起伏，体验到类似的困境和挑战时，他们会更加投入到作品中，感同身受，进而对作品背后所传达的文化价值有更加深刻的认识。

此外，阅读目标文化的文学作品还能促进跨文化交际的深入。通过阅读他人的文化作品，学习者可以更好地理解他人的生活方式、思维模式和情感体验，从而建立起跨文化的共鸣和理解。这种跨文化的交流不仅可以促进文化间的融合与互相尊重，还有助于拓展个人的视野，提升跨文化沟通的能力和水平。

3. 参与社区活动

参与社区活动对于个人成长和文化交流具有重要意义。积极参与当地社区的志愿活动和文化交流活动可以让个体更深入地了解当地的生活方式和文化氛围，促进情感共鸣和文化融合。

首先，参与社区活动可以让个人与当地居民进行互动交流。通过志愿活动、文化交流等形式，个人有机会与当地居民建立联系，了解他们的生活、价值观念和日常习惯。这种直接的互动交流能够打破文化隔阂，促进跨文化理解和尊重，同时也能够建立起真诚的友谊和合作关系。

其次，参与社区活动可以让个人深度体验当地的生活方式和文化氛围。通过参与当地的节日庆典、手工艺品制作、传统文化表演等活动，个人可以亲身感受当地文化的魅力和独特之处。这种身临其境的体验不仅可以增进对当地文化的理解和认同，还能够激发个人的创造力和想象力，促进文化交流和融合。

最后，参与社区活动有助于促进情感共鸣和文化融合。通过参与志愿活动和文化交流，个人可以与他人分享情感体验、共同探讨文化话题，从而建立起情感联系和共鸣。这种情感共鸣不仅可以拉近个人与当地居民之间的距离，还能够促进文化之间的融合与交流，形成共同体验和认同感。

通过文化体验和情感共鸣的实践，学习者可以更加全面地了解和体验目标文化，加深对他人文化的理解和尊重，提升跨文化交际的能力和水平。因此，建议学习者在语言学习过程中，注重参与各类文化活动，培养与目标文化的情感联系，从而实现更高效、更深入的跨文化交际与沟通。

第三节　教师角色与语言艺术表达

一、教师在语言艺术教学中的角色定位

（一）启发者与引导者

英语教师在语言艺术教学中扮演着启发学生思维、引导他们探索语言之美的重要角色。通过启发学生的兴趣，激发他们对语言艺术的热情，帮助他们发现语言中的艺术之美，教师能够在教学中成为启发者与引导者。

1. 启发学生的思维

作为启发者，教师应该注重激发学生的好奇心和思维能力。通过生动有趣的教学方式和案例，引导学生主动思考、提出问题、探索答案，培养他们独立思考和解决问题的能力。例如，可以通过文学作品、诗歌等展示语言艺术的魅力，启发学生对语言表达的热情。

2. 引导学生探索语言之美

作为引导者，教师应该引导学生深入探索语言的内涵和表达方式。通过解读经典文学作品、分析诗歌结构、讲解修辞手法等，帮助学生理解语言的艺术之美，激发他们对语言学习的兴趣和热情。同时，鼓励学生勇于表达、尝试创作，培养他们的语言表达能力和创造力。

3. 培养学生的审美情感

作为教师，教师还应该注重培养学生的审美情感和品位。引导他们欣赏优秀的文学作品、音乐、电影等，让他们感受不同形式艺术之美，提升对语言艺术的感悟和理解能力。通过创设多样化的学习环境和活动，激发学生对语言艺术的热爱和追求。

（二）激励者与鼓励者

教师应该成为学生的榜样，充当激励者与鼓励者的角色，帮助他们不断提升语言艺术表达能力。通过肯定和鼓励，教师能够激发学生的学习动力，让他们勇于表达、大胆创新，从而提高教学效果。

作为激励者，教师应该以身作则，展示出对语言艺术的热爱和追求。通过自身的言行举止，激励学生树立正确的学习态度和价值观，引领他们不断追求语言表达的优秀与完美。同时，教师也要及时给予学生肯定和认可，鼓励他们在语言艺术领域勇敢尝试、不断突破。

作为鼓励者，教师要给予学生积极的鼓励和支持。无论是在语言表达上的进步还是在创作上的突破，都应该及时表达认可之情，让学生感受到自己的努力和付出得到了重视和鼓励。这种正向的反馈和激励能够激发学生更大的学习热情，勇敢面对挑战，持之以恒地提升自己的语言艺术表达能力。

通过成为激励者与鼓励者，教师能够在教学过程中激发学生的内在动力，帮助他们建立自信、勇气和毅力，不断挑战自我，不断提升语言艺术表达能力，取得更好的教学效果。让我们携手努力，共同成就学生语言艺术表达之美的旅程。

（三）传道者与引路人

教师不仅要传授知识，更要成为传道者与引路人，引导学生探索语言的深层次含义和表达方式。通过引导学生阅读优秀的文学作品、欣赏经典的语言艺术作品，帮助他们领略语言之美，拓宽视野，提升审美情趣。

作为传道者，教师应该引领学生走进语言之美的殿堂。通过讲解文学作品背后的文化内涵、情感表达，让学生深入理解语言的力量和魅力。借助教学活动和讨论，引导学生思考诗歌、小说等作品中的哲理和美感，激发他们对语言艺术的兴趣和热情。

作为引路人，教师应该为学生指引前行的方向。通过引导学生阅读不同风格和时期的文学作品，让他们感受不同文化背景下的语言之美，拓宽视野，提升跨文化交流能力。同时，教师也要鼓励学生勇于表达、尝试创新，在语言表达中找到自己的独特风格和声音。

通过成为传道者与引路人，教师能够在教学中引领学生走向更深层次的语言探索之路，帮助他们感悟语言的魅力与力量，提升审美情趣，丰富内心世界。让我们以激情和智慧，引领学生共同领略语言之美的无限魅力，为他们的成长与发展助力加油！

二、教师语言艺术表达能力的培养与发展

（一）阅读与积累

1. 拓宽视野与思维：阅读优秀文学作品可以拓展教师的视野，启发思维，让其接触不同风格和主题的作品，从中汲取灵感和启示，提升对语言艺术的理解和把握。

2. 丰富词汇与表达：通过阅读，教师可以积累丰富的词汇量和表达方式，学习各种修辞手法和文学技巧，丰富自己的语言工具库，提升语言表达的准确性和多样性。

3. 提升情感表达能力：文学作品常常蕴含丰富的情感和情绪，通过阅读，教师可以学习如何用语言精准地表达各种情感，提升情感表达能力，让语言更具感染力和生动性。

4. 启发创作与教学：阅读优秀作品可以启发教师的创作灵感，激发教学设计的创新

思路和方法，使教学更加生动有趣、引人入胜，提高教学效果。

5. 传递文化与价值观：文学作品承载着丰富的文化内涵和人文精神，通过阅读，教师可以传递文化和价值观给学生，引导他们更好地理解和感悟世界。

（二）写作训练

作为教师，写作训练对于提升语言组织能力和表达清晰度至关重要。通过写作，教师可以反思教学过程中的收获和不足，总结经验，进而提高教学质量。同时，写作也是一种心灵的表达和沉淀，有助于减轻心理压力，保持心态平和，更好地面对工作中的挑战。

在教学反思方面，写作可以帮助教师系统地回顾每堂课的教学过程，分析学生的反应和学习情况，找出问题所在并提出改进的方法。通过写下自己的思考和感悟，教师可以更清晰地认识到自己的优势和不足，不断完善自我，提高专业素养。

此外，写作也是一种良好的心得体会方式。教师可以将自己在教学实践中的所见所闻、所思所想进行记录和总结，形成宝贵的经验。这些心得体会不仅可以为他人提供借鉴，也可以让教师在未来的工作中少走弯路，更加游刃有余地应对各种情况。

最后，文学创作也是一种促进教师写作能力的方式。通过创作故事、诗歌等文学作品，教师可以锻炼自己的想象力和表达能力，培养自己的审美情趣，从而更好地激发学生的学习兴趣和创造力。

（三）演讲和表达

1. 演讲比赛

为提升教师在演讲比赛中的表现，首先要提前安排比赛的主题和时间，为教师提供充分准备的机会。此外，提供专业的演讲技巧培训也至关重要，包括演讲结构的梳理、肢体语言的运用、声音控制的技巧等方面的指导。通过系统的培训，教师可以更好地组织演讲内容，提升表达清晰度和逻辑性；学习运用肢体语言和声音控制，增强表达的吸引力和说服力。这样的培训不仅有助于提高教师的演讲水平，也能够增强其自信心，使其在公众场合表现更加出色，为教学活动注入更多活力和魅力。

2. 朗诵比赛

定期举办朗诵比赛是提升教师表达能力和情感表达的有效途径。通过朗诵，教师可以深入理解文学作品的内涵，锻炼语言表达能力和情感传达技巧。同时，提供不同类型的文学作品供选择也是至关重要的，这有助于拓展教师的表达方式和风格，激发他们的创造力和想象力。教师可以通过朗诵不同风格和主题的文学作品，丰富自己的表达技巧，培养情感共鸣，提升表达的深度和广度。这样的活动不仅有助于教师个人的成长，也可以为学生树立良好的表率，激发学生对文学的兴趣和热爱，促进教学质量的提升。

3. 实战演练与反馈

组织模拟演讲和朗诵活动是提升教师表达能力的重要举措。通过这些小范围的练习，教师可以在相对轻松的氛围下锻炼演讲和朗诵技巧，同时互相分享经验和提供反馈。互相评价不仅可以帮助教师发现自身的不足之处，也能够从他人的表达中获得启发和借鉴，促进共同进步。

此外，提供专业评委评审也是必不可少的。专业评委能够给予中肯的反馈和建议，指出教师表达中的优点和改进空间，帮助他们更全面地认识自己的表达能力，并提供针对性的改进方向。通过不断地接受专业评审和建议，教师可以有针对性地改进自己的表达能力，提升演讲和朗诵水平，为教学工作带来更大的影响力和感染力。

4. 鼓励与奖励

（1）鼓励教师积极参与

鼓励教师积极参与演讲和朗诵比赛，树立表率。通过正面激励和支持，营造积极的比赛参与氛围，激发教师的表现欲望和热情。

（2）设立奖励机制

设立奖励机制，针对表现突出的教师进行表彰和奖励。奖励形式可以包括荣誉证书、奖金、特别福利或个人表彰等，激发教师的自信心和动力。

（3）公开表彰

在校内或行业内进行公开表彰，让更多人见证教师的优秀表现。这不仅是对教师个人的肯定，也是对整体教学团队的鼓励和推动。

（4）持续激励

建立持续的激励机制，让教师意识到努力付出会带来回报。不断激励教师参与演讲和朗诵活动，保持积极性和动力。

（四）语言培训

1. 修辞手法培训

（1）比喻

①定义

用 A 事物来描绘 B 事物，以便读者能更清晰地理解 B 事物。

②应用场景

可以用于解释抽象概念或陌生事物，使之更具体易懂。

③效果

增强了记忆与理解力，激发学生的联想与想象力。

④实例分析

在教学中，比如说"知识就像一座大海，而你们是探险家"，可以让学生更好地理解知识广阔深邃的特点。

（2）排比

①定义

通过排列在一起的几个相同或类似的成分，加强修辞效果。

②应用场景

可以用于强调观点、列举事实或展示对比。

③效果

增强语气，让内容更加生动有力。

④实例分析

在课堂上可以使用排比句型，如"我们要奋勇向前，我们要团结一致，我们要勇攀高峰"，来激励学生积极进取。

（3）拟人

①定义

赋予非人的事物或抽象概念人的特征，使之更具有感情色彩。

②应用场景

可以用于描写自然景物、生动事物或抒发情感。

③效果

增强情感共鸣，使内容更加生动有趣。

④实例分析

比如描述风的时候说"风儿轻轻地拂过脸庞，如同一位温柔的母亲"，可以让学生更加感受到风的柔和和温暖。

2. 修辞格训练

修辞格是文学作品中常用的修辞手法，能够增强表达的效果和感染力。比喻是一种常见的修辞格，通过将两个事物进行类比来突出它们之间的相似之处，从而增强表达的生动性和形象感。排比则是通过重复使用相同的句式或结构，使句子结构平衡，节奏感强，增强语言的节奏感和韵律感。拟人是赋予非生物或抽象事物人的特征和行为，使得描写更加生动形象，读者更容易产生共鸣。

在使用修辞格时，教师可以通过大量的练习和作业来熟练掌握各种修辞格的运用。可以设计一些比喻、排比、拟人等修辞格的练习题目，要求学生进行创作或改写，从而提高他们对修辞格的理解和运用能力。通过不断地练习和实践，教师可以更加灵活地运用各种修辞格，使自己的教学更加生动有趣，引起学生的兴趣和共鸣。

3. 修辞方法探讨

不同修辞方法在语言表达中起着丰富多彩的作用和效果。比喻可以使抽象概念具体化，增强表达的形象感和感染力；排比则可以增强语言的节奏感和韵律感，使句子更加优美和引人注目；而拟人则能够赋予事物生命，使描写更加生动感人。

经典作品中修辞方法的运用往往能够给读者带来深刻的感悟和启发。例如，《红楼梦》中通过细腻的比喻描绘人物心理，使作品充满了诗意和哲理；《哈姆雷特》中的排比和对比营造了浓厚的悲剧氛围，引发读者对人性的思考。

教师可以从经典作品中学习修辞方法的运用，启发创新思维。通过研究经典作品中的修辞手法，教师可以更好地引导学生运用修辞方法进行创作，并激发他们的想象力和表达能力。这样不仅可以提高学生的写作水平，也能够让教学内容更加生动有趣，激发学生对文学的兴趣和热爱。

4. 实践与反馈

（1）实践任务：要求教师设计一个课堂教学活动，引导学生运用比喻、排比、拟人等修辞技巧，完成一篇短文或诗歌创作。教师需要在活动中提供示范范例和指导，鼓励学生尝试运用不同的修辞方法来增强表达效果。

（2）反馈机制：在学生完成作品后，教师可以组织同学相互交流、互评，提供针对性的建议和意见。同时，教师也可以给予个别学生反馈，指导他们改进语言艺术表达，例如指出修辞使用不当的地方、建议调整句式结构或词语选择等。定期组织学生展示作品，让学生之间互相学习借鉴，同时教师也可以及时发现问题并指导改进。

通过这样的实践任务和反馈机制，教师可以在实际教学中应用修辞技巧，同时及时指导学生改进表达，促进学生的语言艺术表达能力的提升。

（五）多媒体技能

多媒体技能在当今教学中扮演着越来越重要的角色，它不仅可以增强教学内容的多样性和吸引力，还可以提升学生的学习体验和理解效果。为了培养教师运用多媒体手段进行语言艺术表达的能力，教师可以积极探索各种创新方式和工具，如制作 PPT、视频、动画等，以更生动形象地呈现语言艺术内容。

教师可以通过参加专业培训、自主学习、交流分享等方式不断提升自己的多媒体技能，并将其融入教学实践中。制作具有艺术感和创意的多媒体作品，可以帮助教师更好地吸引学生的注意力，激发他们的学习兴趣，提高课堂互动和参与度。

为了持续改进和提升，教师可以定期进行评估和反思，接受同行和学生的意见和建议，不断完善自己的多媒体表达技能。通过不断实践和反思，教师可以更好地运用多媒体技能进行语言艺术表达，为学生提供更具吸引力和有效性的教学体验。

（六）互动交流

在教育领域，语言艺术表达是教师们必备的重要能力之一。为了提升教师在语言艺术表达方面的水平，互动交流被认为是一种有效的途径。通过与其他教师或专家学者的互动交流，教师们可以分享经验、借鉴他人优秀表达方式，从而不断提高自身的语言艺术表达能力。

1. 重要性与益处

（1）知识分享与学习

互动交流在教师的知识分享与学习中扮演着重要的角色。通过与其他教师或专家学者的互动，教师们可以分享彼此的知识和经验，从中汲取他人的教训和成功经验，为自己的语言艺术表达方式带来新的启发和提升。通过分享优秀实践案例和探讨教学经验，教师们可以不断扩大自己的视野，获得更多灵感和创意，从而更好地改进和完善自己的语言艺术表达技巧。这种相互学习和借鉴的过程不仅有助于提高个体的表达水平，也促进了整个教育领域的共同进步与发展。

（2）激发创新思维

教师之间的互动交流可以激发创新思维，帮助他们探索新颖的表达方式，拓宽视野，提升表达水平。通过与他人分享经验和观点，教师们可以从不同角度审视问题，获得新的灵感和启示，激发出更多创新的想法。互动交流中的讨论和思想碰撞可以打破思维定式，促使教师们敢于尝试新颖的表达方式，挑战传统，创造出更具创意和独特性的作品。这种创新思维的激发不仅有助于提高教师的语言艺术表达能力，也可以为教学带来新的活力和启示，推动教育领域的不断进步和发展。

（3）建立合作关系

互动交流有助于教师们建立良好的合作关系。通过与其他教师的交流，他们可以共同探讨问题、分享心得，形成互相帮助和学习的良好氛围。建立合作关系可以促进教师之间的团队精神和协作能力，共同解决教学中遇到的问题，分享教学资源和经验，共同成长进步。在合作关系中，教师们可以互相支持、相互鼓励，共同探索教学的创新方法和最佳实践，从而提高整体教学水平。这种合作关系不仅有利于个体教师的成长和发展，也有助于建立学校内部的协作文化和团队精神，共同为提升教学质量和学生学习效果而努力。

2. 实施方式与方法

（1）参与研讨会与讲座

教师可以通过参与各类语言艺术表达相关的研讨会与讲座来促进互动交流。在这些专业活动中，教师们有机会倾听专家学者的分享和见解，深入交流，拓展思路，从而提升自己的语言艺术表达能力。研讨会和讲座提供了一个学习与分享的平台，教师们可以通过与他人的互动，了解最新的教学理念、方法和技巧，汲取宝贵的经验和启示。参与这些活动有助于拓宽视野，激发创新思维，促进教师们在语言艺术表达方面的不断提高。同时，与同行和专家的互动交流也可以建立起良好的合作关系，共同探讨问题、交流心得，形成互助和学习的良性循环。通过参与研讨会与讲座，教师们可以不断充实自己，提升专业水平，更好地为教学服务。

（2）组织专题讨论

在学校内部组织专题讨论活动是促进教师互动交流的重要途径。通过这样的活动，教师们可以分享自己在语言艺术表达方面的经验和成果，相互学习借鉴，共同提高。专题讨论活动可以围绕特定主题展开，例如特定修辞技巧的应用、文学作品的解读、创意写作等，让教师们分享自己的见解和实践经验，促进交流与碰撞。

在专题讨论中，教师们可以开展互动交流，就各自在语言艺术表达方面的挑战和突破展开讨论，共同寻求解决方案和提高方法。通过分享成功经验和失败教训，教师们可以互相启发，共同成长。同时，组织专题讨论也有助于建立良好的学习氛围和合作关系，增强团队凝聚力和协作精神。

通过组织专题讨论活动，学校可以为教师们提供一个共同学习、分享和提升的平台，促进教师们在语言艺术表达方面的专业发展和教学水平的提高。这种内部交流与互动不仅有利于教师个体的成长，也有助于整个学校的教学质量和教育水平的提升。

（3）线上社群交流

利用互联网平台建立线上社群是促进教师之间互动交流的便捷方式。通过线上社群，教师们可以随时随地进行交流讨论，分享资源和心得，促进经验和知识的传播与交流。这种线上交流平台可以跨越时空限制，让教师们在工作之余也能方便地互相交流与学习。

在线上社群中，教师们可以分享各自的教学心得、创新经验，讨论语言艺术表达的技巧和挑战，共同探讨解决方案。教师们可以相互启发，互相支持，在虚拟空间中建立起紧密的联系和合作关系。通过在线交流，教师们可以获取到更广泛的资源和信息，拓宽自己的视野，不断提高自己的教学水平和语言艺术表达能力。

线上社群交流为教师们提供了一个开放、便捷的学习平台，激发了教师们的学习热情和创新思维。通过这种形式的交流，教师们可以建立更广泛的专业联系，共同成长，推动教育领域的发展与进步。

3. 互动交流的反馈机制

（1）定期评估与总结

定期评估与总结是确保互动交流活动有效开展的重要环节。通过设立定期的评估机制，可以对互动交流活动进行全面的总结和评价，及时发现存在的问题并采取改进措施，以提高活动的质量和效果。

①设立评估标准

确定评估活动的指标和标准，包括活动目标的达成情况、参与教师的反馈意见、活动效果等方面。

②收集数据

收集活动期间的数据和反馈意见，可以通过问卷调查、讨论记录、观察等方式进行。

③分析评估结果

对收集到的数据进行整理和分析，识别活动的优势和不足之处，找出问题根源。

④制定改进方案

根据评估结果，制定具体的改进方案和措施，针对性地解决存在的问题，提升活动的效果。

⑤落实改进措施

将改进方案付诸实施，确保问题得到有效解决，活动质量得到提升。

⑥持续改进

不断进行评估与总结，持续改进活动内容和组织形式，确保活动的长期有效性和持续改善。

（2）提供个性化指导

提供个性化指导是促进教师在语言艺术表达方面不断提升的关键步骤。通过针对教师们在语言艺术表达方面的不足之处进行个性化的指导和培训，可以帮助他们解决具体问题，提高表达水平，实现个性化的成长和发展。

①识别需求

首先需要对教师们在语言艺术表达方面的具体需求和问题进行诊断和分析，了解其个体差异和发展瓶颈。

②制订计划

根据诊断结果，制订个性化的培训计划和指导方案，明确培训目标、内容和方法。

③实施指导

提供针对性的辅导和指导，根据个体教师的情况和需求，进行个性化的辅导、训练和指导，帮助他们解决具体问题，提高表达水平。

④持续跟进

对教师们的学习情况和进展进行跟踪和评估，及时调整指导方向和方法，确保培训效果持续提升。

⑤反馈和激励

提供实时的反馈和激励，鼓励教师们在个性化指导过程中取得进步和成就，增强学习动力和信心。

（3）分享成功案例

在互动交流中，分享成功案例是一种促进教师成长和提升的重要方式。通过鼓励教师分享自己的成功案例和经验，可以为他人提供宝贵的借鉴和学习机会，激励他们在语言艺术表达方面不断进步。

①启发和激励

成功案例能够激励他人，让他们看到榜样的力量，激发学习的动力和信心。

②经验传承

通过分享成功案例，可以传承和积累宝贵的教学经验和方法，帮助他人更快速地学习和成长。

③促进互相学习

通过分享成功案例，可以促进教师之间的互相学习和借鉴，促进共同进步。

④拓展思路

成功案例的分享可以拓展思维，启发创新，帮助他人发现新的教学方法和表达技巧。

教师可以通过分享自己在语言艺术表达方面取得的成功经验，如创作优秀的作品、运用精彩的修辞手法、设计生动的教学活动等，向他人展示自己的成就和方法。同时，分享成功案例也可以帮助教师反思自己的教学实践，总结成功之处，发现改进的空间，进一步完善自己的表达技巧。

通过分享成功案例，教师们可以在互动交流中建立起积极向上的氛围，互相激励和促进，共同提升表达水平和教学质量。这种经验的传递和共享有助于构建学习型教师团队，推动教育教学的不断创新和发展。因此，鼓励教师分享成功案例是促进教师专业成长和提升的重要策略之一。

三、教师情感共鸣与教学效果

（一）增强学生学习动力

教师与学生建立情感共鸣是增强学生学习动力的重要途径之一。当教师能够与学生建立起亲近、信任的关系，学生会感受到来自教师的关爱、支持和理解，从而激发学习的积极性和动力，提高学习效率。

1. 倾听与理解

教师通过倾听和理解学生的需求、困惑和感受，表达关心和支持，让学生感受到被尊重和被重视。

2. 激励与鼓励

通过积极的激励和鼓励，教师可以帮助学生树立自信心，勇于面对挑战，克服困难，激发学习的热情和动力。

3. 示范与引领

教师作为榜样，通过自身的热情、专业和责任感，引领学生树立正确的学习态度和价值观，激发学生的学习热情。

4. 个性化关怀

教师可以根据学生的个性特点和需求，提供个性化的关怀和支持，帮助学生克服困难，发挥潜能，增强学习动力。

（二）促进师生互动

1. 促进师生互动的重要性

促进师生之间的互动和情感共鸣是教育中至关重要的一环。建立良好的师生关系有助于拉近双方的距离，增进互信，激发学生学习的热情，提高学习效率。在教育实践中，情感共鸣不仅仅是简单的情感交流，更是一种心灵契合，是师生之间情感联系的一种体现。

2. 情感共鸣的作用

情感共鸣有助于教师更好地了解学生，从而更好地引导和教育他们。当教师能够与学生建立起情感共鸣时，就能更加敏锐地捕捉到学生的情感变化和需求，及时作出针对性的帮助和支持。通过情感共鸣，教师能够更好地调动学生的学习积极性，激发他们的学习兴趣，使学习变得更加主动和有意义。

3. 拉近师生关系的距离

情感共鸣能够有效地拉近师生之间的距离，使师生关系更加融洽和亲近。当学生感受到教师的关怀和理解时，他们会更愿意与教师交流、分享自己的想法和困惑。这种亲近的师生关系有助于建立起良好的互信，让学生更加放心地向教师请教问题，共同探讨学习中的困难和挑战。

4. 促进师生之间的互信和互动

互信是师生之间互动的基础，而情感共鸣则是增进互信的重要途径。通过情感共鸣，教师能够传递给学生更多的关爱和支持，建立起学生对教师的信任感。在这种信任基础上，师生之间的互动会更加顺畅和有效，学生会更愿意向教师倾诉自己的困惑和烦恼，接受教师的帮助和引导。

5. 提高学习效率

建立起良好的师生关系和情感共鸣，不仅可以促进学生的情感发展，还可以提高学习效率。当学生感受到教师的关心和支持时，他们会更加专注于学习，更有动力去克服困难，提高学习成绩。同时，亲近的师生关系也有助于培养学生的自信心和独立思考能力，使其在学习中更加自主和自律。

（三）创造良好的学习氛围

1. 创造融洽的学习氛围

教师的情感共鸣在教学中扮演着重要的角色，不仅能够促进师生之间的互动和信任，还可以帮助创设出一种融洽、和谐的学习氛围。这种学习氛围能够让学生在轻松愉快的氛围中学习，有利于知识的吸收和消化。

2. 营造轻松愉快的学习氛围

通过情感共鸣，教师能够更好地理解学生的情感需求和学习状态，从而有针对性地营造出一种轻松愉快的学习氛围。在这样的氛围中，学生会感受到教师的关怀和支持，更愿意表达自己的想法和疑虑。这种开放和包容的学习环境可以激发学生的学习热情，增强学习动力，促进知识的吸收和消化。

3. 促进知识的吸收和消化

良好的学习氛围对于学生的学习效果至关重要。当学生感受到周围的和谐与融洽时，他们会更加专注于学习，更容易沉浸在学习任务中。在这种情况下，学生会更加容易吸收和消化所学知识，形成自己的思考和理解。与此同时，学生也更愿意积极参与讨论和互动，加深对知识的理解和掌握。

（四）提升学生情感投入

1. 提升学生情感投入

教师的情感共鸣对于提升学生的情感投入具有重要作用。通过与学生建立起情感联系和共鸣，教师可以引导学生更深入地投入学习中，激发他们对知识、学习的兴趣和热情，从而提高学习效率。

2. 引导学生深入投入学习

教师的情感共鸣可以帮助学生建立起对学习的正面情感体验，使他们更愿意投入到学习任务中去。当学生感受到教师的关怀和理解时，会更加愿意接受教师的引导和教育，更主动地参与到课堂讨论和学习活动中。这种情感投入可以帮助学生更深入地思考和探索知识，提升学习的深度和广度。

3. 激发学生对知识、学习的兴趣和热情

教师的情感共鸣还能够激发学生对知识、学习的兴趣和热情。当学生感受到教师对学习的热爱和认可时，会受到积极影响，自然而然地产生学习的动力和欲望。在这种情况下，学生会更加主动地探索和学习知识，不再将学习视为任务，而是将其视为一种享受和成长的过程。

4. 提高学习效率

通过教师的情感共鸣引导学生更深入地投入学习、激发学生的学习兴趣和热情，最终可以提高学习效率。当学生投入程度提升、学习兴趣增加时，他们会更加专注、更有动力去探索和理解知识，学习效果自然会得到提升。同时，由于情感投入的增加，学生对学习的态度和行为也会更加积极，促进个人成长和发展。

（五）促进情感教育

通过情感共鸣，教师能够更好地进行情感教育，引导学生正确处理情绪、情感，培养学生的情感智慧和情感管理能力。

在教学中，情感教育的重要性不言而喻。教师通过与学生建立情感共鸣的联系，可以更好地引导他们正确处理情绪和情感。这种情感共鸣有助于学生感受到教师的关怀和理解，从而更愿意打开心扉，表达内心真实的情感和想法。通过倾听、理解和支持，教师可以帮助学生建立积极的情感态度，培养情感智慧和情感管理能力。

在英语教学中，视觉艺术也扮演着重要的角色。视觉艺术可以通过图像、色彩、布局等方式激发学生的学习兴趣，帮助他们更好地理解和吸收知识。教师可以运用视觉艺术元素设计丰富多彩的教学材料，激发学生的好奇心和想象力，提高他们的学习效果和学习动力。

第八章 英语教学中的视觉艺术

第一节 视觉艺术在英语教学中的作用

一、视觉艺术对学习动机的激发

（一）吸引注意力

精美的视觉设计和生动的图像在教学中起着至关重要的作用。视觉是人类感知世界的重要途径之一，而优质的视觉设计能够迅速吸引学生的注意力，让他们更容易接触和理解教学内容。生动的图像可以激发学生的好奇心和兴趣，让学习变得更加生动有趣，从而增强学生的学习动力和积极性。

精美的视觉设计和生动的图像不仅能够吸引学生的注意力，还能帮助他们更好地理解抽象或复杂的概念。通过图像展示具体的例子和情境，可以帮助学生将抽象的概念转化为具体形象，加深他们对知识的理解和记忆。这种视觉化的学习方式有助于提高学习效率，让学生更加深入地掌握知识。

此外，精美的视觉设计和生动的图像还能够激发学生的创造力和想象力。学生在观看视觉化的教学材料时，往往会联想到更多的想法和解决问题的方法，从而培养他们的创新能力和批判思维。这种启发式的学习方式有助于培养学生的综合能力，提高其在学习中的表现和发展潜力。

（二）激发兴趣和热情

1. 激发学习兴趣和热情的重要性

视觉艺术作为一种强大的视觉刺激，对于激发学生的学习兴趣和热情起着至关重要的作用。通过视觉艺术，学生可以以更加直观和感性的方式接触知识，使抽象的概念变得更具体和生动，从而引起他们的好奇心和兴趣。

2. 提高学习积极性

当学生对学习感到兴趣和热情时，他们更愿意投入时间和精力去探索和学习。视觉艺术作为一种形式多样、富有创造力的表现方式，可以激发学生的想象力和创造力，帮助他们更深入地理解所学知识。这种参与感和主动学习的过程将大大提高学生的学习积极性，使其更加专注和努力地投入到学习中去。

3. 培养综合能力

通过接触视觉艺术，学生不仅可以提升对艺术的欣赏能力，还能培养批判性思维、创造力、沟通能力等综合素养。这些能力在学习和生活中都起着至关重要的作用，帮助学生更好地适应未来社会的需求。

（三）建立深刻印象

1. 视觉艺术建立深刻学习印象的重要性

视觉艺术作为一种通过图像、色彩、布局等方式呈现的形式，对于帮助学生建立深刻学习印象至关重要。通过视觉艺术的表现，学生可以以更直观、更生动的方式感知和理解学习内容，从而更容易将知识转化为记忆和理解。

2. 生动形象的表现方式

视觉艺术通过丰富多彩的图像和色彩，以及精心设计的布局，可以将抽象的概念具体化、形象化，使学习内容更加生动形象。这种直观的表现方式可以激发学生的感官体验，帮助他们建立起与学习内容相关联的深刻印象。

3. 促进记忆和理解

当学生通过视觉艺术接触学习内容时，他们往往能够更快速地将信息吸收并转化为记忆。视觉元素的视觉冲击力和吸引力能够吸引学生的注意力，帮助他们更好地集中精力，加深对知识的理解和记忆。

4. 提高学习效率

通过视觉艺术建立深刻学习印象，学生能够更深入地理解知识，形成系统的认知结构，进而提高学习效率。这种直观、深刻的学习印象将为学生的学习之路铺平道路，使他们更容易掌握知识，应用知识，从而取得更好的学习成绩。

（四）激发创造力和想象力

视觉艺术在学习中的应用不仅仅是为了提高学习效率，更可以激发学生的创造力和想象力。通过视觉艺术的引导，学生可以更好地表达自己的观点和想法，从而培养其批判性思维和创新能力。视觉艺术的多样性和创意性能够启发学生的艺术感知和审美能力，使其在学习中不仅仅是被动接受知识，更能够积极参与到知识的构建和创造中去。

教师在教学中可以结合视觉艺术的元素，设计丰富多彩的教学内容和活动，激发学生的学习兴趣和动力。例如，通过绘画、摄影、视频制作等方式，让学生将抽象的知识转化为具体的形象，从而更深入地理解和掌握知识。此外，教师还可以引导学生进行艺术创作，培养他们的审美情趣和审美能力，提升其综合素养。

二、视觉艺术对信息传达的支持

当通过视觉艺术的形式如图表、图片、动画等呈现信息时，信息的传达变得更加生动直观。这种方式不仅使学习过程更具吸引力，也帮助学生更轻松地理解和记忆知识，从而加深对知识点的理解和掌握。

图表在呈现信息时往往能够清晰地展示数据之间的关系和趋势，使学生能够一目了然地理解信息。例如，通过表格、柱状图、折线图等形式呈现的数据，可以让学生直观地比较和分析不同信息之间的差异，从而更好地理解知识点。

图片作为视觉艺术形式的一种，能够通过形象的表达方式帮助学生将抽象的概念转化为具体的形象。图片可以用来说明概念、展示实例、描绘场景等，让学生更容易地联想和理解知识，提升他们的学习效果。

动画则在信息呈现中扮演着独特的角色，通过生动的画面和交互性的展示方式，吸引学生的注意力，帮助他们更好地理解复杂的概念。动画能够将知识点进行逐步展示，引导学生逐步深入理解，从而加深记忆和掌握知识的程度。

（一）帮助学生具体化抽象概念

1. 帮助学生具体化抽象概念的重要性

视觉艺术在教育中扮演着重要的角色，可以帮助学生将抽象的概念具体化。通过视觉呈现，学生可以更好地理解抽象概念所代表的含义，将抽象概念转化为具体形象，从而使学习变得更加直观、生动。这种转化过程不仅可以加深学生对知识的理解，还可以激发他们的创造力和想象力。

2. 视觉艺术的具体化作用

（1）视觉化概念

视觉艺术可以通过图像、色彩、形状等元素将抽象概念具体化，帮助学生更直观地理解概念的内涵。例如，通过绘画或雕塑，可以将抽象的情感、价值观念具体化为形象化的作品，让学生通过作品感受和理解这些抽象概念。

（2）视觉化过程

在视觉艺术的创作过程中，学生需要将抽象的想法转化为具体的作品。这个过程不仅培养了学生的表达能力和观察力，还激发了他们思维的深度和广度。通过这种转化过程，学生可以更好地理解和吸收知识，使学习变得更加有趣和富有成就感。

（3）视觉化表达

通过视觉艺术的表达，学生可以将自己对抽象概念的理解和感受具体化为作品，展现出个性化的思维和情感。这种表达不仅可以增强学生的自信心和创造力，还可以促进他们与他人的交流与分享，形成良好的学习氛围。

（二）提升学习效果

1. 深入理解学习内容

视觉艺术可以通过图像、图表等形式呈现信息，帮助学生更直观地理解抽象概念，加深对知识的理解。

2. 增强记忆力

视觉信息更易于被大脑记忆，学生通过观察视觉作品可以更快速、更牢固地记住学习内容。

3. 提高学习成绩

通过视觉艺术的应用，学生能够更高效地学习和掌握知识，从而在考试中取得更好的成绩。

4. 加强语言表达能力

视觉艺术可以激发学生的想象力和创造力，帮助他们更好地表达观点和思想，提升语言表达能力。

（三）增强学习体验

1. 创造生动的学习场景

视觉艺术在教育中扮演着重要角色，它能够为学习场景增添生动的色彩和画面，让学生仿佛置身其中。想象一下，在历史课堂上，通过展示精美的历史画作，学生可以仿佛穿越时空，亲临历史事件现场，感受历史的厚重与震撼；在科学课上，通过展示精美的科学插图和动画，学生可以深入探索微观世界，理解抽象概念。这些视觉艺术作品激发了学生的好奇心和想象力，使学习变得更加生动有趣。通过融入视觉艺术元素，学习场景不再枯燥乏味，而是充满活力和灵感，激发学生对知识的热爱与探索欲望。

2. 提升学习动力

视觉艺术的应用可以极大地提升学习动力。通过视觉艺术的多彩展示，学习变得更加具有趣味性和吸引力，激发学生的好奇心和探索欲望。例如，在语言课堂上，通过展示生动有趣的插图和漫画，可以帮助学生更快地理解词汇和语法，增强记忆效果；在数学课上，通过展示视觉化的问题解决方法，可以激发学生的思维，培养他们的逻辑推理能力。这样的学习方式让学生更乐于投入学习，提高了他们的学习主动性和积极性。视觉艺术不仅为学习增添了乐趣，也让知识更加生动和具体，帮助学生建立起更为深刻的认知，从而更好地掌握所学内容。这种互动式、趣味性的学习方式，能够激发学生的学习动力，促进他们的全面发展。

3. 促进互动与合作

通过视觉艺术创作，学生可以展示自己独特的想法和创意，从而促进学生之间的互动与合作。在艺术作品展示和创作过程中，学生们可以分享彼此的灵感和观点，相互启发和借鉴，共同探讨和学习。他们可以通过交流和合作，互相帮助解决问题，提出建设性的意见和建议，从而丰富彼此的创作思路和技巧。这种互动与合作不仅促进了学生之间的交流和合作能力，还培养了他们的团队精神和创造力。通过视觉艺术创作，学生可以在共同的创作过程中建立起更紧密的联系，形成良好的学习氛围，共同成长和进步。这种互动式的学习方式不仅促进了学生个体能力的提升，也培养了团队合作和协作的重要能力，为他们未来的发展打下坚实的基础。

4. 激发学习兴趣

视觉艺术作为一种表达方式，具有激发学生学习兴趣的独特魅力。通过观赏和参与视觉艺术作品的创作，学生可以感受到艺术的美感和创造力，从而激发他们的好奇心和探索欲望。艺术作品所传达的情感和思想也可以引发学生的共鸣和思考，帮助他们更深入地理解和体验所学知识。在学习过程中，融入视觉艺术元素可以使抽象的概念变得具体形象化，让学生通过观察和思考来理解和吸收知识，使学习变得更加生动有趣。通过欣赏和创作视觉艺术作品，学生可以在艺术的世界里找到乐趣和满足，激发他们对学习的热情和兴趣，促使他们更加积极地投入到学习中去。这种以艺术为媒介的学习方式不仅可以提高学生的学习效果，也能够培养他们的审美情趣和创造力，为其全面发展打下坚实基础。

5. 增强记忆力

视觉信息在大脑中的处理方式使其更容易被记忆。通过视觉艺术的应用，学生可以借助图像、图表等视觉元素来帮助记忆学习内容，从而更快速、更牢固地掌握知识，提高学习效率。比如，在学习单词时，通过与图像相结合的记忆方法，可以让学生更容易记住单词的意思和拼写；在学习复杂概念时，通过视觉化的表达方式，可以帮助学生更清晰地理解和记忆抽象概念。视觉艺术作为一种强大的学习工具，能够激发学生的视觉记忆，提升他们的学习效果。通过将学习内容与视觉艺术相结合，学生不仅可以更快速地吸收知识，还可以在脑海中形成更为生动和深刻的记忆痕迹，加深对知识的理解和记忆。这种视觉化的学习方式不仅提高了学生的学习效率，也培养了他们的观察力和想象力，为他们的学习之路增添了色彩和乐趣。

6. 丰富学习体验

视觉艺术的多样性和创意性为学习增添了更多元化的元素，丰富了学习体验。通过欣赏不同风格和主题的视觉艺术作品，学生可以拓宽视野，感受到不同文化背景和艺术表达方式的独特魅力。在学习过程中，融入视觉艺术元素可以让学生以更直观、更感性的方式接触知识，激发他们的情感共鸣和思维启迪。例如，通过观赏名家绘画作品，学生不仅可以欣赏艺术之美，还可以从中感受到历史、文化等方面的信息，丰富自己的知识储备；通过参与艺术创作活动，学生可以发挥想象力和创造力，体验到艺术带来的愉悦和成就感。视觉艺术为学习注入了更多的情感和体验，让学生在学习的过程中不仅获得知识，更能感受到美的力量和文化的魅力，从而丰富了他们的学习体验，促使他们更加全面地成长和发展。这种多元化、综合性的学习方式不仅提高了学生的学习效率，也培养了他们的审美情趣和文化素养，为其未来的发展奠定了坚实基础。

三、视觉艺术对情感体验的引导

（一）唤起情感共鸣

1. 情感共鸣的力量

视觉艺术作为情感表达的载体，具有强大的情感共鸣力量。通过精心设计的艺术作品，色彩、构图、主题等元素能够触动学生内心深处的情感，引发他们与作品产生情感联系。这种共鸣激发了学生的思考和体验，帮助他们更深入地理解作品背后的情感内涵，从而促进情感与审美的共鸣与沟通。视觉艺术作为情感的表达形式，不仅丰富了学生的情感世界，也拓展了他们的审美视野，激发了对艺术的热爱与探索欲望。

2. 文化、人物、事件的体验

艺术作品是文化、人物、事件的生动体验载体，展现了丰富的文化内涵和历史故事。通过艺术作品的欣赏与体验，学生可以深刻感受不同文化的魅力，并对历史人物和事件产生情感认同和共鸣。例如，通过观赏中国古代绘画作品，学生可以感受到中国传统文化的独特魅力与审美情趣；通过欣赏历史题材雕塑作品，学生可以对历史人物的伟大事迹产生敬佩与共鸣。这种体验不仅帮助学生更深入地理解和记忆相关知识，还激发了他们对文化、历史的兴趣与热爱。通过艺术作品的体验，学生可以跨越时空的界限，与不同文化、人物、事件产生心灵共鸣，丰富了他们的人文素养和情感体验，培养了他们对多元文化的包容与理解能力。

3. 丰富学习体验

情感共鸣赋予学习丰富的体验，使其不再枯燥乏味，而充满情感色彩和思想碰撞。通过与艺术作品互动，学生能够培养情感智慧和情感表达能力，从而让学习过程更具意义和深度。艺术作品的观赏与体验激发了学生内心深处的情感共鸣，引发了他们对知识的好奇与探索欲望，激发了学习的动力和热情。在这样的学习氛围中，学生不仅可以感受到知识的美感与深度，还能够培养情感智慧，提升情感表达能力，促进个人内心世界的发展与成长。因此，通过情感共鸣与艺术作品的互动，学生不仅能够获得知识，更能够融入情感体验中，让学习之路变得更加丰富多彩，充满乐趣与意义。

（二）深化对学习内容的理解和记忆

情感体验有助于深化学生对学习内容的理解和记忆，尤其在英语学习中。当学生与视觉艺术作品建立情感联系时，他们更容易将学习内容与情感体验相结合，从而加深对知识的理解和记忆。通过艺术作品中蕴含的情感元素，学生可以在情感共鸣的驱使下更深入地探索英语学习内容，将抽象的概念转化为具体的情感体验，从而使学习内容更加生动和具体。这种情感连接不仅有助于激发学生学习的兴趣和动力，还能够帮助他们更好地理解和记忆所学知识，提高学习效率和成果。因此，通过情感体验与视觉艺术作品的结合，学生可以在情感共鸣的基础上深化对英语学习内容的理解和记忆，使学习过程更加生动有趣且富有成效。

（三）培养情感智慧和表达能力

通过与视觉艺术作品互动，学生得以培养情感智慧和情感表达能力，这对于他们的全面发展和人格塑造具有重要意义。艺术作品作为情感的表达形式，不仅可以触发学生内心深处的情感共鸣，还能够帮助他们理解和表达情感，培养情感智慧。

首先，通过欣赏和体验视觉艺术作品，学生学会用情感去感知和理解世界。艺术作品常常蕴含着丰富多彩的情感，通过色彩、构图、主题等元素的表现，艺术家传达了自己内心深处的情感与思想。当学生与这些作品产生共鸣时，他们也在感受艺术家的情感体验，从而潜移默化地培养了自己的情感智慧，学会用更加细腻的情感去感知和理解世界，拓展了对情感世界的认知和体验。

其次，通过与艺术作品互动，学生提高了情感表达能力。艺术作品可以激发学生内心深处的情感，让他们更加敏锐地感知和表达情感。当学生尝试用语言、绘画等形式表达自己与作品产生的情感联系时，他们在情感表达能力上得到了锻炼和提升。这种情感表达不仅让学生更好地理解自己的情感世界，也有助于与他人进行情感沟通和交流，培养了他们的社交能力和情感智慧。

此外，通过与艺术作品互动，学生提高了情感管理能力。在与艺术作品交流的过程中，学生不仅学会理解和表达情感，还能够更好地管理自己的情绪和情感。艺术作品常常引发复杂多变的情绪体验，学生需要学会如何应对这些情绪，平衡自己的情感体验。通过对艺术作品的感悟和体验，学生逐渐培养了自我情感管理的能力，提高了情绪调控和情感表达的技巧，使自己更加成熟和稳健。

（四）丰富学习体验

视觉艺术作为一种表达情感、启发思考的媒介，在教育领域中扮演着重要的角色。通过视觉艺术的情感引导，学生的学习体验得以丰富，使得学习过程更加生动和有趣。情感在学习中的作用不可忽视，它能够帮助学生更好地投入学习，激发学习兴趣，进而提高学习效率。

1. 情感引导的重要性

情感是人类思维活动中不可或缺的一部分，它在学习过程中具有重要的作用。视觉艺术通过作品的色彩、构图、主题等元素，能够直接触动人们的情感，引发共鸣和思考。当学生在欣赏、思考艺术作品时，他们往往会被作品所传达的情感所吸引，进而产生对作品的情感体验。这种情感体验能够帮助学生更深入地理解作品，加深对知识的印象，激发学习的兴趣与动力。

2. 生动有趣的学习体验

视觉艺术的情感引导可以为学生带来生动有趣的学习体验。通过观赏艺术作品，学生可以感受到艺术家所表达的情感，从而与作品产生情感共鸣。这种情感共鸣能够使学生更加投入学习，全身心地沉浸在学习之中。相比于枯燥的课本知识，艺术作品所带来的情感体验更具感染力和吸引力，能够让学习变得更加生动有趣。

3. 激发学习兴趣与提高学习效率

情感引导能够激发学生的学习兴趣，使他们更加主动地参与学习。当学生对学习内容产生兴趣时，他们会更加努力地去学习、去探索，这有助于提高学习效率。视觉艺术所带来的情感体验可以激发学生的好奇心和求知欲，引发对知识的探索和思考，从而促进学生的全面发展和能力提升。

第二节　视觉艺术在课堂教学设计与组织中的应用

一、视觉艺术元素的运用与搭配

（一）色彩

1. 色彩搭配

在英语教学中，色彩搭配是一种重要的视觉艺术元素，能够帮助学生更好地理解情感色彩和文化含义，同时增强学习的吸引力和趣味性。教师可以通过精心选择和运用不同色彩来表达情绪和主题，从而丰富课堂氛围，激发学生的学习兴趣。

（1）表达情感色彩

在英语教学中，色彩搭配可以帮助教师传达情感色彩，让学生更直观地感受到课程内容所传达的情绪和情感。比如，运用红色可以表现热情和活力，适合用于激励和鼓舞学生；而蓝色则可以表现冷静和安静，适合用于引导学生思考和反思。

（2）表现文化含义

不同色彩在不同文化中具有不同的含义和象征意义，教师可以通过色彩搭配来展示英语国家的文化特点和价值观念。比如，在英国文化中，红色可能代表皇室和传统，蓝色可能代表冷静和优雅。通过运用这些色彩，教师可以帮助学生更好地理解英语国家的文化背景，促进跨文化交流和理解。

（3）提升学习效果

合理的色彩搭配不仅可以美化课堂环境，更可以提升学习效果。通过运用暖色调和冷色调等不同色彩，教师可以引导学生在不同情绪和思维状态下学习，帮助他们更好地理解和记忆知识点。色彩搭配的精准运用可以使课堂内容更加生动有趣，激发学生的学习热情，提高学习效率。

2. 色彩对比

在英语教学中，色彩对比是一种有效的视觉艺术手段，通过对不同色彩的差异性运用，可以突出重点内容，引导学生关注重要信息，提高学习效率。适当的色彩对比可以使信息更加清晰醒目，帮助学生更好地理解单词、句子等语言要素，以下将探讨色彩对比在英语教学中的重要性。

（1）强调重点内容

通过色彩对比，教师可以有效地突出重点内容，使其在整体信息中更加显眼和引人注目。在英语教学中，适当运用色彩对比可以帮助学生快速识别和理解重要单词、关键句子，从而加强记忆和理解。

（2）提高信息可读性

良好的色彩对比可以使信息更加清晰醒目，提高信息的可读性和辨识度。在英语教学中，适当的色彩对比可以帮助学生更快速地捕捉关键信息，准确理解语言要素的含义和用法，从而提高学习效率。

（3）激发学习兴趣

通过色彩对比营造出视觉冲击力和吸引力，可以激发学生的学习兴趣，增加课堂的趣味性和活力。在英语教学中，生动鲜明的色彩对比可以使学习过程更加生动有趣，吸引学生的注意力，提高学习积极性。

（4）促进思维和记忆

适当的色彩对比可以帮助学生更好地理解和记忆知识点，激发他们的思维和联想能力。在英语教学中，通过色彩对比呈现单词、句子等语言要素，可以帮助学生建立视觉记忆，加深理解，促进信息的长期记忆和应用。

（二）形状

1. 图形设计

在英语教学中，图形设计是一种强大的辅助工具，可以帮助学生更直观地理解抽象概念。通过利用不同形状的图形设计，教师可以将单词、句子结构等内容呈现得更具体、生动。例如，可以用图形表示不同词汇之间的关联，或者通过图表展示句子结构和语法规则。这种视觉化的呈现方式可以帮助学生更容易地理解和记忆英语知识，激发他们的学习兴趣。

图形设计还可以帮助学生更深入地理解语言背后的逻辑和规律。通过将抽象的语言元素转化为具体的图形形式，学生可以更直观地感受到语言的结构和特点，从而加深对英语的理解。此外，图形设计还可以激发学生的创造力和想象力，帮助他们更好地表达自己的想法和观点。

2. 几何形状

引入几何形状的概念对学生的空间想象能力和逻辑思维能力的培养具有重要意义。通过几何形状的引入和应用，教师可以帮助学生更好地理解和掌握抽象的几何概念，同时引导他们探索形状之间的关系，拓展他们的思维。

通过学习几何形状，学生可以培养空间想象能力，帮助他们更好地理解和描述物体在空间中的位置、方向和关系。同时，几何形状的学习也能够促进学生的逻辑思维能力，让他们学会通过推理和分析来解决问题，培养他们的思维能力和解决问题的能力。

教师可以通过丰富多样的教学活动和案例，引导学生在实际操作中探索几何形状的特点和规律，激发他们的学习兴趣，提高他们的学习效率。通过引入几何形状的概念，教师可以帮助学生建立起对空间和形状的直观认识，为他们今后更深入的数学学习打下坚实的基础。

（三）线条

1. 线条的运用

在英语教学中，线条的运用是一种有效的视觉辅助手段，可以引导学生的视线，突出重点内容，帮助他们更好地理解语言结构和逻辑关系。教师可以通过控制线条的粗细、曲直等特点，达到引导学生注意力的目的。

通过运用粗细不同的线条，教师可以在教学材料中突出重点内容，让学生更加关注和理解重要信息。同时，线条的曲直也可以用来表达语言结构和逻辑关系，帮助学生更直观地理解句子结构、段落组织等内容。例如，可以通过箭头线条连接词语之间的关系，或者用虚线框出重要概念，引导学生厘清思路，加深理解。

除此之外，线条的运用还可以使教学内容更具有美感和吸引力，激发学生的学习兴趣，提高学习效率。通过巧妙运用线条，教师可以创造出丰富多彩的视觉效果，使教学内容更加生动有趣，激发学生的好奇心和探究欲。

2. 线条的组合

通过线条的组合方式，可以设计出生动有趣的图表和图示，帮助学生更直观地理解英语语言的组成和应用。线条的组合不仅可以使信息更加清晰明了，还能激发学生的学习兴趣，提高他们的学习效率。

教师可以通过巧妙地组合线条，创造出形象生动的图表和图示，将抽象的语言知识转化为直观的视觉形式，帮助学生更好地理解和记忆。例如，可以利用线条连接单词和对应的图片，或者用不同颜色和样式的线条表示不同语法结构，让学生通过视觉感知来理解英语语言的组成和应用规则。

线条的组合还可以使教学内容更加生动有趣，激发学生的学习兴趣。通过设计具有创意和趣味性的图表和图示，可以吸引学生的注意力，让他们更愿意参与课堂学习，提高学习积极性。同时，生动有趣的线条组合也有助于加深学生对知识的印象，促进知识的长期记忆。

（四）质感

1. 质感的表现

在英语教学中，质感是一种重要的表现形式，可以通过语言的音质、节奏等方面展现出来。教师可以利用声音的质感来传达情感和语气，从而帮助学生更好地理解语言的表达方式和含义。举例而言，通过改变语速、音调和音量，教师可以模拟不同情境下的语气，如愉快、严肃、悲伤等，让学生通过声音的变化感受到语言背后所蕴含的情感色彩。此外，适时的停顿和重音也能够突出重点，帮助学生更清晰地抓住语言的重要信息。因此，在英语教学中，教师应该重视质感的表现，通过声音的变化引导学生感知语言的丰富内涵，提高他们的语言理解能力和表达能力。

2. 触感体验

除了视觉上的质感表现，教师还可以引导学生通过触摸、实践等方式来体验语言的质感，从而加深他们对语言的认知和理解。通过朗读、表演等活动，学生可以亲身感受语言的韵律和节奏，进而更好地理解语言的表达方式和情感内涵。例如，教师可以组织学生进行口语表达练习，让他们通过模仿、演绎等方式感知语言的音质和节奏，从而提高他们的语感和表达能力。此外，教师还可以借助实物、图片等教具，让学生通过触摸、观察等方式感知语言所表达的质感，帮助他们建立起更加直观和深刻的语言印象。通过这些触感体验，学生不仅可以在实践中加深对语言的理解，还能够培养语言表达的自信和流畅度。因此，教师在英语教学中应该多样化教学手段，引导学生通过触摸、实践等方式来感知语言的质感，从而全面提升他们的语言能力和表达能力。

二、教师板书与幻灯片设计

（一）配色搭配

1. 情感色彩

在英语教学中，合理的配色搭配可以传达情感和氛围，帮助学生更好地理解课程内容。比如运用蓝色来表达冷静和专注，运用黄色来表达活力和积极性。通过选择不同的颜色来装饰教室或教学材料，教师可以营造出不同的情感色彩，让学生在视觉上更容易接受和理解所学知识。例如，使用蓝色作为主色调可以帮助学生保持冷静和专注的状态，适合用于考试前的复习环境；而运用黄色则能够增加课堂的活力和积极性，激发学生的学习热情。此外，橙色可以传达温暖和友好的氛围，适合用于团队合作或互动性较强的课堂活动。因此，教师在设计教学环境时可以充分利用色彩的情感表达功能，让学生在轻松愉快的氛围中更好地吸收知识，提高学习效率。通过合理的配色搭配，英语教学可以变得更加生动有趣，激发学生的学习兴趣和参与度。

2. 文化涵义

在英语教学中，不同颜色在不同文化中具有不同的含义，教师可以根据英语国家的文化特点选择合适的颜色，让学生了解英语文化背景，拓展跨文化理解。例如，在西方文化中，红色通常代表热情和力量，而在东方文化中则象征喜庆和幸福。因此，教师可以根据学生的文化背景和学习需求，灵活运用颜色来传达不同的文化含义，帮助他们更好地理解英语国家的文化特点。通过引入与颜色相关的文化知识，学生不仅可以学习语言，还能够了解不同文化间的差异和共通之处，培养跨文化交流能力和理解力。此外，教师还可以通过展示英语国家的传统节日、风俗习惯等内容，结合相应的颜色符号，让学生在学习语言的同时感受到文化的魅力，激发对跨文化交流的兴趣和热情。因此，教师在英语教学中应该注重文化因素的引入，通过颜色的选择和运用，帮助学生拓展对英语国家文化的认知，促进跨文化理解和交流的发展。

（二）字体选择

1. 字体风格

在英语教学中，选择适合主题的字体风格可以增强信息的表现力。教师可以通过选择清晰易读的字体，同时根据内容特点选择合适的字体风格，如正式、手写等，来提升学生的学习体验和理解效果。

首先，清晰易读的字体对于学生的阅读理解至关重要。教师在准备教材或展示内容时，应选择字体清晰、排版合理的字体，确保学生能够轻松理解文字信息，避免阅读障碍和误解。同时，根据内容特点选择合适的字体风格也能够增强信息的表现力。比如，在正式的学术文章或考试题目中使用端庄、规整的字体，有助于凸显内容的严肃性和权威性；而在创意类作业或趣味性内容中，选择手写风格的字体则能够增加亲和力和趣味性，吸引学生的注意力和兴趣。

通过合理选择字体风格，教师不仅可以提升教学材料的视觉吸引力，还能够更好地传达信息和情感，激发学生的学习热情和参与度。因此，在英语教学中，教师应当注重字体风格的选择，根据教学内容和目的灵活运用不同的字体风格，以提升教学效果和学生的学习体验。

2. 字号与排版

在英语教学中，合理设置字号大小和排版结构可以使信息层次清晰，便于学生阅读和理解。通过设定不同的字号大小和排版方式，教师可以突出重要内容，同时使次要内容更加清晰呈现，提高学生对教材内容的理解和吸收效果。

首先，重要内容通常应该采用较大的字号来突出显示，以吸引学生的注意力并强调信息的重要性。这样可以帮助学生更快速地捕捉到核心知识点，从而更好地理解和记忆相关内容。相反，次要内容可以采用较小的字号呈现，以区分主次，使整体结构更加清晰明了。通过合理设置字号大小，可以使信息层次更加清晰，帮助学生更好地理解内容之间的关联和逻辑顺序。

此外，良好的排版结构也是提高学习效率的关键。合理的排版可以使文字布局整洁有序，避免信息混乱和视觉疲劳，让学生更轻松地阅读和消化知识。通过合理设置段落间距、行距和文字对齐方式，可以使教材或学习资料更具吸引力和可读性，提升学生的学习体验。

因此，在英语教学中，教师应当重视字号与排版的设置，根据内容的重要性和层次合理调整字号大小和排版结构，以帮助学生更好地理解和消化所学知识，提高学习效率和学习成果。

（三）布局设计

1. 结构清晰

在英语教学中，合理的布局设计能够使信息结构清晰，便于学生快速获取所需信息。通过采用标题、副标题、重点内容等分层次呈现的方式，教师可以帮助学生建立知识框架，提高他们对学习内容的理解和记忆效果。

首先，使用标题和副标题可以帮助学生快速抓住文章或教材的主题和重点内容。清晰明了的标题能够引导学生对整体内容有一个整体的把握，而副标题则可以进一步细化内容，让学生更好地理解各个部分之间的逻辑关系。通过分层次呈现信息，可以使学生更有条理地学习和掌握知识，提高学习效率。

其次，突出重点内容也是布局设计的重要部分。通过采用加粗、颜色标记等方式来突出重点内容，可以让学生更容易地识别和理解关键信息，帮助他们更有针对性地进行学习和复习。重点内容的明确呈现有助于学生建立起知识框架，加深对重要概念和原理的理解，提升学习效果。

因此，在英语教学中，教师应当注重布局设计，通过合理设置标题、副标题和突出重点内容等方式，使信息结构清晰有序，帮助学生更好地理解和消化所学知识。一个清晰的布局设计不仅可以提高学生的学习效率，还能够培养他们的逻辑思维能力和知识整合能力。

2. 图文结合

在设计中可以运用图片、图表等视觉元素与文字相结合，丰富内容表现形式，增强学生的理解和记忆。图文结合可以使信息更加生动具体，激发学生的学习兴趣。

通过将图片、图表与文字相结合，教师可以为学生呈现更加生动形象的学习内容。视觉元素可以帮助学生更直观地理解抽象概念，加深对知识的印象和理解。例如，通过插入相关图片或图表，可以使学生更清晰地了解英语单词的含义、语法规则的运用等，提高他们的学习效果。此外，图文结合还可以激发学生的学习兴趣，使学习过程更加生动有趣，提高学生的学习积极性和参与度。

另外，图文结合也有助于帮助视觉学习者更好地吸收知识。对于那些倾向于通过视觉方式学习的学生，图文结合可以提供更多的视觉刺激，帮助他们更有效地理解和记忆学习内容。通过多种感官的参与，学生可以更全面地理解知识，提高学习效率。

因此，在英语教学中，教师应当充分利用图文结合的方式，通过运用图片、图表等视觉元素丰富内容表现形式，增强学生的理解和记忆。图文结合不仅可以使信息更加生动具体，还能够激发学生的学习兴趣，提高他们的学习效率和学习体验。

三、多媒体资源的选取与利用

（一）视觉艺术作品

1. 文学作品插图

在英语文学教学中，教师可以选取经典文学作品的插图，如《哈利·波特》系列的插图或莎士比亚戏剧的艺术画作，帮助学生更好地理解故事情节和人物形象，激发学生对文学的兴趣。

插图在文学教学中扮演着重要的角色，它可以为学生提供直观的视觉参考，帮助他们更好地理解文学作品中的情节发展和人物形象。通过观看插图，学生可以将文字描述转化为具体形象，加深对故事情节和人物性格的理解。例如，《哈利·波特》系列的插图可以帮助学生更生动地想象魔法世界的场景和角色，激发他们对奇幻文学的兴趣；而莎士比亚戏剧的艺术画作则可以让学生更好地感受戏剧的戏剧性和艺术性，增强对文学作品的欣赏和理解。

除了帮助学生理解文学作品，插图还可以激发学生对文学的兴趣和热爱。视觉元素的加入使学习更加生动有趣，吸引学生的注意力，让他们更愿意深入了解和探索文学作品。通过欣赏插图，学生可以感受到文学作品的魅力和魔力，从而培养对文学的浓厚兴趣，促进他们对阅读和学习的积极性。

因此，在英语文学教学中，教师可以借助经典文学作品的插图，如《哈利·波特》系列的插图或莎士比亚戏剧的艺术画作，帮助学生更好地理解故事情节和人物形象，激发他们对文学的兴趣，提高学习的趣味性和深度。

2. 文化艺术作品

通过展示英语国家的文化艺术作品，如绘画、雕塑、建筑等，可以让学生了解英语国家的文化背景，拓宽他们的视野，促进跨文化交流和理解。

艺术作品是一种文化的载体，反映了当地人民的生活方式、价值观念和审美情趣。通过展示英语国家的文化艺术作品，学生可以深入了解英语国家的文化底蕴和历史传统，感受不同文化间的差异与共通之处。例如，通过欣赏英国文学作品的插图、探索美国当代艺术的风格，学生可以了解英语国家的文学、艺术发展历程，体验不同文化背景下的艺术表达方式，从而拓宽视野，增进对英语国家文化的认知和理解。

展示文化艺术作品还有助于促进跨文化交流和理解。通过欣赏英语国家的艺术作品，学生可以感受到不同文化间的交融与碰撞，培养跨文化交流的能力和意识。了解他国的文化艺术，可以打破文化隔阂，促进不同文化之间的交流与合作，促进世界各国之间的友好关系及和谐发展。

（二）图片资源

1. 地理风景图片

在教学地理和旅游英语时，教师可以选取各国风景图片，让学生通过视觉感受不同国家的自然风光和人文景观，激发学生对地理和旅游的兴趣。

通过展示地理风景图片，学生可以通过视觉感受各国的自然风光和人文景观，深入了解不同地区的地理特点和文化特色。例如，展示中国的长城、美国的大峡谷、法国的埃菲尔铁塔等著名景点的图片，可以让学生直观地感受到各国的地理风貌和历史文化，激发他们对地理和旅游的好奇心和兴趣。

通过地理风景图片的展示，学生可以拓宽视野，了解世界各地的自然奇观和人文景观，增加对地理知识和旅游目的地的认知。同时，这种视觉化的教学方式可以使学习更加生动有趣，激发学生的学习热情和参与度，提高他们对地理和旅游英语的学习兴趣和积极性。

因此，在教学地理和旅游英语时，教师可以利用地理风景图片来帮助学生感受不同国家的自然风光和人文景观，激发他们对地理和旅游的兴趣。这种直观的教学方式不仅可以增加学生的学习乐趣，还能够促进他们对世界的探索和认知，培养他们的地理意识和跨文化交流能力。

2. 单词图片搭配

在教学单词和词汇时，教师可以利用图片资源进行单词图片搭配，帮助学生更直观地理解单词的含义，加深记忆。

通过单词图片搭配的方式，教师可以为学生呈现生动形象的视觉表达，帮助他们更直观地理解单词的含义和用法。例如，对于英语中的动物词汇，教师可以展示各种动物的图片，让学生通过视觉感知动物的外貌特征，从而更好地记忆和理解相应的单词。这种图片搭配的教学方法可以激发学生的学习兴趣，提高他们对单词的记忆效果。

此外，单词图片搭配也有助于帮助学生建立单词与实物之间的联系，加深记忆。通过视觉与文字的结合，学生可以更容易地将抽象的单词与具体的事物联系起来，形成更为深刻的记忆印象。这种直观的学习方式不仅可以提高学生的学习效率，还能够激发他们的学习兴趣，使学习过程更加生动有趣。

（三）视频资源

1. 动画故事

通过播放英语动画故事，教师可以让学生在轻松愉快的氛围中学习英语，提高他们的听力理解能力和口语表达能力。

英语动画故事是一种生动有趣的教学资源，能够吸引学生的注意力，激发他们学习英语的兴趣。通过观看动画故事，学生可以在视听的双重刺激下，更好地理解故事情节、把握语言表达方式，提高听力理解能力。同时，动画故事中常常包含丰富的口语表达和情景对话，有助于学生模仿和学习地道的英语口语，提升口语表达能力。

在轻松愉快的氛围中学习英语可以降低学习的压力，让学生更加享受学习的过程。通过动画故事，学生可以在轻松的氛围中感受英语语言的魅力，增强学习的趣味性和参与度。这种互动式的学习方式有助于激发学生学习的热情，提高学习效率。

2. TED 演讲

引导学生观看英语 TED 演讲视频是一种有效的教学方法，可以拓展学生的思维，提高他们的听力水平和跨文化交流能力，同时激发学生对英语学习的热情。

TED 演讲以其丰富多样的主题和优秀的演讲者而闻名，通过观看英语 TED 演讲视频，学生可以接触到各种领域的知识和见解，拓展思维广度和深度。演讲者的言辞精彩、观点新颖，能够激发学生的思考，促使他们思考和探索更多的问题，培养批判性思维和创新能力。

同时，通过观看英语 TED 演讲视频，学生可以提高听力水平和英语表达能力。演讲者的流利英语演讲和丰富的词汇表达可以帮助学生熟悉地道英语的运用，提高他们的听力理解能力和口语表达能力。此外，通过欣赏不同文化背景下的演讲，学生还可以增进对跨文化交流的理解和尊重，培养国际视野和跨文化交流能力。

最重要的是，观看英语 TED 演讲视频可以激发学生对英语学习的热情。优秀的演讲内容和演讲方式能够吸引学生的注意力，让他们更加享受学习的过程，激发学习的动力和兴趣。通过这种富有启发性和感染力的学习方式，学生可以更加深入地了解英语世界，提高学习的效率和成就感。

通过精心选择和利用多媒体资源，教师可以为英语教学注入更多的艺术元素和趣味性，激发学生的学习热情和创造力。多媒体资源的应用不仅可以丰富教学内容，更可以提升教学效果，帮助学生更好地掌握英语知识和技能，实现全面发展。因此，教师应不断探索多媒体资源的丰富性和多样性，灵活运用于英语教学实践中，为学生打造更具艺术感和创造力的学习环境。

第三节　视觉艺术与学生参与合作学习的促进

一、视觉艺术与小组合作活动

1. 视觉艺术对学生团队合作精神的激发

视觉艺术作为一种表达方式，可以帮助学生在小组合作活动中更好地展现团队合作精神。在视觉艺术项目中，学生需要相互协作、共同讨论并完成任务，这促进了他们之间的合作关系。通过共同面对挑战和解决问题，学生学会了倾听他人意见、尊重他人想法，并学会了如何在团队中发挥自己的作用。这种团队合作精神不仅在视觉艺术项目中体现，也可以延伸到其他学习和生活领域。

2. 视觉艺术对学生创造力的培养

视觉艺术项目的完成需要学生发挥创造力，设计独特的作品。在小组合作活动中，学生可以相互启发、交流想法，共同创作出富有创意的作品。通过这样的过程，学生的创造力得到了锻炼和提升。他们学会了从不同角度思考问题，尝试新的方法和技巧，培养了解决问题的能力。这种创造性思维不仅在视觉艺术领域中有所体现，也可以帮助学生更好地应对各种挑战和任务。

3. 教师如何设计视觉艺术与小组合作活动

教师在设计视觉艺术与小组合作活动时，应该考虑以下几点。

（1）设定明确的任务和目标，让学生清楚任务要求和完成标准。

（2）分配适当的角色和责任，让每个学生在小组中扮演不同的角色，发挥各自特长。

（3）提供必要的指导和支持，引导学生在合作过程中解决问题，克服困难。

（4）鼓励学生展示和分享成果，让每个学生都感到自己的贡献得到认可和肯定。

二、视觉艺术与角色扮演演示

（一）视觉艺术与角色扮演演示在英语学习中的重要性

角色扮演演示是一种结合视觉艺术与语言表达的有效方式，尤其在英语学习中具有重要意义。通过扮演不同的角色并展示给他人，学生可以更好地理解和运用英语语言，同时通过视觉形式呈现，增强了学习的趣味性和吸引力。下面将探讨视觉艺术与角色扮演演示在英语学习中的益处以及如何设计相关任务来促进学生的语言表达能力和情感表达能力。

1. 提高口语表达能力

角色扮演演示为学生提供了一个实践口语表达的机会。通过扮演不同的角色，学生需要运用英语进行交流和互动，从而锻炼他们的口语能力。在扮演的过程中，学生需要思考角色的身份、背景和情感，然后用英语适当地表达出来，这有助于他们更流利地运用英语进行口语交流。

2. 提升情感表达能力

通过角色扮演演示，学生可以更好地理解和表达不同角色的情感。他们需要深入思考角色的内心世界，体会其情感变化，并用英语适当地表达出来。这种情感表达的训练有助于学生提高情感识别能力和情感表达能力，使他们在英语交流中更具表现力和感染力。

3. 增强学习趣味性和吸引力

视觉艺术与角色扮演的结合使学习过程更加生动有趣。学生不仅可以通过语言表达来理解角色，还可以通过视觉形式（如服装、道具等）更直观地感受和展示角色特点。这种多元化的表达方式能够激发学生的学习兴趣，提高他们的学习动力和参与度。

4. 促进团队合作和创造力

设计角色扮演任务可以促进学生之间的团队合作和协作能力。在扮演的过程中，学生需要相互配合、沟通交流，共同完成任务。此外，学生还可以通过角色扮演展示自己的创造力，设计独特的角色表演，从而培养他们的想象力和创造力。

5. 实践语言技能

通过角色扮演演示，学生可以在实际情境中运用所学的语言知识和技能。他们需要在表演中运用正确的语法、词汇和语调，从而巩固和提升他们的语言能力。这种实践性的学习方式有助于学生更快地掌握英语语言，并将其运用到实际交流中。

（二）设计角色扮演任务的建议

为了有效地利用视觉艺术与角色扮演演示来促进英语学习，教师可以设计一些具体的任务和活动，如下所示。

1. 角色扮演对话：设计一些情景对话，要求学生扮演其中的角色进行对话表演，以提高他们的口语表达能力和情感表达能力。

2. 角色创作与表演：让学生自行创作角色并设计表演内容，鼓励他们展示自己的想象力和创造力，同时锻炼他们的语言表达能力。

3. 情景再现：选择一些经典场景或故事情节，要求学生扮演其中的角色进行再现，以帮助他们更好地理解和表达情感。

4. 主题角色扮演比赛：组织主题角色扮演比赛，让学生在比赛中展示他们的角色扮演技巧和语言表达能力，激发他们的学习热情。

通过以上设计的角色扮演任务，学生不仅可以提高英语语言能力，还可以培养团队合作精神、创造力和表达能力，从而全面发展自身的能力。

三、视觉艺术与展示评价形式

（一）视觉艺术与展示评价形式在英语学习中的重要性

展示评价形式是一种通过视觉展示学生学习成果并进行评价的方式，尤其在英语学习中具有重要意义。通过绘画、摄影等形式展示对英语学习的理解和表达，不仅可以激励学生更加努力地学习，还可以培养他们的自信心和表达能力，提高他们的学习动力和成就感。下面将探讨视觉艺术与展示评价形式在英语学习中的益处以及如何有效运用这种形式来促进学生的学习和发展。

1. 激励学生学习

通过视觉艺术形式展示学习成果，可以激励学生更加努力地学习。学生将自己的学习成果呈现在作品中，展示给他人，这种展示形式能够增强学生的成就感和自豪感，从而激发他们对学习的兴趣和热情，促使他们更加努力地学习和提高自己的英语水平。

2. 培养学生的表达能力

视觉艺术形式的展示评价不仅可以评价学生的学习成果，还可以培养学生的表达能力。通过绘画、摄影等形式，学生可以用自己的方式表达对英语学习的理解和感悟，展现自己独特的视角和想法。这种表达方式有助于学生更好地表达自己的想法和情感，提高他们的沟通能力和表达能力。

3. 提高学生的创造力

展示评价形式可以促进学生的创造力发展。通过视觉艺术形式展示学习成果，学生需要运用自己的想象力和创造力，设计独特的作品来表达对英语学习的理解。这种创造性的表达方式有助于激发学生的创造力，培养他们的想象力和创新能力。

4. 促进自我反思和学习成长

通过展示评价形式，学生可以对自己的学习成果进行反思和评价，从中发现自己的不足和进步之处，进而制订更好的学习计划和目标。这种自我反思和学习成长的过程有助于学生更好地认识自己，提高自我管理能力，促进他们的学习和成长。

5. 增强学生的自信心

通过展示评价形式，学生可以展示自己的学习成果和表现，获得他人的认可和肯定，从而增强他们的自信心。这种正面的反馈和鼓励有助于培养学生的自信心和自尊心，使他们更有动力和勇气面对学习中的挑战和困难。

（二）有效运用展示评价形式的建议

为了有效地运用视觉艺术与展示评价形式来促进英语学习，教师可以考虑以下建议。

1. 明确评价标准：在设计评价形式时，明确评价标准，让学生清楚知道如何展示他们的学习成果，以便更好地评价和指导他们的学习。

2. 提供指导和反馈：在学生展示作品后，及时提供指导和反馈，帮助他们发现不足之处并提出改进建议，促进他们的学习和进步。

3. 鼓励多样化表达：鼓励学生通过不同的视觉艺术形式展示学习成果，如绘画、摄影、视频等，让他们有更多选择和发挥空间，展现自己的特长和风采。

4. 组织展示活动：定期组织展示活动，让学生有机会展示自己的作品，并与他人分享交流，促进学生之间的互动和学习。

通过以上建议，教师可以更好地利用展示评价形式来促进学生的学习和发展，激发他们的学习兴趣和潜力，培养他们全面发展的能力。

第四节　视觉艺术与跨文化交际的培养

一、视觉艺术与文化表达的联系

视觉艺术与文化表达密不可分，艺术作品往往反映着艺术家所处文化背景下的思想、情感和价值观。通过视觉艺术作品，人们可以窥见不同文化的独特魅力和内涵，从而促进跨文化交际和理解。

（一）符号与意义

视觉艺术作为一种语言，通过符号、色彩、构图等元素传达着丰富的文化特征和内涵。符号在视觉艺术中扮演着重要的角色，它们是一种具有象征意义的视觉元素，可以激发观者的联想和情感，传达着深刻的文化信息和价值观。

不同文化中的符号和意义常常是多样且复杂的。例如，在东方文化中，龙被视为吉祥、权力和神圣的象征，而在西方文化中，狮子通常象征着勇气和力量。通过解读艺术作品中的符号，人们可以更深入地了解和体验不同文化的表达方式，感受到文化之间的差异和共通之处。

色彩也是视觉艺术中具有重要意义的元素之一。不同文化对色彩的理解和赋予的意义可能有所不同。例如，在中国文化中，红色象征着喜庆和吉祥，而在西方文化中，红色可能代表爱情或危险。通过色彩的运用，艺术家可以传达出不同文化的情感和价值观，引发观者的共鸣和思考。

构图在视觉艺术中也具有重要的意义。不同文化背景下的艺术家可能会采用不同的构图方式来表达自己的观点和情感。一幅作品的构图方式可以影响观者对作品的理解和感受，反映出艺术家所处文化背景下的审美观念和表达方式。

（二）审美观念

审美观念是人们对美的理解和追求的集合，在不同文化中呈现出多样化和独特性。这种多样性在视觉艺术作品中得到了充分体现，通过欣赏和理解不同文化的视觉艺术作品，人们可以拓展自己的审美观念，增进对多元文化的尊重和理解。

在不同文化中，人们对美的理解和追求存在着差异。例如，东方文化强调内在的平衡和谐，注重意境和含蓄，而西方文化则更注重个性和表现，偏向于直接和明确的表达方式。这种审美观念的差异在视觉艺术作品中得到了生动的体现，艺术家通过作品展现出各自文化背景下的审美追求和表达方式。

通过欣赏和理解不同文化的视觉艺术作品，人们可以拓展自己的审美观念。通过接触和体验多元文化的艺术作品，人们可以开阔自己的审美视野，接纳和欣赏不同文化的美学特点，从而丰富自己的审美体验和认知。这种跨文化的审美体验有助于人们超越自身文化的局限，拓宽视野，增进对多元文化的尊重和理解。

除了拓展个人的审美观念外，通过欣赏和理解不同文化的视觉艺术作品，还可以增进对多元文化的尊重和理解。通过欣赏他人文化的艺术作品，人们可以感受到文化间的共通之处和差异之美，促进跨文化交流和理解。这种尊重和理解多元文化的态度有助于建立和谐的跨文化关系，促进文化间的互相学习和交流。

（三）历史与传统

视觉艺术作为文化传统的一部分，承载着丰富的历史和传统。通过欣赏和学习不同文化的视觉艺术作品，人们可以深入了解这些作品背后的历史渊源和传统文化。这种跨文化的学习和体验有助于促进文化之间的交流与理解，帮助个体更好地认识和尊重他人的文化背景。通过视觉艺术作品，人们可以窥见不同文化的审美观念、价值观和生活方式，从而拓宽自己的视野，增进对多样性的认识和包容。这种跨文化的交流也有助于推动文化的传承与创新，促进文化的多元发展和繁荣。因此，视觉艺术作为文化传统的一部分，扮演着连接不同文化、传承历史与传统、促进文化交流与理解的重要角色。

二、视觉艺术与文化体验的设计

设计能够促进跨文化交际的视觉艺术活动对于学生的文化体验和认知具有重要意义。通过设计丰富多样的视觉艺术活动，可以引导学生深入体验和理解不同文化，促进跨文化交际的发展。

（一）文化主题展览

设计以不同文化为主题的视觉艺术展览是一种极具教育意义和启发性的方式。这样的展览可以为学生提供一个身临其境的机会，通过观赏作品来感受和理解不同文化的魅力和特点。通过展览，学生可以深入了解展示文化的历史、传统、价值观和审美观念，从而拓宽他们的视野，增进对多样文化的认识和理解。这种体验不仅可以激发学生对跨文化交际的兴趣，还可以促进他们的文化素养和审美能力的提升。此外，通过参与文化主题展览，学生还可以培养对艺术的欣赏能力和批判思维，从而提升其综合素质和文化修养。因此，设计文化主题展览是一种富有教育意义和启发性的教学方法，有助于促进学生的全面发展和跨文化交际能力的培养。

（二）文化艺术工作坊

组织文化艺术工作坊是一种非常有效的方式，让学生亲身参与视觉艺术创作，体验不同文化的艺术表达方式。通过这样的工作坊，学生可以通过实践来感受和理解不同文化的艺术特点和表达形式，从而促进其文化体验和认知。参与文化艺术工作坊可以激发学生的创造力和想象力，培养其审美能力和艺术表达能力，同时也促进他们对文化多样性的认识和理解。在工作坊中，学生可以通过亲自动手参与艺术创作，体验不同文化艺术的魅力，并从中汲取灵感和启发。这种亲身体验不仅可以让学生更加深入地了解和感受文化艺术，还可以促进他们的跨文化交流能力和文化素养的提升。因此，组织文化艺术工作坊是一种富有启发性和教育意义的活动，有助于拓宽学生的视野，促进其文化体验和认知的提升。

（三）文化艺术交流活动

组织跨文化的艺术交流活动是促进文化间对话和理解的重要途径。通过邀请来自不同文化背景的艺术家或学生进行交流与合作，可以搭建一个促进跨文化交流的平台，促进艺术创作和文化理解的深入。这样的活动不仅可以促进不同文化之间的艺术交流与合作，还可以拓宽参与者的视野，增进对多样文化的认识和理解。

首先，跨文化的艺术交流活动为不同文化背景的人们提供了共同的平台，促进彼此之间的交流与合作。通过参与这样的活动，艺术家和学生可以分享彼此的艺术创作经验、文化传统和审美观念，从而促进艺术创作的跨文化融合与创新。这种交流不仅可以丰富参与者的艺术体验，还可以促进文化之间的相互理解与尊重。

其次，跨文化的艺术交流活动有助于拓展参与者的视野，增进对多样文化的认识和理解。通过与来自不同文化背景的人们交流合作，参与者可以深入了解其他文化的艺术表达方式、价值观念和生活方式，从而拓宽自己的视野，增进对文化多样性的认识和包容。这种跨文化的交流有助于打破文化隔阂，促进文化之间的交流与融合。

三、视觉艺术与文化差异的理解

在跨文化交际中，理解文化差异是至关重要的。视觉艺术作为一种跨文化的表达形式，可以帮助人们更好地理解和尊重不同文化之间的差异，促进跨文化交际的和谐发展。

（一）审视自身文化

通过欣赏和学习他人文化的视觉艺术作品，人们可以反思和审视自身文化的特点和偏见。这种跨文化的体验可以帮助人们更客观地看待和理解他人文化，同时也促使他们对自身文化有更深入的认识和反思。

首先，通过欣赏他人文化的视觉艺术作品，人们可以看到不同文化之间的共通之处和独特之处。这种比较和对照可以帮助人们认识到自身文化中的特点和偏见，从而促使他们审视和反思自己对他人文化的看法和态度。通过这种审视，人们可以更客观地看待他人文化，减少对他人文化的误解和偏见。

其次，通过学习他人文化的视觉艺术作品，人们可以深入了解其他文化的历史、传统和价值观念。这种了解可以帮助人们更全面地认识不同文化的多样性和丰富性，同时也促使他们反思自身文化中存在的局限和偏见。通过审视自身文化，人们可以更加开放地接纳和尊重他人文化，促进文化之间的交流与理解。

（二）尊重多元文化

通过欣赏和理解不同文化的视觉艺术作品，人们可以更好地尊重和包容多元文化，建立跨文化交际的互信和友谊。视觉艺术作为一种多元化的表达形式，展现了不同文化的独特魅力和价值，通过这种跨文化的体验，人们可以拓宽视野、增进理解，促进文化之间的交流与融合。

首先，欣赏和理解不同文化的视觉艺术作品有助于促进人们尊重和包容多元文化。通过观赏来自不同文化背景的艺术作品，人们可以感受到不同文化的独特魅力和表达方式，从而增进对多样文化的认识和理解。这种体验有助于打破文化隔阂，促使人们更加开放和包容地对待不同文化，建立起相互尊重和理解的文化观念。

其次，通过欣赏和理解不同文化的视觉艺术作品，可以建立跨文化交际的互信和友谊。艺术作为一种普遍的语言，能够跨越文化和语言的障碍，促进人们之间的情感交流和沟通。通过共同欣赏和探讨艺术作品，人们可以建立起共同的话题和情感纽带，促进跨文化交际的深入和友好发展。

（三）促进文化对话

视觉艺术作为一种无须语言的表达方式，具有独特的能力促进不同文化之间的交流与对话。当人们欣赏和理解他人文化的视觉艺术作品时，他们能够超越语言的限制，直接感受到艺术家所传达的情感和思想。这种直观的体验有助于打破文化间的隔阂和误解，促使人们更加开放地接纳和尊重不同文化的独特之处。

通过视觉艺术，人们可以深入了解其他文化的价值观、传统和历史，从而增进对彼此的理解和认同。这种跨文化的交流不仅可以促进文化之间的友好互动，还有助于培养人们的跨文化意识和包容心态。视觉艺术作为一种普遍的语言，为促进文化对话提供了独特而强大的工具，为建立一个更加和谐、多元的社会作出了重要贡献。

第九章　技术支持与创新应用

第一节　技术在英语教学艺术中的作用与影响

一、技术在英语教学中的作用

（一）提供生动直观的教学内容

在当今信息化时代，技术的应用为教学提供了全新的可能性，尤其在英语教学中，利用多媒体资源如图片、音频、视频等，可以为学生呈现生动直观的教学内容，从而激发学生的学习兴趣，帮助他们更好地理解英语知识，提高学习效率。下面将探讨如何有效利用多媒体资源提供生动直观的教学内容。

1. 利用图片

在英语教学中，利用图片是一种直观有效的教学方式。通过展示与课程内容相关的图片，可以帮助学生更好地理解抽象概念，激发他们的联想能力和记忆力。例如，通过展示生动的场景图片，学生可以更快速地掌握新单词的含义，加深对语言知识的理解。

2. 利用音频

音频资源在英语教学中扮演着重要角色。通过播放英语口语或听力材料的音频，可以帮助学生提高听力理解能力和语音表达能力。学生可以通过模仿和跟读来提升自己的口语表达水平，增强语感和语音准确性。

3. 利用视频

视频资源结合了视觉和听觉，为学生呈现更加生动直观的教学内容。通过观看英语教学视频，学生可以更好地理解语言表达和语境，提高他们的语言理解能力。视频还可以用于展示生活场景或情景模拟，帮助学生更好地掌握语言运用技巧。

4. 教学实践

在教学实践中，教师可以结合课程内容，精心设计并利用多媒体资源，为学生提供生动直观的教学内容。通过引入图片、音频、视频等多媒体资源，教师可以激发学生的学习兴趣，帮助他们更好地理解和掌握英语知识。

教师可以设计多媒体课件，结合图片和文字说明词汇和语法知识，通过音频播放口语材料进行听力训练，利用视频展示生活场景进行情景模拟等。通过多媒体资源的巧妙运用，教师可以打破传统教学的局限，提供更加生动有趣的教学体验，激发学生的学习热情，提高他们的学习效率。

在教学过程中，教师还可以鼓励学生利用多媒体资源进行自主学习和复习，提高他们的学习自觉性和主动性。通过多媒体资源的有效利用，教师可以为学生打开一扇通往英语学习世界的窗口，让他们在生动直观的教学内容中感受语言的魅力，不断提升自己的英语水平。

（二）个性化教学和学习

个性化教学是一种根据学生的学习需求和水平，提供定制化学习内容和辅导的教学方法。随着技术的不断发展，个性化教学在教育领域中变得越来越重要。学习技术的应用为教师提供了更多工具和资源，帮助他们更好地实现个性化教学。

首先，个性化教学可以帮助教师更好地了解每个学生的学习需求和水平。通过学习技术，教师可以收集和分析学生的学习数据，从而更准确地了解每个学生的学习情况。基于这些数据，教师可以为每个学生量身定制学习计划，提供针对性的辅导和支持，帮助他们取得更好的学习成绩。

其次，学习技术的应用可以帮助学生进行自主学习。学生可以通过在线资源获取丰富的学习内容，根据自己的学习节奏和方式进行学习。他们可以在任何时间、任何地点进行学习，不再受限于传统的教室教学。这种自主学习的方式可以激发学生的学习兴趣，提高他们的学习效率。

此外，个性化教学和学习技术的结合还可以提高教学的效率和效果。教师可以利用各种在线工具和平台，为学生提供多样化的学习资源和活动。通过互动式的学习内容和实时反馈，教师可以更好地引导学生学习，帮助他们更快地掌握知识和技能。

总的来说，个性化教学和学习技术的应用为教育带来了许多好处。它不仅可以帮助教师更好地实现个性化教学，提高教学质量，还可以激发学生的学习兴趣，提高他们的学习效果。随着技术的不断发展，个性化教学将在教育领域中发挥越来越重要的作用，为教育带来更多创新和进步。

（三）提升教学效果和效率

借助技术，教师可以设计更加丰富多样的教学活动和任务，从而提升教学的趣味性和互动性。通过使用各种教学工具和应用程序，教师可以创造出更具吸引力的学习环境，激发学生的学习兴趣。例如，利用多媒体资源、虚拟实验室和在线互动平台，教师可以设计生动有趣的教学内容，让学生更加投入到学习中。

同时，技术还可以帮助教师更好地管理课堂和学生，提高教学效率。通过使用教学管理系统和学生信息系统，教师可以轻松记录学生成绩、出勤情况和作业完成情况，实现教学过程的数字化管理。这样不仅可以节省教师的时间和精力，还可以及时发现学生的学习问题，提供针对性的帮助和支持，从而提高教学效果。

另外，技术还可以让教学过程更加高效流畅。通过使用在线教学平台和视频会议工具，教师可以实现远程教学和在线互动，打破时间和空间的限制，让学生在任何地点都能参与到教学活动中来。这种灵活的教学方式不仅可以提高教学效率，还可以为学生提供更多学习机会和资源，促进他们的全面发展。

二、技术在英语教学中的影响

（一）激发学生学习兴趣和积极性

技术的应用在教育领域中扮演着重要的角色，可以让学习变得更加有趣和生动，从而激发学生的学习兴趣和积极性。通过多媒体资源和互动性教学，学生可以更加享受学习的过程，更容易投入到学习中去。

首先，多媒体资源的应用为教学注入了新的活力。通过图像、视频、音频等多媒体形式呈现的教学内容，可以使抽象的知识变得具体形象，更容易被学生理解和接受。例如，通过展示生动的动画视频、精彩的图片和音频资料，教师可以生动地呈现知识，激发学生的好奇心和求知欲，从而提升他们的学习兴趣。

其次，互动性教学可以增强学生的参与感和学习体验。通过利用互动式教学工具和应用程序，如在线问答、虚拟实验室、教学游戏等，教师可以让学生积极参与到课堂活动中来，亲身体验和探索知识。这种互动性教学不仅可以激发学生的学习兴趣，还可以培养他们的合作精神和解决问题的能力，提升他们的学习积极性。

此外，技术的应用还可以个性化地满足学生的学习需求和兴趣。通过在线学习平台和个性化学习系统，学生可以根据自己的学习节奏和方式进行学习，选择适合自己的学习资源和活动。这种个性化学习方式可以让学生更加自主地掌握知识，激发他们的学习热情，提高学习效率。

（二）提高学生的学习效率和表现

技术的应用在英语教学中扮演着重要的角色，可以帮助学生更好地理解和掌握英语知识，提高他们的学习效率和表现。通过多样化的教学方式和资源，学生可以更全面地学习英语，培养语言运用能力和跨文化交流能力。

　　首先，多媒体资源的运用为英语学习注入了新的活力。通过图像、视频、音频等多媒体形式呈现的教学内容，学生可以更直观地感受英语语言和文化，激发他们的学习兴趣。例如，通过观看英语电影、听英语歌曲、参与英语视频课程等多媒体资源，学生可以更加生动地接触英语，提高他们的听力和口语能力，同时，也增进对英语国家文化的了解。

　　其次，互动性教学可以增强学生的参与度和学习效果。通过利用互动式教学工具和应用程序，如在线课堂讨论、虚拟语言实践、语言学习应用等，学生可以积极参与到英语学习活动中来，提高他们的语言运用能力和交流技巧。这种互动性教学不仅可以激发学生的学习兴趣，还可以培养他们的团队合作意识和解决问题的能力，从而提升他们的学习表现。

　　此外，个性化学习的方式可以更好地满足学生的学习需求和兴趣。通过在线学习平台和个性化学习系统，学生可以根据自己的学习节奏和方式进行学习，选择适合自己的学习资源和活动。这种个性化学习方式可以让学生更加自主地掌握英语知识，提高他们的学习效率和表现。

　　最后，技术的应用还可以为学生提供更多实践机会和反馈。通过在线语言实践平台、语音识别技术、在线作业批改等工具，学生可以随时随地进行语言实践和练习，获得及时的反馈和指导。这种实践性学习方式可以帮助学生更好地巩固所学知识，提高他们的学习效率和表现。

　　（三）塑造现代化的教学环境

　　技术的应用在英语教学中扮演着重要的角色，让教学更加现代化和智能化，为学生提供更好的学习体验。通过在线教学平台和智能辅助教学系统，学生可以随时随地进行学习，个性化学习更加便捷高效。

　　1. 在线教学平台的应用

　　在线教学平台为英语教学带来了全新的可能性。学生可以通过电脑、平板或手机随时随地访问在线课程、学习资源和作业，实现学习的无缝连接。这种灵活的学习方式不仅提高了学生的学习便捷性，还拓展了学习的时间和空间，让学生可以根据自己的需求和节奏进行学习。

　　在在线教学平台上，学生可以参与在线讨论、观看教学视频、完成在线测验等活动，与教师和同学进行互动交流。这种互动性教学可以激发学生的学习兴趣，促进知识的深入理解和掌握。同时，教师也可以通过在线平台及时了解学生的学习情况，提供个性化的指导和支持，帮助学生取得更好的学习效果。

2. 智能辅助教学系统的应用

智能辅助教学系统为英语学习提供了更加智能化的学习方式。通过语音识别技术、人工智能辅助学习系统等工具，学生可以进行口语练习、听力训练等活动，获得及时的反馈和指导。这种个性化的学习方式可以帮助学生更好地提高语言能力，培养自主学习的能力。

智能辅助教学系统还可以根据学生的学习情况和表现，为其提供个性化的学习计划和建议。通过分析学生的学习数据和行为，系统可以为每位学生量身定制学习路径，提供针对性的学习资源和活动，帮助学生更加高效地学习英语，提高学习成绩。

3. 优势与未来展望

技术的应用让英语教学更加现代化和智能化，为学生提供了更好的学习体验。学生可以通过在线教学平台和智能辅助教学系统进行个性化学习，随时随地获取学习资源，提高学习效率和成果。这种现代化的教学环境不仅拓展了学生的学习空间和时间，还提升了教学的互动性和个性化程度。

未来，随着技术的不断发展和应用，英语教学将迎来更多创新和变革。智能化教学系统将更加智能化和个性化，为学生提供更加精准的学习支持和指导。同时，虚拟现实技术、增强现实技术等新兴技术的应用也将为英语教学带来更多可能性，丰富学生的学习体验，提高他们的学习效率和表现。

三、有效利用技术提升教学效果

（一）整合多媒体资源

在当今数字化时代，教师可以充分利用多媒体资源来设计生动有趣的教学内容，从而提升英语教学的吸引力和互动性。通过结合图片、音频、视频等形式，教师可以让学生更好地理解和掌握英语知识，激发他们的学习兴趣和提高学习效率。

1. 利用图片资源

图片是一种直观、生动的多媒体资源，可以帮助学生更好地理解抽象的英语概念和词汇。教师可以通过展示图片来引入新的话题或课文，激发学生的好奇心和学习兴趣。例如，通过展示生活场景中的图片，学生可以更加直观地理解单词的意义和用法，加深对英语词汇的记忆和理解。

此外，图片还可以用于设计教学活动，如图片描述、图片匹配等，帮助学生提高英语口语表达能力和词汇运用能力。通过与图片相关的互动活动，学生可以更加积极地参与到课堂中来，提高他们的学习效率和表现。

2. 运用音频资源

音频资源在英语教学中也起着重要的作用。通过播放英语歌曲、录音剪辑、口语练习等音频内容，学生可以更好地感受英语语音和语调，提高他们的听力和口语能力。音频资源可以帮助学生熟悉英语的自然语音节奏和语调变化，提高他们的语言表达能力和交流技巧。

教师可以设计听力练习、口语对话等活动，结合音频资源进行教学。通过让学生反复听取音频内容并进行模仿练习，可以帮助他们更好地掌握英语语音特点和表达方式，提高他们的口语流利度和准确性。

3. 借助视频资源

视频资源是一种极具吸引力和互动性的多媒体形式，可以为英语教学带来更加生动的视听体验。教师可以利用教育视频、英语电影片段、虚拟实验室等视频资源，让学生在视听中感受英语语言和文化，激发他们的学习兴趣。

通过观看英语视频，学生可以提高听力理解能力、扩大词汇量，同时也可以了解英语国家的文化和习俗。教师可以设计视频听写、视频讨论等活动，引导学生从视频中获取信息，提高他们的学习效率和表现。

4. 优势与未来展望

整合多媒体资源在英语教学中具有诸多优势。首先，多媒体资源可以使抽象的英语知识变得更加具体形象，帮助学生更好地理解和记忆。其次，多媒体资源可以激发学生的学习兴趣，提高他们的学习积极性和参与度。最后，多媒体资源可以丰富教学内容，提升教学的吸引力和互动性，从而提高学生的学习效率和表现。

未来，随着技术的不断发展和应用，多媒体资源在英语教学中的应用将更加智能化和个性化。虚拟现实技术、增强现实技术等新兴技术的应用将为英语教学带来更多可能性，丰富学生的学习体验，提高他们的学习效率和表现。整合多媒体资源将成为英语教学中不可或缺的重要环节，为学生打开更广阔的学习之路。

（二）创新教学方式和方法

教师可以尝试创新的教学方式和方法，如借助在线教学平台进行课堂管理和学习资源分享，利用智能辅助教学系统进行个性化辅导等。通过不断探索和实践，提升教学效果和效率。

（三）培养学生的自主学习能力

教师在英语教学中可以尝试创新的教学方式和方法，借助在线教学平台进行课堂管理和学习资源分享，利用智能辅助教学系统进行个性化辅导等。通过不断探索和实践，可以提升教学效果和效率，激发学生的学习兴趣和提高学习成绩。

1. 利用在线教学平台

在线教学平台是教师创新教学的重要工具之一。教师可以利用在线平台进行课堂管理、学习资源分享和互动交流，为学生提供更加便捷和丰富的学习体验。通过在线平台，教师可以上传课件、作业、教学视频等资源，让学生随时随地获取学习资料，提高学习的灵活性和便捷性。

在在线教学平台上，教师还可以设计在线测验、讨论板、互动活动等，促进学生之间的交流和合作。通过在线平台的互动功能，学生可以参与到课堂讨论中，分享观点、交流想法，提高他们的学习参与度和表现。

2. 智能辅助教学系统

智能辅助教学系统是教师实现个性化教学的重要工具。通过智能辅助教学系统，教师可以根据学生的学习需求和水平，为他们提供个性化的学习计划和辅导。系统可以根据学生的学习数据和表现，为其推荐适合的学习资源和活动，帮助他们更好地掌握英语知识。

智能辅助教学系统还可以提供实时反馈和评估，帮助教师更好地了解学生的学习情况，及时调整教学策略和方法。通过系统的个性化辅导，学生可以更加有效地提高英语水平，实现个性化学习目标，提高学习效率和表现。

3. 优势与未来展望

创新教学方式和方法在英语教学中具有诸多优势。首先，利用在线教学平台和智能辅助教学系统可以提高教学的便捷性和灵活性，让学生随时随地进行学习。其次，个性化教学可以更好地满足学生的学习需求和兴趣，提高他们的学习效率和表现。最后，创新教学方式和方法可以激发学生的学习兴趣，提高他们的学习积极性和参与度。

未来，随着技术的不断发展和应用，创新教学方式和方法将成为英语教学的重要趋势。智能化教学系统、虚拟现实技术、增强现实技术等新兴技术的应用将为英语教学带来更多可能性，丰富学生的学习体验，提高他们的学习效率和表现。教师可以不断探索和实践，借助技术的力量提升教学质量，激发学生的学习潜力，为英语教育带来更多创新和发展。

第二节　多媒体教学资源的有效利用

一、提升学生学习兴趣和参与度

（一）视觉吸引力

1. 视觉多媒体资源的吸引力

视觉多媒体资源如图片、视频等在英语教学中具有强大的吸引力。通过生动的图片和精彩的视频，学生可以更直观地感受英语语言和文化，激发他们的学习兴趣和好奇心。视觉多媒体资源可以打破传统教学的枯燥性，让学生在视听中享受学习的乐趣，提高他们的学习积极性和参与度。

2. 具体化抽象概念

英语中存在许多抽象概念和难以形象化的内容，如语法规则、文学作品等。利用视觉多媒体资源可以将这些抽象概念具体化，通过图像和视频的展示，让学生更直观地理解和记忆这些概念。例如，通过动画视频展示语法规则的应用场景，学生可以更加深入地理解规则的实际运用方法，提高他们的语言表达能力。

3. 提升学习效果和记忆力

研究表明，视觉学习是一种高效的学习方式，可以帮助学生更好地记忆和理解知识。利用图片、图表等视觉多媒体资源可以激发学生的视觉记忆，帮助他们更快地掌握英语知识。同时，通过视频资源展示真实场景和情景，可以让学生更深入地体验英语语言的应用，提高他们的学习效率和记忆力。

4. 提供丰富的学习体验

视觉多媒体资源为学生提供了丰富多彩的学习体验。通过观看英语电影片段、欣赏英语艺术作品等视觉资源，学生可以感受到英语语言的魅力和多样性，拓展他们的学习视野，激发他们对英语学习的兴趣和热情。视觉多媒体资源的应用丰富了教学内容，让学生在视听中享受学习的乐趣。

5. 激发创造力和想象力

视觉多媒体资源可以激发学生的创造力和想象力。通过观看创意视频、欣赏艺术作品等资源，学生可以启发自己的想象力，拓展思维空间，提高他们的创造性思维能力。视觉多媒体资源的应用可以让学生在学习中发挥自己的创造力，提高他们的学习成绩和表现。

（二）听觉体验

1. 提高听力理解能力

（1）英语歌曲

英语歌曲是提高学生听力理解能力的有效资源。通过欣赏英语歌曲，学生可以接触到地道的英语发音和语调，提高他们对英语语音的感知能力。教师可以选择歌词简单、节奏明快的歌曲，让学生通过听歌学英语，提高他们的听力理解能力。

（2）录音剪辑

制作录音剪辑来练习听力也是一种有效的方法。教师可以录制英语短文、对话等内容，让学生通过听取录音来进行听力训练，提高他们对英语语音和语调的理解能力。

2. 提升语音表达能力

（1）模仿练习

利用音频资源进行语音模仿练习可以帮助学生提高语音表达能力。教师可以选择标准的英语发音录音，让学生模仿发音，练习口语表达，提高他们的语音准确性和流利度。

（2）口语对话

利用录音剪辑进行口语对话练习也是一种有效的方法。教师可以设计口语对话练习题目，让学生通过听取对话内容来进行口语练习，提高他们的口语表达能力和语音语调。

3. 提供真实语言环境体验

（1）听力材料

利用真实的英语听力材料如英语广播、英语电台节目等资源，让学生接触到地道的英语语音和语调，提高他们的听力理解能力和语音表达能力。

（2）听力训练

设计听力训练任务和活动，让学生通过听取英语材料来进行听力练习，提高他们对英语语音和语调的感知能力，增强他们的听力理解能力。

二、提高教学效果和效率

（一）个性化学习

1. 个性化学习的重要性

（1）照顾学生差异

每位学生的学习需求和水平各不相同，个性化学习可以更好地照顾学生的差异，根据其实际情况提供定制化的学习计划和资源，帮助他们更有效地学习英语知识。

（2）提高学习效率

个性化学习可以激发学生的学习兴趣，提高学习积极性和参与度，从而提高学习效率。根据学生的学习需求和兴趣提供定制化的学习内容和活动，可以使学生更加专注和投入学习过程。

2. 智能辅助教学系统的应用

（1）学习评估

智能辅助教学系统可以通过学习数据和表现对学生进行个性化评估，了解其学习水平和需求，为其量身定制学习计划和资源。

（2）个性化辅导

根据学生的学习数据和表现，智能辅助教学系统可以为每位学生提供个性化的辅导和指导，帮助他们更好地掌握英语知识，弥补学习中的不足。

3. 提供定制化学习计划

（1）学习路径

智能辅助教学系统可以根据学生的学习需求和水平提供个性化的学习路径，包括学习内容、学习进度等，让学生按照自己的学习节奏进行学习。

（2）学习资源

系统可以根据学生的学习需求为其推荐适合的学习资源，如教学视频、练习题目等，帮助学生更好地理解和掌握英语知识。

4. 实时反馈和调整

（1）学习进度

智能辅助教学系统可以实时监测学生的学习进度和表现，及时提供反馈和评估，帮助学生调整学习策略，提高学习效率。

（2）个性化指导

根据学生的学习情况，系统可以为其提供个性化的指导和建议，帮助学生克服学习困难，更好地掌握英语知识。

（二）实时反馈

1. 实时反馈的重要性

（1）个性化指导

实时反馈可以帮助教师更好地了解每位学生的学习情况和需求，为其提供个性化的指导和支持，帮助他们更好地掌握英语知识。

（2）调整教学策略

通过实时反馈，教师可以及时发现学生的学习问题和困难，调整教学策略和方法，提供针对性的教学帮助，从而提高教学效率。

2. 在线教学平台的应用

（1）学生表现跟踪

在线教学平台可以记录学生的学习表现和成绩，教师可以随时查看学生的学习情况，了解其学习进度和水平，及时进行评估和反馈。

（2）即时互动

在线教学平台提供即时互动功能，教师可以与学生进行实时交流和互动，解答问题，澄清疑惑，提供及时指导和支持，提高学生的学习效率。

3. 提供个性化学习支持

（1）个性化学习资源

在线教学平台可以根据学生的学习需求和水平提供个性化的学习资源，如教学视频、练习题目等，帮助学生更好地理解和掌握英语知识。

（2）定制化学习计划

教师可以根据学生的学习情况为其制订定制化的学习计划，提供个性化的学习指导和建议，帮助学生更有效地学习英语。

4. 提高教学效果

（1）及时调整教学策略

通过在线教学平台的实时反馈，教师可以根据学生的学习情况及时调整教学策略和方法，提供更加有效的教学支持，提高教学效果。

（2）提高学生参与度

实时反馈和指导可以激发学生的学习兴趣和积极性，提高他们的学习参与度和投入度，促进他们更好地掌握英语知识。

三、促进跨文化交流和语言实践

（一）文化体验

1. 促进跨文化交流

（1）文化展示

通过展示英语国家的文化、风俗习惯等视频资源，可以让学生深入了解不同文化的特点和习俗，促进跨文化交流和理解，拓宽学生的视野和思维。

（2）文化交流

视频资源可以展示英语国家的日常生活、节日庆典、传统习俗等，让学生感受到不同文化的魅力，激发他们对跨文化交流的兴趣，促进多元文化的交流与融合。

2. 增进语言理解与应用

（1）语言环境

通过展示英语国家的真实语言环境，学生可以更好地感知英语语音、语调和口语表达方式，帮助他们提高听力理解能力和口语表达能力。

（2）语言运用

视频资源中的对话、访谈等内容可以让学生实际感受英语语言的运用场景，帮助他们更好地理解和运用英语知识，提高语言交流能力。

3. 拓展学生视野与思维

（1）文化多样性

通过展示不同英语国家的文化特点和传统习俗，可以让学生了解世界各地的文化多样性，拓展他们的视野和思维，培养跨文化意识和包容心。

（2）文化背景

了解英语国家的文化背景可以帮助学生更好地理解英语语言和文学作品，提高他们对英语学习的兴趣和动力，促进全面发展英语语言能力。

4. 提升学习兴趣与参与度

（1）生动有趣

视频资源可以生动展示英语国家的文化场景和生活方式，让学生在视听中感受文化的魅力，激发他们的学习兴趣，提高学习参与度。

（2）情感共鸣

通过观看文化视频，学生可以产生情感共鸣，增强对文化的认同感和理解力，促进学生更深入地学习和探索英语语言和文化。

（二）语言实践

1. 提高语言运用能力

（1）实践性练习

虚拟实验室和在线语言实践平台提供了实践性的语言练习环境，让学生通过模拟对话、口语练习等活动进行实际语言运用，提高他们的口语表达能力和语言流利度。

（2）情景模拟

通过虚拟实验室模拟真实语言情境，如商务会话、旅游问询等，让学生在虚拟环境中进行语言实践，增强他们的语言应用能力和沟通技巧。

2. 提升交流技巧

（1）实时互动

在线语言实践平台提供实时互动功能，学生可以与其他学习者或教师进行语言交流，提高他们的交流技巧和表达能力，培养跨文化交流能力。

（2）语言对话

通过虚拟实验室的语言对话练习，学生可以进行实际的口语对话练习，提高他们的听力理解能力和口语表达能力，增强语言交流技巧。

3. 提供实践性学习体验

（1）多样化练习

虚拟实验室和在线语言实践平台提供多样化的语言练习任务和活动，如听力练习、口语对话、写作练习等，让学生全面提升语言能力。

（2）即时反馈

学生在实践性学习中可以获得即时反馈和指导，帮助他们及时纠正错误，改进表达方式，提高语言运用能力和交流技巧。

4. 增进语言自信心

（1）实践经验

通过实践性的语言练习，学生可以积累实践经验，增强对语言的自信心，提高他们的语言表达能力和沟通技巧。

（2）自主学习

虚拟实验室和在线语言实践平台提倡学生自主学习和实践，培养他们的学习主动性和自信心，激发他们对语言学习的热情和动力。

四、培养综合语言能力

（一）听说读写

1. 听力训练

通过多媒体资源进行听力训练，可以为学生提供更加真实、生动的语言输入。教师可以选择各种听力材料，如英语电影、英文歌曲、英语广播等，让学生在愉悦的氛围中进行听力练习。同时，多媒体资源还可以提供听力理解的视觉辅助，帮助学生更好地理解语言内容，提高听力水平。

2. 口语训练

利用多媒体资源进行口语训练，可以激发学生的口语表达欲望，提高口语流利度和语音语调。通过模仿英语口语节目、跟读英文短文等活动，学生可以更好地锻炼口语能力，增强语言表达自信心。

3. 阅读理解

多媒体资源也可以用于辅助英语阅读理解训练。教师可以选择适合学生水平的英文文章、新闻报道等，结合图片、视频等多媒体元素，帮助学生更好地理解文章内容，扩大词汇量，提高阅读理解能力。

4. 写作练习

在写作练习中，多媒体资源可以为学生提供写作素材和范文参考。学生可以观看英语写作教学视频、阅读英文范文，从中学习写作技巧和表达方式，提高写作水平。

（二）语音语调

1. 重点训练自然语音节奏

（1）音频资源选择

选择包含各种语音节奏和语调变化的音频资源，如英语口语对话、短篇故事、英语新闻报道等。这些资源可以帮助学生感受英语的自然语音节奏，提高他们的听力理解的能力。

（2）模仿练习

让学生反复听取音频内容，并模仿其中的语音节奏和语调变化。通过反复练习，学生可以逐渐掌握英语中常见的语音特点，提高口语表达的流利度。

2. 强化语调变化

（1）重点训练

针对英语中常见的语调变化，如降调、升调等，进行有针对性的训练。通过对比不同语境下的语调变化，帮助学生准确把握语言的语调特点。

（2）练习方法

可以设计各种口语练习活动，让学生在模拟对话或情景中练习语调的运用。同时，可以利用录音设备记录学生的表达，帮助他们及时发现和纠正语音错误。

3. 个性化指导

（1）听力训练

鼓励学生多听英语口语材料，包括英语电台、播客等，培养对语音节奏的敏感度。

（2）反馈指导

教师可以针对学生的口语表达进行个性化指导，指出其语音语调中的问题，并提供针对性的改进建议。

五、培养学生自主学习能力

（一）个性化学习

1. 个性化学习资源

（1）多媒体资源

提供包括视频、音频、互动课件等多种形式的学习资源，以满足不同学生的学习偏好和需求。

（2）在线平台

利用在线学习平台或应用程序，为学生提供个性化学习内容和任务，让他们根据自身情况进行学习安排。

2. 自主学习能力培养

（1）学习节奏

学生可以根据自己的学习节奏选择学习资源和学习时间，自主安排学习计划，提高学习效率。

（2）学习方式

鼓励学生尝试不同的学习方式，如阅读、听力、口语练习等，培养其多样化的学习技能。

3. 学习兴趣培养

（1）个性化选择

根据学生的兴趣爱好和学习目标，提供符合其需求的学习资源，激发学生学习的热情和动力。

（2）互动体验

利用多媒体资源打造互动性强的学习环境，让学生在参与式的学习中体验到学习的乐趣。

4. 教师角色

（1）指导与辅导

教师在个性化学习中扮演指导者和辅导者的角色，根据学生的学习情况提供必要的支持和指导。

（2）反馈与调整

及时对学生的学习情况进行反馈，帮助他们调整学习策略和方法，实现更好的学习效果。

（二）互动学习

1. 互动式教学工具

（1）在线投票工具

利用在线投票工具进行课堂即时投票，让学生参与到课堂讨论和决策中来，激发学生的思考和表达。

（2）互动白板

使用互动白板进行课堂演示和互动，让学生通过触摸屏幕参与到教学活动中，增强学习的趣味性和参与度。

（3）在线问答平台

利用在线问答平台，让学生随时提出问题和回答问题，促进师生互动，提高学习的效果。

2. 应用程序支持

（1）教育游戏应用

利用教育游戏应用增加学生学习的趣味性和互动性，让学生在游戏中学习知识，提高学习积极性。

（2）在线讨论平台

利用在线讨论平台组织学生进行课外讨论和交流，促进学生之间的互动和合作，拓展学习空间。

（3）虚拟实验应用

利用虚拟实验应用让学生进行实践操作和实验探究，提高学生的实践能力和体验。

3. 学习效果提升

（1）学生参与度

通过互动学习，学生更容易保持专注和参与，提高学习效率和学习兴趣。

（2）师生互动

互动学习促进师生之间的互动和交流，增强教学效果和学生学习体验。

（3）个性化学习

互动学习可以根据学生的反馈和表现进行个性化指导，提高学生学习效果和学习成就感。

第三节 在线教学平台与工具的应用

一、远程教学

（一）视频会议工具

1. 远程教学的优势

（1）地域无限制

学生和教师可以不受地域限制，实现跨地区、跨国家的教学互动，打破时空限制。

（2）灵活性和便捷性

学生可以随时随地参与课堂，无须受到时间和地点的限制，提高了学习的灵活性和便捷性。

（3）互动性强

通过视频会议工具，学生和教师可以实现实时互动、讨论和反馈，促进学习效果和教学质量的提升。

（4）资源共享

教师可以通过屏幕共享功能展示教学内容，学生可以共享资料和作品，实现资源共享和互助学习。

2. 教学实践中的应用

（1）实时互动教学

教师可以通过视频会议工具进行实时的教学授课，与学生进行互动和讨论，提高教学效果。

（2）小组讨论和合作

教师可以组织学生进行小组讨论和合作项目，通过视频会议工具实现小组间的互动和合作。

（3）作业辅导和答疑

学生可以通过视频会议工具向教师提出问题和寻求帮助，教师可以进行作业辅导和答疑解惑。

（4）在线考试和测验

教师可以利用视频会议工具进行在线考试和测验，监督学生考试过程，确保考试的公平和准确性。

3. 教学设计与实施

在利用视频会议工具进行远程教学时，教师需要注意以下几点。

（1）教学内容设计

确保教学内容简洁明了，结构清晰，利于在线呈现和理解。

（2）互动设计

设计各种互动环节，如提问、讨论、小组活动等，促进学生参与和反馈。

（3）技术支持

确保教师和学生熟练掌握视频会议工具的使用方法，避免技术问题影响教学效果。

（4）教学评估

定期对远程教学效果进行评估和反馈，及时调整教学策略，提高教学质量。

（二）在线白板工具

1. 实时演示和讲解

（1）视觉化展示

教师可以利用在线白板工具创建图表、图像、文字等内容，直观地展示教学内容，帮助学生更好地理解。

（2）实时书写

教师可以实时书写、标注，模拟传统黑板教学的过程，使教学更加生动和互动。

2. 学生互动和参与

（1）实时反馈

学生可以通过在线白板工具实时提问、回答问题，与教师和同学进行互动，促进学生参与度和学习效果。

（2）小组协作

学生可以在在线白板上进行小组协作，共同完成任务和项目，培养团队合作能力。

3. 多媒体支持

（1）多样化工具

在线白板工具通常提供多种绘图工具、形状、文本框等功能，支持教师创造丰富多彩的教学内容。

（2）多媒体导入

教师可以导入图片、视频等多媒体资源，丰富教学内容，提高学生学习兴趣。

4. 实时共享和协作

（1）远程协作

学生和教师可以同时在在线白板上进行实时协作，无论身处何地，都能共同编辑和分享内容。

（2）即时保存

在线白板工具通常支持内容的即时保存和分享，方便教师和学生随时查看和回顾教学内容。

5. 教学效果提升

（1）互动性增强

利用在线白板工具，教师可以增强课堂互动性，激发学生学习兴趣，提高教学效果。

（2）视觉化学习

通过视觉化展示和互动，学生更容易理解和吸收知识，促进学习效果的提升。

二、课堂互动

（一）在线投票工具

在线投票工具如 Mentimeter、Poll Everywhere 等，为教师提供了课堂即时互动和调查的功能，能够有效激发学生的参与和思考。以下将探讨在线投票工具在课堂中的应用及优势。

1. 课堂即时互动

（1）实时投票

教师可以通过在线投票工具提出问题，学生可以即时投票选择答案，促进课堂互动和参与。

（2）实时结果

投票结果可以实时显示，教师和学生可以及时了解大家的看法和意见，促进讨论和思考。

2. 提升学生参与度

（1）激发兴趣

利用在线投票工具进行互动调查，能够激发学生的兴趣和好奇心，增加课堂活跃度。

（2）促进思考

学生在参与投票的过程中需要思考选择，帮助他们加深对知识的理解和应用。

3. 实时反馈和调查

（1）快速反馈

教师可以通过在线投票工具快速了解学生对问题的看法，及时调整教学内容和方法，提高教学效果。

（2）调查数据

教师可以收集投票数据，分析学生的选择和看法，为后续教学提供参考和指导。

4. 多样化应用场景

（1）课堂测验

可以利用在线投票工具进行课堂小测验，检测学生对知识的掌握程度。

（2）观点调查

可以进行观点调查，了解学生对某一话题的看法和立场，促进讨论和思考。

（3）课程评估

可以用于课程评估，收集学生对课程内容和教学方式的反馈，帮助教师改进教学。

5. 提高课堂效率

（1）互动性增强

在线投票工具增强了课堂互动性，让学生更积极参与，提高课堂效率和教学质量。

（2）个性化反馈

通过投票结果，教师可以针对学生的选择和看法进行个性化反馈和指导，帮助学生更好地学习和成长。

通过充分利用在线投票工具如 Mentimeter、Poll Everywhere 等，教师可以实现更加活跃、互动和多样化的课堂教学方式，提高学生的参与度和思考能力。希望教育工作者能够灵活运用这些工具，为课堂教学带来更多创新和发展。

（二）在线问答平台

1. 学生提问和回答

（1）学生提问

学生可以通过在线问答平台提出问题，澄清疑惑，促进思考和学习。

（2）学生回答

学生可以回答教师提出的问题，展示自己的理解和知识水平，增强学习参与度。

2. 课堂互动和参与

（1）促进互动

在线问答平台可以促进教师和学生之间的互动，让课堂更加生动和有趣。

（2）增强参与度

学生通过参与问答活动，更积极地参与课堂，增强学习兴趣和学习效果。

3. 即时反馈和评估

（1）即时反馈

教师可以即时查看学生的回答情况，了解学生的理解程度和掌握情况，及时调整教学策略。

（2）学习评估

通过在线问答平台收集学生的答案，可以进行学习评估，帮助教师了解学生的学习情况。

4. 知识检测和复习

（1）知识检测

教师可以利用在线问答平台进行知识检测，帮助学生巩固知识点，检验学习成果。

（2）复习辅助

学生可以通过回答问题进行复习，加深对知识的理解和记忆。

5. 提升学习效果

（1）激发思考

通过在线问答平台，学生需要思考问题并给出答案，促进思维的活跃和深入。

（2）增强记忆

通过回答问题，学生可以加强对知识点的记忆和理解，提高学习效率。

通过充分利用在线问答平台如 Socrative、Kahoot 等，教师可以实现更加互动、参与和有趣的课堂教学方式，提高学生的学习参与度和学习效果。希望教育工作者能够灵活运用这些工具，为课堂教学带来更多创新和发展。

三、作业管理

（一）在线作业平台

1. 作业布置和管理

（1）作业发布

教师可以在在线作业平台上发布作业内容、要求和截止日期，方便学生查看和完成作业。

（2）作业分类

教师可以根据不同科目或课程设置作业分类，便于管理和查阅。

2. 作业提交和批改

（1）作业提交

学生可以通过在线作业平台提交作业，避免纸质作业的丢失和混乱。

（2）作业批改

教师可以在平台上对学生的作业进行批改和评分，提供即时反馈和指导。

3. 学生反馈和学习情况

（1）即时反馈

教师可以通过在线作业平台及时查看学生的作业完成情况和成绩，给予学生及时的反馈和评价。

（2）学习情况跟踪

教师可以通过平台了解学生的学习情况和进度，及时调整教学策略和内容。

4. 个性化学习

（1）个性化作业

教师可以根据学生的学习水平和需求设置个性化作业，帮助学生提高学习效率。

（2）个性化反馈

教师可以针对学生的作业表现提供个性化的反馈和指导，帮助学生改进和进步。

5. 教学效率提升

（1）节省时间

在线作业平台可以节省教师批改作业的时间，提高教学效率。

（2）便捷管理

教师可以方便地管理和查看学生的作业情况，减少烦琐的管理工作。

通过充分利用在线作业平台如 Google Classroom、ClassDojo 等，教师可以实现更加便捷、高效和个性化的作业管理和学生反馈，提高学生的学习效率和学习动力。希望教育工作者能够灵活运用这些工具，为教学工作带来更多创新和发展。

（二）学习管理系统（LMS）

1. 课程管理

（1）课程设置

教师可以在 LMS 中设置课程信息、教学大纲、课程日历等，方便学生了解课程内容和安排。

（2）课件上传

教师可以上传课件、教学资源，供学生在线查阅和学习。

2. 作业管理

（1）作业发布

教师可以在 LMS 上发布作业任务、要求和截止日期，学生可以在线提交作业。

（2）作业批改

教师可以在 LMS 上对学生的作业进行批改和评分，提供即时反馈和指导。

3. 成绩管理

（1）成绩录入

教师可以在 LMS 中录入学生的成绩，自动生成成绩单，方便学生和家长查看。

（2）成绩分析

教师可以通过 LMS 对学生成绩进行分析和比较，了解学生的学习情况，及时调整教学策略。

4. 学习资源共享

（1）在线资源库

LMS 提供在线资源库，教师可以分享教学资源、视频、文档等，方便学生学习。

（2）互动讨论

学生可以在 LMS 上参与讨论、提问，促进学生之间的互动和合作。

5. 学习跟踪和个性化学习

（1）学习跟踪

教师可以通过 LMS 跟踪学生的学习进度和表现，及时发现问题并进行干预。

（2）个性化学习

LMS 可以根据学生的学习情况和需求推荐个性化学习内容，帮助学生提高学习的效率。

6. 教学效率提升

（1）节省时间

LMS 可以节省教师的时间和精力，提高教学效率，让教师更专注于教学内容和教学质量。

（2）便捷管理

教师和学生可以方便地管理和查看课程、作业、成绩等信息，减少繁琐的管理工作。

通过充分利用学习管理系统（LMS）如 Canvas、Moodle 等，教师可以实现更加便捷、高效和个性化的学习管理和教学活动，提高学生的学习效率和学习体验。希望教育工作者能够灵活运用这些工具，为教学工作带来更多创新和发展。

四、自主学习

（一）在线学习资源库

1. 学习资源多样性

（1）视频教程

学生可以通过观看视频教程学习知识和技能，视觉化的呈现方式有助于理解和记忆。

（2）电子书籍

提供电子书籍资源，学生可以阅读和学习各种学科的知识，方便随时随地获取学习资料。

2. 自主学习和个性化

（1）学习需求

学生可以根据自己的学习需求和兴趣选择适合自己的学习资源，实现个性化学习。

（2）自主学习

学生可以自主选择学习内容和学习进度，提高学习动机和学习效果。

3. 灵活学习方式

（1）随时随地

学生可以随时随地访问在线学习资源库，灵活安排学习时间和地点。

（2）多样化学习

不同形式的学习资源（视频、电子书籍等）满足学生多样化的学习方式和需求。

4. 提高学习兴趣和参与度

（1）生动呈现

视频教程等生动形式的学习资源能够吸引学生的注意力，提高学习兴趣。

（2）互动体验

一些在线学习资源库还提供互动式学习内容，增加学生的参与度和学习体验。

5. 拓展学习领域

（1）跨学科学习

学生可以通过在线学习资源库拓展学习领域，接触新的知识和技能，丰富学习经验。

（2）自主探究

学生可以根据兴趣自主选择学习内容，进行自主探究和学习，培养自主学习能力。

通过充分利用在线学习资源库，教师可以为学生提供更加丰富多样的学习资源，激发学生的学习兴趣和自主学习能力。希望教育工作者能够积极推动在线学习资源库的应用，为学生提供更优质的教育资源和学习体验。

（二）个性化学习平台

1. 智能化推荐

（1）学习情况分析

个性化学习平台可以分析学生的学习数据，了解其学习情况和学习习惯。

（2）个性化推荐

根据学生的学习情况和兴趣，智能推荐适合的学习内容和学习资源，提供个性化学习体验。

2. 学习内容定制

（1）个性化学习路径

根据学生的学习需求和目标，定制个性化的学习路径和学习计划，帮助学生有针对性地学习。

（2）定制学习资源

提供符合学生学习需求的学习资源，如视频、练习题等，让学生更有效地学习和掌握知识。

3. 学习进度跟踪

（1）学习进度监控

个性化学习平台可以监控学生的学习进度和表现，及时发现学习困难和问题。

（2）个性化反馈

根据学生的学习进度和表现，提供个性化的反馈和指导，帮助学生调整学习策略和方法。

4. 学习兴趣引导

（1）兴趣匹配

根据学生的兴趣爱好和学习偏好，推荐符合其兴趣的学习内容，激发学习兴趣。

（2）多样化学习体验

提供多样化的学习资源和学习方式，满足学生不同的学习需求和学习风格。

5. 提高学习效率

（1）个性化学习

个性化学习平台可以根据学生的特点和需求提供个性化的学习支持，提高学习效率和学习成就感。

（2）自主学习能力

帮助学生培养自主学习能力和学习动机，提高学生的学习自觉性和学习效率。

通过充分利用个性化学习平台，教师可以为学生提供更加个性化和针对性的学习支持，帮助学生更有效地学习和成长。希望教育工作者能够积极推动个性化学习平台的应用，为学生提供更优质的个性化学习体验。

五、实时互动

（一）虚拟实验室

1. 实践能力培养

（1）模拟实验

学生可以在虚拟实验室中进行模拟实验操作，锻炼实践能力和操作技能。

（2）探究精神

通过自主探索和实验，培养学生的探究精神和解决问题的能力。

2. 安全性和成本效益

（1）安全保障

虚拟实验室避免了实际实验中可能存在的安全风险，保障学生的安全。

（2）成本效益

虚拟实验室节省了实验材料和设备的成本，提供了更经济实惠的实验方案。

3. 实验多样性

（1）多种实验项目

虚拟实验室可以提供多种实验项目，涵盖不同学科和领域，丰富学生的实验体验。

（2）难度调整

可根据学生的学习水平和需求调整实验难度，满足不同学生的学习要求。

4. 学习反馈和评估

（1）实时反馈

学生在虚拟实验中的操作和结果可以得到实时反馈，帮助他们及时调整和改进。

（2）学习评估

教师可以通过虚拟实验平台对学生的实验表现进行评估和分析，了解学生的实验能力和学习进度。

5. 跨时空学习

（1）随时随地

学生可以随时随地通过虚拟实验室进行实验操作，不受时间和地点限制。

（2）跨学科学习

虚拟实验室可以涵盖多个学科领域，帮助学生进行跨学科的学习和探索。

通过充分利用虚拟实验室，教师可以为学生提供更加安全、经济实惠和多样化的实验体验，促进实践能力和探究精神的培养。希望教育工作者能够积极推动虚拟实验室的应用，为学生提供更优质的实验教学体验。

（二）在线讨论平台

1. 学术交流和合作

（1）实时讨论

学生可以在在线讨论平台上进行实时讨论和交流，分享观点和想法，促进学术交流和合作。

（2）小组合作

学生可以组建小组，在线讨论平台上展开小组合作项目，共同探讨问题和解决挑战。

2. 学习资源共享

（1）资料分享

学生可以在平台上分享学习资料、笔记和资源，互相学习和借鉴。

（2）经验交流

学生可以分享学习经验和方法，帮助彼此更好地理解和掌握知识。

3. 学术讨论和思辨

（1）深入讨论

在线讨论平台提供了学术讨论的空间，学生可以深入探讨问题，展开思辨和探索。

（2）批判性思维

学生在讨论中可以培养批判性思维和逻辑推理能力，提高学术素养和学习能力。

4. 跨时空学习

（1）随时随地

学生可以随时随地通过在线讨论平台进行学术交流，不受时间和地点限制。

（2）跨地域合作

学生可以与不同地区的同学进行合作和交流，拓展学习空间，增加学习视野。

5. 教师指导和引导

（1）学术引导

教师可以在在线讨论平台上提供学术指导和引导，促进学生的学术交流和思考。

（2）问题解答

教师可以及时回答学生在讨论中提出的问题，帮助学生解决疑惑和困惑。

通过充分利用在线讨论平台，教师可以促进学生之间的学术交流和合作，拓展学习空间，培养学生的批判性思维和合作能力。希望教育工作者能够积极推动在线讨论平台的应用，为学生提供更丰富多样的学习体验和学术交流机会。

第四节　智能辅助教学系统的发展与实践

一、发展趋势

（一）智能化技术应用

1. 个性化学习

（1）智能化分析

利用人工智能技术分析学生的学习数据和行为，了解其学习习惯和需求，实现个性化学习路径定制。

（2）定制化教学

根据学生的学习特点和需求，智能辅助教学系统可以提供个性化的学习内容和学习支持，帮助学生更有效地学习。

2. 智能推荐

（1）学习资源推荐

基于大数据分析和智能算法，系统可以智能推荐适合学生的学习资源，如视频、文章、练习题等，提高学习效率。

（2）课程推荐

根据学生的学习兴趣和能力，系统可以智能推荐适合的课程和学习计划，提升学习动力和兴趣。

3. 实时反馈与调整

（1）学习进度监控

智能辅助教学系统可以实时监控学生的学习进度和表现，及时发现学习困难和问题。

（2）个性化反馈

根据学生的学习情况，系统可以提供个性化的反馈和指导，帮助学生调整学习策略和方法。

4. 教学效果提升

（1）个性化学习支持

通过智能化技术应用，教师可以为每个学生提供个性化的学习支持，提高学习效率和学习成就感。

（2）教学策略优化

根据系统反馈和数据分析，教师可以优化教学策略和课程设计，提升教学效果和学生学习体验。

（二）跨平台整合

1. 教学资源共享

（1）跨平台整合

整合不同教学平台和工具，实现教学资源的共享和互通，丰富教学内容和方法。

（2）资源优化利用

教师可以更灵活地利用各种平台提供的教学资源，提高资源的利用效率和教学质量。

2. 学生学习跟踪

（1）无缝连接

跨平台整合可以实现学生学习数据的无缝连接和共享，帮助教师全面了解学生的学习情况和表现。

（2）个性化指导

教师可以根据学生在不同平台上的学习数据，提供个性化的学习指导和支持，促进学生个性化学习。

3. 教学效率提升

（1）统一管理

跨平台整合可以实现教学资源和数据的统一管理，简化教师的管理工作，提高教学效率。

（2）一体化教学

整合不同平台的教学工具和资源，实现一体化教学，提供更综合和完善的教学体验。

4. 学生体验优化

（1）学习无缝衔接

学生可以在不同平台间实现学习内容的无缝衔接和转换，提升学习连贯性和效果。

（2）个性化学习支持

跨平台整合可以为学生提供更个性化的学习支持和指导，满足不同学生的学习需求和风格。

5. 数据分析与反馈

（1）综合数据分析

整合不同平台的学习数据，进行综合分析和评估，帮助教师更全面地了解学生学习情况，优化教学策略。

（2）实时反馈

基于跨平台整合的数据分析，教师可以提供实时反馈和指导，及时调整教学方向，提高教学效果。

跨平台整合在智能辅助教学系统中的应用，有助于提升教学效果、优化学生学习体验，促进个性化学习和教学创新。希望教育机构和教育工作者能够充分利用跨平台整合的优势，推动教育教学的发展和进步。

（三）实时反馈与个性化指导

1. 实时反馈

（1）学生表现监测

系统可以实时监测学生的学习表现和进度，包括答题情况、参与度等，帮助教师及时了解学生学习情况。

（2）问题识别

实时反馈可以帮助教师及时发现学生的学习困难和问题，及时进行干预和支持。

2. 个性化指导

（1）学习需求分析

系统根据学生的学习数据和表现，进行个性化的学习需求分析，了解每位学生的学习特点和需求。

（2）定制化支持

基于个性化分析，系统可以为每位学生提供定制化的学习支持和指导，帮助其更有效地学习和成长。

3. 教学策略调整

（1）个性化教学

通过实时反馈和个性化指导，教师可以根据学生的实际情况调整教学策略，提供更符合学生需求的教学内容和方法。

（2）教学效果优化

及时调整教学策略可以提高教学效果，促进学生的学习进步和成就感。

4. 学生成绩提升

（1）个性化学习支持

个性化指导和支持可以帮助学生更有针对性地学习，提高学习效率和学习成绩。

（2）学习动力激发

实时反馈和个性化指导可以激发学生的学习动力和自信心，促进学生的学习兴趣和积极性。

5. 教学质量提升

（1）精准教学

通过实时反馈和个性化指导，教师可以实现更精准的教学，提高教学质量和学生学习体验。

（2）个性化关怀

个性化指导让每位学生感受到关怀和支持，促进教师与学生之间进行更紧密的互动和沟通。

实时反馈与个性化指导在智能辅助教学系统中的应用，可以帮助教师更好地指导学生，提高教学效果和学生学习成绩。希望教育工作者能够充分利用这一功能，推动教育教学的创新和发展。

二、实践应用

（一）个性化学习支持

1. 学习路径定制

（1）个性化推荐

系统根据学生的学习数据和表现，推荐适合其水平和兴趣的学习内容和资源，定制学习路径。

（2）针对性学习

学生可以根据个性化推荐进行针对性学习，提高学习效率和成果。

2. 学习兴趣激发

（1）兴趣匹配

个性化学习支持可以根据学生的兴趣和偏好推荐学习内容，激发学生的学习兴趣和动力。

（2）个性化挑战

系统可以根据学生的能力水平提供适当的挑战，帮助学生保持学习的积极性和动力。

3．学习进度跟踪

（1）学习监控

系统可以实时跟踪学生的学习进度和表现，帮助教师了解学生的学习情况，及时调整教学策略。

（2）个性化反馈

根据学习进度和表现，系统可以提供个性化的反馈和指导，帮助学生更好地掌握知识和技能。

4．学习成绩提升

（1）个性化学习

个性化学习支持可以帮助学生更有效地学习，提高学习效率和成绩。

（2）个性化辅导

学生可以根据个性化推荐和反馈进行个性化辅导，解决学习难题，提升学习能力。

5．教学效果优化

（1）个性化教学

通过个性化学习支持，教师可以实现更加个性化的教学，满足不同学生的学习需求，提高教学效果。

（2）学生关注度提升

个性化学习支持可以提升学生的学习兴趣和参与度，促进学生的学习主动性和积极性。

个性化学习支持在智能辅助教学系统中的应用，有助于提高教学效果、激发学生学习兴趣，促进学生个性化学习和成长。希望教育工作者能够充分利用个性化学习支持功能，为学生提供更优质的个性化学习体验。

（二）自主学习能力培养

1．互动式学习

（1）学生参与度提升

通过互动式学习，学生更积极参与学习过程，提高学习的主动性和参与度。

（2）学习动力激发

互动式学习可以激发学生的学习动力和兴趣，促进学生的学习积极性。

2．在线讨论与合作

（1）思维碰撞

在线讨论可以促进学生之间的思维碰撞和交流，拓宽学生的思维视野，培养批判性思维能力。

（2）合作能力培养

通过在线合作项目，学生可以培养团队合作能力和解决问题的能力，提升综合素质。

3. 自主学习与探究

（1）自主学习机会

系统提供自主学习的机会和资源，让学生根据自己的兴趣和需求进行学习，培养自主学习能力。

（2）问题解决能力

通过自主学习和探究，学生可以培养解决问题的能力和创新思维，提高学习深度和广度。

4. 学习策略培养

（1）学习方法探索

学生在系统中可以探索适合自己的学习方法和策略，培养有效学习的能力。

（2）反思与调整

系统可以帮助学生反思学习过程，调整学习策略，提高学习效率和成果。

5. 学习成果与成长

（1）学习成果展示

学生通过自主学习和互动式学习，可以展示自己的学习成果和成长，增强学习自信心和成就感。

（2）终身学习能力

培养自主学习能力和解决问题的能力，有助于学生发展终身学习的习惯和能力，持续提升自我。

通过智能辅助教学系统培养学生的自主学习能力和解决问题的能力，可以帮助他们更好地适应未来的学习和工作环境，实现个人成长和发展。希望教育工作者能够重视自主学习能力的培养，为学生提供更丰富多样的学习体验和成长机会。

（三）教学效果评估

1. 教学过程监控

（1）实时数据分析

系统可以实时监控学生的学习表现和进度，帮助教师了解教学过程中的问题和挑战。

（2）教学质量评估

通过数据分析，教师可以评估教学质量，及时调整教学策略，提高教学效果。

2. 学生学习情况了解

（1）个性化反馈

系统可以提供个性化的学生学习报告，帮助教师了解每位学生的学习情况和表现，针对性地进行指导和支持。

（2）学习进度跟踪

教师可以跟踪学生的学习进度和成绩变化，及时发现学习困难，帮助学生克服障碍。

3. 教学策略优化

（1）数据分析支持

基于系统提供的数据分析和评估结果，教师可以优化教学策略，调整课程内容和教学方法，提高教学效果。

（2）个性化指导

根据评估结果，教师可以为学生提供个性化的学习支持和指导，帮助他们更好地学习和成长。

4. 教学成果展示

（1）成果呈现

教学效果评估可以帮助学生和家长了解学习成果和进步，增强学生的学习动力和自信心。

（2）教学成就感

通过展示教学成果，学生可以感受到学习的成就感和满足感，激发学习兴趣和积极性。

5. 教学质量提升

（1）持续改进

通过不断的教学效果评估和分析，教师可以持续改进教学方法和课程设计，提高教学质量和学生学习体验。

（2）个性化教学

教学效果评估可以帮助教师实现更个性化的教学，满足不同学生的学习需求，提升教学效果。

教学效果评估在智能辅助教学系统中的应用，有助于提高教学质量、优化教学过程，促进学生学习成果和成长。希望教育工作者能够充分利用教学效果评估功能，持续改进教学实践，为学生提供更优质的教育教学服务。

三、效果与挑战

（一）提高学习效率

1. 个性化学习

（1）定制化学习路径

系统根据学生的学习数据和表现，提供个性化的学习内容和学习支持，满足不同学生的学习需求。

（2）个性化反馈

提供个性化的学习反馈和指导，帮助学生更好地理解和掌握知识，提高学习效率。

2. 学习动机激发

（1）互动式学习

通过互动式学习和游戏化元素，激发学生的学习兴趣和动机，增强学习的趣味性和参与度。

（2）奖励机制

设计奖励机制激励学生学习，增强学习动力，促进学生持续学习和进步。

3. 深度学习

（1）探究式学习

提倡学生通过探究和实践来深度学习，系统提供实践机会和案例分析，培养学生的批判性思维和问题解决能力。

（2）跨学科整合

整合不同学科知识和技能，促进学生的综合学习和思维发展，实现跨学科的深度学习。

4. 实时反馈与调整

（1）学习进度监控

系统实时监控学生的学习进度和表现，提供及时反馈和个性化指导，帮助学生调整学习策略和方法。

（2）教学策略优化

教师根据系统反馈和数据分析，优化教学策略和课程设计，提高教学效果和学生学习成果。

5. 学习成果展示

（1）学习成果分享

学生可以通过系统展示学习成果和作品，增强学习自信心和成就感，激发学习兴趣和积极性。

（2）自我评价与反思

学生通过展示学习成果，进行自我评价和反思，促进学生的自主学习和自我提升。

通过智能辅助教学系统提供的个性化学习支持、学习动机激发、深度学习和实时反馈，学生的学习效果和学习体验得到提升，促进了个性化学习和深度学习的发展。希望教育工作者能够充分利用智能辅助教学系统的优势，提高教学效果，激发学生学习兴趣和潜力。

（二）挑战与应对

1. 技术更新换代

（1）描述

技术更新换代较快，系统需要不断更新和升级，可能导致系统兼容性问题和故障风险。

（2）应对措施

持续关注技术发展，定期进行系统更新和维护，确保系统与最新技术保持兼容，并进行备份和灾难恢复计划。

2. 数据隐私保护

（1）描述

涉及学生个人信息和学习数据，需要保护数据隐私，防止信息泄露和滥用。

（2）应对措施

加强数据加密和访问控制措施，确保数据安全性；遵守相关隐私法规和政策，明确数据收集和使用目的，获得学生和家长的同意。

3. 系统稳定性

（1）描述

系统稳定性对教学活动至关重要，系统出现故障或崩溃可能影响教学效果和学生的体验。

（2）应对措施

进行系统定期维护和监控，建立紧急应急预案，及时处理系统问题和故障，确保系统稳定运行。

4. 师生培训

（1）描述

教师和学生可能需要适应新的教学工具和系统，需要进行培训和指导。

（2）应对措施

提供系统培训和指导，帮助教师和学生熟悉系统操作和功能，提高其使用效率和使用效果。

5. 技术支持与维护

（1）描述

智能辅助教学系统需要专业的技术支持和维护，确保系统正常运行。

（2）应对措施

建立专业的技术支持团队，提供及时的技术支持和维护服务，解决系统问题和故障，保障系统稳定性。

四、教师角色转变

（一）教师指导与引导

1. 个性化指导

（1）根据学生需求

教师可以根据系统反馈和数据分析，了解学生的学习情况和需求，提供个性化的学习指导和支持。

（2）定制化教学

教师可以根据学生的学习特点和能力水平，定制个性化的教学计划和内容，帮助学生更好地学习。

2. 学习动力激发

（1）激发学习兴趣

通过个性化指导和支持，教师可以激发学生的学习兴趣和动力，增强学生的学习积极性和自信心。

（2）奖励与鼓励

教师可以通过系统反馈的学习成果，给予学生奖励和鼓励，促进学生持续学习，并取得进步。

3. 教学策略优化

（1）根据数据调整教学

教师可以根据系统反馈和数据分析，调整教学策略和方法，优化教学过程，提高教学效果。

（2）个性化辅导

提供个性化的辅导和指导，帮助学生克服学习困难，实现个性化学习目标。

4. 学生学习跟踪

（1）监控学习进度

教师可以通过系统监控学生的学习进度和表现，及时发现学习问题，提供针对性的帮助和指导。

（2）个性化反馈

根据学生的学习情况，提供个性化的反馈和建议，帮助学生改进学习方法和提升学习效果。

5. 教学成果展示

（1）成果分享与评价

教师可以通过系统展示学生的学习成果和进步，进行评价和反馈，增强学生的学习自信心和成就感。

（2）激发学习兴趣

通过展示学习成果，激发学生的学习兴趣和积极性，促进学生持续学习和进步。

（二）教学创新

1. 学生参与与合作

（1）在线讨论与合作

教师可以借助系统的在线讨论平台和合作工具，促进学生之间的互动和合作，培养团队合作能力和解决问题的能力。

（2）学生创新能力培养

鼓励学生通过系统进行创新性思考和实践，培养学生的创新能力和问题解决能力。

2. 教学内容创新

（1）多样化资源

智能辅助教学系统提供丰富的学习资源和工具，教师可以创新地整合和利用这些资源，丰富教学内容，增加学生学习体验。

（2）跨学科整合

教师可以利用系统整合不同学科知识和技能，设计跨学科的教学内容，促进学生综合学习和思维发展。

3. 教学策略优化

（1）数据驱动教学

基于系统反馈和数据分析，教师可以优化教学策略，调整教学方法和课程设计，提高教学效果。

（2）个性化指导

根据系统提供的个性化学习支持，教师可以为每位学生提供个性化的学习指导和支持，促进学生个性化学习。

4. 教学效果评估

（1）实时反馈与调整

基于系统提供的实时反馈和数据分析，教师可以及时调整教学策略，优化教学过程，提高教学效果。

（2）持续改进

通过系统的教学效果评估，教师可以持续改进教学方法和内容，不断提升教学质量和学生学习成果。

通过教师与智能辅助教学系统的结合，可以实现教学创新，探索更有效的教学方法和策略，提高教学效果，激发学生学习兴趣，促进学生全面发展。希望教育工作者能够积极探索和应用智能辅助教学系统，推动教学创新和教育发展。

第十章 语言文化视角下英语教学艺术的挑战与应对

第一节 跨文化沟通的挑战与应对

一、文化差异导致的理解障碍

（一）面临的挑战

在跨文化沟通中，不同文化背景可能导致语言、行为和价值观的差异，造成沟通理解障碍。这种挑战需要通过尊重和理解多元文化来解决。关键在于倾听和学习对方文化，避免偏见和刻板印象。通过尊重对方文化的差异，积极倾听和提问，可以促进跨文化理解和沟通。培养开放的心态和文化敏感性，对不同文化背景保持尊重和包容，有助于消除沟通障碍，建立更加和谐和有效的跨文化交流。

（二）应对方案

1. 尊重多元文化

尊重多元文化是跨文化沟通中至关重要的一环。通过尊重并理解不同文化的差异，我们可以建立更加包容和尊重的沟通氛围。避免偏见和刻板印象是关键，因为这些偏见可能导致误解和冲突。尊重多元文化意味着接纳不同文化的独特性，尊重每个人的文化背景和观点。这种尊重不仅体现了对他人的尊重，也有助于促进跨文化理解和和谐共处。通过尊重多元文化，我们可以打破文化壁垒，促进文化交流与融合，建立更加包容与和谐的社会环境。

2. 学习对方文化

学习对方文化是促进跨文化理解和有效沟通的重要途径。通过学习对方文化的语言、习俗和价值观，我们能够深入了解其文化背景和思维模式，从而建立更加深入和真诚的沟通关系。学习对方文化的语言有助于消除语言障碍，增进交流的准确性和效率；了解对方的习俗和价值观能够帮助我们更好地理解其行为和决策，避免误解和冲突。通过学习对方文化，我们不仅能够拓宽自己的视野，还能够增进对多元文化的尊重和理解。这种跨文化学习不仅有助于个人的成长和发展，也有助于促进跨文化交流与合作的顺利进行。因此，学习对方文化是建立跨文化理解和友好关系的重要一步，为构建和谐的跨文化社会奠定基础。

3. 倾听和询问

在跨文化沟通中，倾听和询问是促进有效沟通和跨文化理解的关键。通过多倾听对方观点，我们能够尊重对方的意见，展现出对其文化和观点的尊重和关注。倾听有助于建立互信和共鸣，促进双方之间的良好沟通关系。同时，主动提问也是十分重要的。通过提问，我们可以澄清不明确之处，确保双方对沟通内容的理解一致，避免误解和偏见的产生。提问还有助于深入了解对方的观点和想法，促进更深入和有意义的交流。在跨文化沟通中，文化差异可能导致理解上的障碍，因此倾听和询问尤为重要。通过倾听和询问，我们能够打破文化壁垒，增进对对方文化的理解，促进跨文化交流的顺利进行。最终，倾听和询问不仅有助于建立良好的跨文化沟通关系，还有助于促进文化交流与融合，构建更加包容与和谐的社会环境。因此，倾听和询问是实现跨文化理解和有效沟通的重要手段，应当在跨文化交流中得到充分重视和应用。

二、礼貌语和非语言交际导致的误解

（一）面临的挑战

在跨文化交流中，礼貌语和非语言交际是面临的重要挑战之一。不同文化背景下，人们对于礼貌和非语言交际的理解和表达方式存在差异，这可能导致误解和冲突的产生。

首先，礼貌语在不同文化中的表达方式各有特点。例如，有些文化认为直接表达意见是一种坦诚和尊重，而另一些文化则更注重委婉和间接的表达方式。因此，当不同文化背景的人交流时，可能会因为对礼貌语的理解不同而产生误解，甚至引发冲突。

其次，非语言交际也是一个潜在的挑战。姿势、表情、眼神等非语言信号在不同文化中可能具有不同的含义。例如，有些文化认为直视对方是一种尊重和诚实的表现，而另一些文化则可能将其视为侵犯私人空间。这种差异容易导致交流中的误解和不适。

为了应对这些挑战，跨文化交流者需要增强跨文化意识和敏感度。他们可以通过学习对方文化的礼仪和习俗，了解其对礼貌语和非语言交际的看法，从而避免误解和冲突的发生。此外，在交流过程中保持开放的心态、尊重和包容的态度也是非常重要的。通过相互理解和尊重，跨文化交流可以更加顺利和有效地进行，促进文化间的交流与合作。

（二）应对方案

1. 学习礼貌用语

学习礼貌用语对于跨文化交流至关重要。了解对方文化中的礼貌用语和礼仪可以帮助我们避免冒犯对方，建立良好的沟通关系。

首先，学习对方文化中的礼貌用语可以表现出我们对对方文化的尊重和关注。不同文化中的礼貌用语和礼仪往往反映了该文化对待他人的态度和价值观，因此学习并运用这些礼貌用语可以让对方感受到我们的尊重和友好。

其次，了解对方文化中的礼貌用语有助于避免误解和冲突。在跨文化交流中，可能因为对方的礼貌用语或表达方式不熟悉而产生误解，甚至冒犯对方。通过学习对方文化的礼貌用语，我们可以更好地理解对方的表达意图，避免因语言或文化差异而引发不必要的矛盾。

此外，学习礼貌用语也有助于建立良好的人际关系。在跨文化交流中，使用对方文化的礼貌用语可以拉近彼此的距离，增进相互间的信任和友谊。这种尊重和关怀的表达方式有助于建立积极的沟通氛围，促进合作与共赢。

因此，学习对方文化中的礼貌用语是跨文化交流中不可或缺的一环。通过尊重对方文化、避免冒犯对方、促进良好人际关系，我们可以更好地融入跨文化环境，实现更加有效与和谐的交流与合作。

2. 注意非语言信号

在跨文化交流中，注意非语言信号至关重要。重视非语言交际，包括肢体语言、面部表情等，可以帮助增进沟通效果，准确理解对方意图，避免误解和冲突的发生。

首先，肢体语言和面部表情是跨文化交流中重要的信息来源。不同文化对于肢体语言和面部表情的理解和表达方式可能存在差异，因此我们需要注意观察对方的非语言信号，以更准确地理解其情绪和意图。例如，一个微笑可能在某些文化中表示友好和喜悦，而在另一些文化中可能表示尴尬或不满。

其次，重视非语言交际有助于增进沟通效果。研究表明，在交流中，非语言信号所占比例远远大于语言本身，因此肢体语言、面部表情等非语言信号可以传达更多的信息和情感。通过重视对方的非语言信号，我们可以更全面地理解对方的意图，从而促进沟通的顺利进行。

此外，注意非语言信号还有助于建立信任和亲近感。在跨文化交流中，对方的肢体语言和面部表情往往比语言更能表达真实的情感和态度。通过关注对方的非语言信号，我们可以更好地感知对方的情绪和态度，建立起更加真诚和亲近的沟通关系。

三、文化敏感性不足

（一）面临的挑战

缺乏文化敏感性是跨文化交流中面临的重要挑战之一。当个体或组织缺乏对不同文化背景的敏感性时，往往会导致误解、冲突和沟通障碍的产生。

首先，缺乏文化敏感性可能导致误解。不同文化之间存在着语言、价值观、习俗等方面的差异，如果在交流中缺乏对这些差异的认识和理解，就容易产生误解。例如，某些言辞或行为在一个文化中可能被视为礼貌和尊重，但在另一个文化中却可能被误解为无礼或冒犯。

其次，缺乏文化敏感性也容易导致冲突的发生。当个体或组织没有意识到不同文化之间的差异性，可能会在行为或决策上忽视他人的文化背景和价值观，从而触发冲突。这种冲突可能是因为文化观念的碰撞，也可能是因为对方感受到了不尊重或歧视。

最后，缺乏文化敏感性还会造成沟通障碍。在跨文化交流中，语言不同、思维方式不同、沟通风格不同等因素都可能导致沟通障碍的出现。如果缺乏文化敏感性，就很难意识到这些障碍并采取有效的措施加以解决，从而影响到交流的效果和结果。

（二）应对方案

1. 提升文化意识

提升文化意识是当今社会中不可或缺的一部分，它涵盖了对不同文化的敏感性和理解，以及尊重和包容多元文化。在一个日益全球化的世界里，人们之间的联系变得更加紧密，不同文化之间的交流也变得更加频繁。因此，培养良好的文化意识对个人和社会都具有重要意义。

首先，提升文化意识有助于促进文化多样性的发展。每个文化都有其独特的价值观、习俗和传统，而正是这些多样性使世界变得更加丰富多彩。通过培养对不同文化的敏感性和理解，人们可以更好地欣赏和尊重他人的文化，从而推动文化多样性的发展。

其次，提升文化意识有助于促进跨文化交流与合作。在跨国合作和交流中，文化意识的重要性不言而喻。只有理解并尊重他人的文化，才能建立起良好的合作关系，实现真正的交流与共赢。通过培养文化意识，人们可以更好地适应跨文化环境，提高跨文化交流的效果和质量。

最后，提升文化意识有助于促进社会和谐稳定。尊重和包容多元文化是构建和谐社会的重要基础。当人们能够理解并尊重不同文化背景的他人时，社会中的矛盾和冲突就会减少，人与人之间的关系也会更加融洽。通过提升文化意识，可以促进社会的和谐发展，实现共存共荣。

2. 跨文化培训

跨文化培训是一种帮助个人更好地适应不同文化背景下工作和生活的培训课程。参加跨文化培训课程可以带来许多好处。首先，它能够帮助个人更好地理解和尊重不同文化背景下的习俗、价值观和沟通方式。通过学习如何处理跨文化交流中的挑战和问题，个人可以提高自己的跨文化沟通能力，避免由于文化差异而产生的误解和冲突。

其次，跨文化培训还可以帮助个人更好地适应跨国公司或跨国团队的工作环境。在全球化的今天，许多公司都有着多元化的员工群体，跨文化培训可以帮助员工更好地融入这样的工作环境，提高团队合作的效率和质量。此外，跨文化培训还可以帮助个人在国际商务活动中更加游刃有余，取得更好的业务成果。

第二节 文化冲突与解决策略

一、常见文化冲突

（一）语言习惯差异

在不同文化背景下，学生可能具有不同的语言习惯，包括口头表达方式和用词习惯等。这种差异可能导致学生对英语教学内容的理解产生偏差，从而影响学习效果。

举例来说，某些文化中的学生可能习惯于使用比喻、俚语或特定的口头表达方式来传达信息，而另一些文化可能更注重正式、直接的表达方式。当这些学生学习英语时，他们可能会根据自己的语言习惯来理解教学内容，导致对英语表达的真实含义产生偏差，甚至误解教学内容。

为应对这种情况，教育工作者可以采取一些措施来帮助学生克服语言习惯差异带来的影响。首先，教师可以意识到学生的不同语言习惯，并在教学中注重解释和澄清英语表达的真实含义。其次，教师可以鼓励学生多参与课堂讨论和交流，帮助他们逐渐适应英语的口头表达方式和用词习惯。此外，提倡多元文化教育，促进学生之间的跨文化交流和理解，也有助于减少语言习惯差异带来的影响，提高学习效率。通过这些努力，可以帮助学生更好地理解和运用英语，促进他们在跨文化环境中的学习和交流能力。

（二）表达方式差异

在不同文化背景下，学生对于表达方式的理解可能存在差异，尤其是在直接表达和间接表达方面。一些文化倾向于直接表达想法和意见，而另一些文化则更倾向于通过间接方式来传达信息。这种差异可能导致学生在交流中产生误解和沟通障碍。

举例来说，某些西方文化中的学生习惯于直接表达自己的想法，坦诚直率，而亚洲文化中的学生可能更倾向于通过含蓄的方式表达观点，避免直接冲突。因此，当这两种文化背景的学生交流时，可能会出现误解，西方学生可能觉得亚洲学生回避问题，而亚洲学生可能认为西方学生太过冲动或直接。

为减少这种误解和沟通障碍，教育工作者可以通过教育和培训帮助学生意识到不同文化背景下的表达方式差异，并鼓励他们尊重和包容不同的沟通风格。同时，提倡开放、包容的交流氛围，鼓励学生表达自己的想法，同时也学会倾听和理解他人的观点。通过促进跨文化交流和理解，可以帮助学生更好地应对不同文化背景下的表达方式差异，减少误解和沟通障碍，促进良好的跨文化交流和合作。

（三）非语言交流差异

在不同文化背景下，学生在非语言交流方面可能存在差异，包括眼神交流、肢体语言等。这种差异可能影响教师与学生之间的互动和理解。

举例来说，一些文化可能认为直接而坚定的眼神交流是表达尊重和注意力的方式，而另一些文化则可能认为避开眼神接触更显尊重和礼貌。当教师与学生来自不同文化背景时，他们可能会在眼神交流上产生误解，影响彼此之间的沟通和理解。

此外，肢体语言在不同文化中也具有不同的含义和解读方式。例如，一些文化可能习惯于用手势来表达情感或强调观点，而另一些文化可能更注重身体姿势和动作的含义。当教师和学生之间存在这种肢体语言差异时，可能会导致误解和沟通障碍，影响他们之间的互动和理解。

为减少非语言交流差异带来的影响，教育工作者可以通过跨文化培训和教育帮助教师和学生意识到不同文化背景下的非语言交流差异，并学会尊重和理解他人的肢体语言和眼神交流习惯。同时，鼓励双方保持开放、包容的态度，促进互相学习和适应，以提高跨文化交流的效果，增进教师与学生之间的互动和理解。通过这些努力，可以减少非语言交流差异带来的影响，促进教学和学习的顺利进行。

二、解决策略

（一）跨文化培训

跨文化培训对教师至关重要，可以帮助他们增进对不同文化背景学生的理解，学习如何调整教学方法和内容以更好地适应不同文化背景的学生，从而避免文化冲突对教学带来的负面影响。

1. 理解学生多样性：跨文化培训可以帮助教师意识到学生来自不同文化背景，拥有不同的价值观、习惯和沟通方式。通过了解这些差异，教师可以更好地理解学生的需求和挑战，避免误解和冲突。

2. 调整教学方法：通过跨文化培训，教师可以学习如何调整教学方法和策略，以更好地满足不同文化背景学生的学习需求。这包括采用多样化的教学方式、引入跨文化案例和故事，以促进学生的跨文化理解和尊重。

3. 促进有效沟通：跨文化培训还可以帮助教师学习如何在跨文化环境中建立有效的沟通。教师可以学习如何解释清楚教学内容，避免语言和文化障碍，以确保与学生之间的有效互动和理解。

4. 创造包容性环境：最重要的是，跨文化培训有助于教师创造一个包容性的教育环境，让每个学生都感到受到尊重和重视。这种环境有助于减少文化冲突，促进学生的学习和发展。

（二）促进跨文化交流

1. 拓宽视野：促进跨文化交流可以帮助学生拓宽视野，了解和尊重不同文化的多样性。通过分享文化经验和观点，学生可以增进对其他文化的理解，培养跨文化意识和包容心态。

2. 促进语言学习：通过跨文化交流，学生可以在真实的语言环境中学习和运用英语，提高语言表达能力和交流技巧。同时，了解不同文化背景下的语言使用习惯和表达方式，有助于学生更全面地掌握英语语言。

3. 建立互信关系：促进跨文化交流可以帮助学生建立互信关系，增进彼此之间的理解和尊重。通过分享文化经验和观点，学生可以更好地沟通和合作，促进团队合作和友谊的建立。

4. 促进跨文化交流技能：通过参与跨文化交流，学生可以培养跨文化交流技能，包括倾听、表达、解释和理解能力。这些技能对于学生未来在国际化背景下的学习和工作都具有重要意义。

（三）设计当地文化教学内容

1. 引入当地文化案例

教师可以通过引入当地文化的真实案例、故事或事件，让学生更直观地了解当地文化的特点和价值观。这种案例教学可以使抽象的概念更具体化，帮助学生更深入地理解和记忆教学内容。

（1）直观理解当地文化

通过引入当地文化案例，学生可以通过具体的事例和故事来感受和理解当地文化的特点和价值观。这种直观的学习方式能够让学生更加生动地体验和认知文化，激发他们的学习兴趣。

（2）抽象概念具体化

当学生学习抽象的文化概念时，引入当地文化案例可以帮助将这些概念具体化，使之更具体、更生动。通过具体案例的解释和展示，学生可以更清晰地理解抽象概念，提高对文化内涵的理解和记忆。

（3）深入理解与记忆教学内容

通过案例教学，学生可以更深入地理解和记忆教学内容。真实的案例和故事往往能够引起学生的共鸣和情感投入，使他们更加专注和投入学习过程，从而更好地掌握和记忆所学知识。

（4）激发学生思考与讨论

当学生接触到当地文化案例时，往往会引发他们的思考和讨论。通过分析案例中的情节和背景，学生可以展开深入的讨论和思考，从而促进他们的批判性思维和跨文化交流能力的培养。

2. 组织文化活动

教师可以组织与当地文化相关的活动，如文化展览、传统节日庆祝等，让学生亲身体验和感受当地文化的魅力。这种实践性的学习方式可以激发学生的兴趣，增加他们对文化的认知和理解。

（1）亲身体验当地文化

通过组织文化活动，学生可以亲身参与当地文化的展示和庆祝活动，深入感受和体验文化的魅力。这种亲身体验能够让学生更加直观地了解当地文化的特点和传统，激发他们的兴趣和好奇心。

（2）增加文化认知与理解

参与文化活动可以帮助学生增加对当地文化的认知和理解。通过观察、参与和交流，学生可以更全面地了解当地文化的历史、价值观和传统习俗，拓宽视野，促进跨文化交流和理解。

（3）激发学习兴趣与参与度

实践性的学习方式能够激发学生的学习兴趣和参与度。参与文化活动不仅可以让学生在轻松愉快的氛围中学习，还可以激发他们的好奇心和探索欲，提高学习的积极性和效率。

（4）促进跨文化交流与合作

通过参与文化活动，学生可以与他人分享和交流自己的文化体验，促进跨文化交流与合作。这种交流过程有助于学生拓宽视野，增进对不同文化的理解和尊重，培养跨文化交流能力。

3. 利用当地文化资源

教师可以利用当地文化资源，如民间艺术品、音乐、食物等，作为教学材料或教学工具。通过这些具体的文化元素，学生可以更深入地了解当地文化，同时提高他们的学习兴趣和参与度。

（1）丰富教学内容

使用当地文化资源可以丰富教学内容，使学生在学习中接触到真实而具体的文化元素。民间艺术品、音乐和食物等可以为学生提供直观的文化体验，激发他们的学习兴趣。

（2）深入了解当地文化

通过接触当地文化资源，学生可以更深入地了解当地文化的特点、传统和价值观。这种亲身体验有助于学生对文化的理解和认知，促进跨文化交流和尊重。

（3）提高学习兴趣和参与度

利用当地文化资源作为教学材料或工具，可以增加学生的学习兴趣和参与度。学生对熟悉的文化元素更容易产生共鸣和兴趣，从而更加专注和投入学习。

（4）促进跨文化交流与理解

通过使用当地文化资源，教师可以促进跨文化交流与理解。学生可以通过文化资源了解不同文化的独特之处，拓宽视野，培养跨文化意识和包容性。

（5）激发创造力与表达能力

当地文化资源的运用可以激发学生的创造力和表达能力。学生可以通过艺术品、音乐等文化元素表达自己的想法和情感，培养综合素养和跨文化交流能力。

4. 开展跨学科教学

（1）全面了解当地文化

通过跨学科教学融入当地文化，学生可以从不同学科的角度深入了解当地文化的多个方面，如历史背景、地理环境、艺术表现等，形成更为全面的认知。

（2）促进跨学科学习

将当地文化融入多个学科的教学中，可以促进跨学科学习，帮助学生建立学科之间的联系和整合知识。学生可以在跨学科的学习中更好地理解和应用所学知识。

（3）培养综合能力

跨学科教学中融入当地文化可以培养学生的综合能力，如批判性思维、问题解决能力、创造力等。学生需要跨学科思考和综合运用知识，从而提升综合素养和解决问题的能力。

（4）拓宽视野与思维

跨学科教学引入当地文化可以帮助学生拓宽视野，开阔思维。通过不同学科的探索和学习，学生可以更全面地理解当地文化的内涵和影响，培养跨文化意识和包容性。

（5）提升学习动力与兴趣

跨学科教学融入当地文化可以激发学生的学习兴趣和动力。学生在跨学科学习中能够体验到不同学科的魅力和联系，增加学习的趣味性和深度，提高学习的积极性。

（四）开展跨文化交流活动

1. 文化交流展示

（1）互相了解文化特色

通过展示各自文化的特色，学生可以更直观地了解彼此的文化传统和价值观。从传统服饰、食物到音乐等方面的展示，可以让学生深入体验和感受不同文化的独特魅力。

（2）促进文化交流与欣赏

学生通过展示自己的文化特色，可以促进文化交流与欣赏。他们可以分享自己的文化背景和传统，同时也能够欣赏他人的文化，增进对多元文化的理解与尊重。

（3）培养合作与团队精神

参与文化交流展示活动可以培养学生的合作与团队精神。学生需要共同策划、准备和展示文化特色，这促进了他们之间的合作与协作能力，培养团队意识和团结精神。

（4）拓宽视野与跨文化意识

通过文化交流展示活动，学生可以拓宽视野，增进对不同文化的认知。这有助于培养学生的跨文化意识和包容性，让他们更好地适应多元文化的社会环境。

（5）促进语言与表达能力

参与文化展示活动可以促进学生的语言与表达能力。他们需要用适当的语言和表达方式展示文化特色，提高沟通技巧和表达能力，增强自信心与表达能力。

2. 文化主题活动

（1）活动策划与组织

学生参与策划和组织文化主题活动，可以培养他们的组织能力和团队合作精神。通过共同努力，学生可以学会协作与沟通，提高团队合作能力。

（2）增进文化了解与尊重

通过参与文化主题活动，学生可以深入了解不同文化的特点和价值观，增进对多元文化的尊重与欣赏。这有助于拓展学生的视野，促进跨文化理解与包容性。

（3）促进跨文化交流与交融

文化主题活动为学生提供了跨文化交流与交融的平台。学生可以分享自己的文化，同时也可以学习和体验其他文化，促进不同文化之间的交流与融合。

（4）培养创新与表达能力

参与文化主题活动可以培养学生的创新与表达能力。他们需要设计创意项目、展示文化特色，提高表达能力和创造力，激发对文化的热情与探索欲。

（5）提升全球意识与社会责任感

通过文化主题活动，学生可以提升全球意识与社会责任感。他们可以意识到自己作为全球公民的责任与使命，促进跨文化交流与合作，为建设和谐多元的社会作出贡献。

3. 文化交流项目

（1）深入体验不同文化

通过文化交流项目，学生可以深入体验和学习不同文化，了解其传统、价值观和习俗。这种亲身体验有助于学生更全面地认知和理解不同文化的特点。

（2）促进跨文化交流与合作

文化交流项目为学生提供了跨文化交流与合作的机会。学生可以与来自不同文化背景的同学合作，共同探讨文化议题，促进跨文化交流与合作能力的培养。

（3）拓宽视野与跨文化意识

参与文化交流项目可以帮助学生拓宽视野，增进对不同文化的理解与尊重。学生通过与他人交流和合作，培养跨文化意识和包容性，提高跨文化交流能力。

（4）培养团队合作与解决问题能力

在文化交流项目中，学生需要团队合作、解决问题，共同完成项目任务。这有助于培养学生的团队合作精神和解决问题能力，提高综合素养和综合能力。

（5）促进全球视野与社会责任感

通过参与文化交流项目，学生可以促进全球视野与社会责任感的培养。他们可以意识到自己作为全球公民的责任与使命，为促进跨文化交流与合作作出积极贡献。

4. 跨文化讨论与分享

（1）分享文化经验与观点

通过跨文化讨论和分享活动，学生可以分享自己的文化经验、传统和观点。这种分享可以让学生更深入地了解彼此的文化背景和价值观，促进跨文化交流与理解。

（2）促进跨文化交流与合作

学生通过分享文化经验和观点，可以促进跨文化交流与合作。他们可以互相倾听、学习和理解彼此的文化，拓宽视野，增进对不同文化的尊重与欣赏。

（3）培养跨文化意识与包容性

参与跨文化讨论和分享活动可以帮助学生培养跨文化意识与包容性。他们可以学会尊重和欣赏不同文化的差异，提高跨文化交流能力和理解能力。

（4）拓宽视野与思维

通过跨文化讨论和分享活动，学生可以拓宽视野，开阔思维。他们可以从不同文化的角度思考问题，增进对多元文化的认知和理解，培养跨文化意识和包容性。

（5）促进语言与表达能力

参与跨文化讨论与分享活动可以促进学生的语言与表达能力。他们需要用适当的语言和表达方式分享文化经验，提高沟通技巧和表达能力，增强自信心与表达能力。

第三节　学生个体差异与教学个性化

一、学生个体差异的表现

（一）学习风格

学生的学习风格因人而异，包括视觉学习、听觉学习和动手实践学习等不同类型。了解学生的学习风格对于实施个性化教学至关重要，因为不同的学习风格需要不同的教学方法和策略来最大程度地促进学生的学习效果。

1. 视觉学习者

视觉学习者通过看图表、图像、图表等视觉方式来吸收信息。他们喜欢通过观察和图像记忆来理解和记忆知识，因此教师可以通过图表、图片、视频等视觉化工具来帮助他们更好地学习。

2. 听觉学习者

听觉学习者更喜欢通过听觉方式来学习，他们倾向于通过听讲座、讨论和听力练习来理解和吸收知识。为满足这类学生的学习需求，教师可以采用口头讲解、听力练习和小组讨论等方式。

3. 动手实践学习者

动手实践学习者更喜欢通过实际操作和动手实践来学习。他们喜欢参与实验、项目制作和实践活动，通过亲身体验来加深对知识的理解。为此，教师可以设计实践性强的任务和项目，让这类学生通过实际操作来学习。

（二）认知能力

学生的认知能力和学习速度因人而异，有些学生可能更擅长逻辑思维，而有些学生可能更注重感知和直觉。了解学生的认知能力特点对于实施个性化教学至关重要，因为不同的认知风格需要不同的教学方法和策略来最大程度地促进学生的学习效果。

1. 逻辑思维学生

逻辑思维学生善于分析问题、推理和建立逻辑关系。他们更倾向于通过逻辑推理和系统性思考来理解和解决问题。为满足这类学生的学习需求，教师可以提供清晰的逻辑框架和思维导图，引导他们建立逻辑思维模式。

2. 感知与直觉学生

感知与直觉学生更注重对信息的感知和整体把握，他们倾向于通过直觉和感觉来理解问题。这类学生可能更善于发现问题的内在联系和整体意义。为此，教师可以提供丰富的感性体验和案例分析，帮助他们更好地理解和应用知识。

3. 学习速度差异

学生的学习速度也各不相同，有些学生可能学习速度较快，而有些学生可能需要更多的时间来消化和理解知识。教师可以根据学生的学习速度差异，提供个性化的学习支持和延伸学习机会，让每个学生都能在适合自己的学习节奏中取得进步。

（三）兴趣爱好

学生的兴趣爱好对他们对学习内容的接受程度有着重要影响。有些学生可能对某些学科或主题更感兴趣，而对其他学科则缺乏兴趣。了解学生的兴趣爱好，实施个性化教学，可以激发学生的学习兴趣，提高学习效率，促进他们的全面发展和个性成长。

1. 激发学习兴趣

学生对自己感兴趣的学科或主题更容易投入学习，保持学习的积极性和动力。因此，教师可以根据学生的兴趣爱好设计教学内容，激发他们的学习兴趣，提高学习效率。

2. 个性化学习

通过了解学生的兴趣爱好，教师可以实施个性化教学，根据学生的兴趣特点调整教学方法和内容，让学生在感兴趣的领域中更深入地学习，提高学习效率。

3. 促进深度学习

学生对自己感兴趣的学科或主题更容易进行深度学习，探索更多相关知识和技能。通过激发学生的兴趣爱好，可以促进他们在感兴趣的领域中深入学习，培养专业技能和兴趣爱好。

4. 提高学习效率

学生在感兴趣的领域中学习更加高效，因为他们更愿意投入时间和精力。通过个性化教学，教师可以根据学生的兴趣爱好提供更有针对性的学习支持，提高学习效率。

5. 培养自主学习能力

通过满足学生的兴趣爱好，可以培养他们的自主学习能力和学习动机。学生在感兴趣的领域中更愿意主动学习和探索，培养自主学习的习惯和能力。

（四）情感特点

学生的情感特点包括情绪稳定性、社交能力等方面的差异，这些特点会影响学生的学习态度和表现。了解学生的情感特点，实施个性化教学，可以更好地满足学生的情感需求，促进他们的学习积极性和自我发展。

1. 情绪稳定性

学生的情绪稳定性对学习有着重要影响。情绪稳定的学生更容易集中注意力、保持学习动力，而情绪波动较大的学生可能需要额外的情感支持和关怀。

2. 社交能力

学生的社交能力影响着他们与他人的互动和合作。一些学生可能更善于社交交往，喜欢团体学习和合作，而另一些学生可能更倾向于独立学习和思考。

3. 学习态度

学生的学习态度受情感特点影响较大。积极乐观的学生更容易面对挑战和困难，保持学习的热情和动力，而消极情绪较重的学生可能需要额外的鼓励和支持。

4. 个性化支持

通过了解学生的情感特点，教师可以为每个学生提供个性化的支持和关怀。针对不同学生的情感需求，提供相应的情感支持和指导，帮助他们克服困难，保持学习动力。

5. 情感管理

教师可以教导学生情感管理的技能，帮助他们更好地处理情绪波动，保持情绪稳定，提高学习效率和应对挑战的能力。

二、教学个性化的重要性

（一）满足学生需求

个性化教学是一种关注学生个体差异，根据不同学生的需求和特点，量身定制教学方案的教学方法。通过个性化教学，可以更好地满足学生的学习需求，让每个学生在适合自己的学习环境中发挥潜力，提高学习效率和学习体验。

1. 个性化学习体验

每个学生都有独特的学习需求和学习方式，个性化教学可以根据学生的需求和特点，提供个性化的学习体验，让学生在适合自己的学习环境中学习，更容易投入学习，提高学习效率。

2. 提高学习动力

个性化教学可以激发学生的学习兴趣和动机。根据学生的兴趣爱好、学习风格和认知能力设计个性化的教学内容和活动，可以让学生更愿意学习，提高学习动力和学习积极性。

3. 提升学习效果

个性化教学可以更好地满足学生的学习需求，提供针对性的学习支持和指导，帮助学生充分发挥自己的潜力。个性化教学有助于提高学习效率，促进学生的学业成绩和综合素养的提升。

4. 促进自主学习

个性化教学培养学生的自主学习能力。通过个性化教学，学生可以根据自己的学习需求和兴趣选择学习内容和学习方式，培养自主学习的习惯和能力，提高学习效率和质量。

5. 增强自信心

个性化教学可以帮助学生更好地适应学习环境，提高学习动机和成绩，培养他们的自信心和学习兴趣。个性化教学让学生在适合自己的学习环境中学习，更容易取得成功，增强自信心和学习动力。

（二）提高学习效率

个性化教学有助于提高学生的学习效率和学习动机，激发学生的学习兴趣和自主学习能力。

（三）促进自我发展

通过个性化教学，学生可以更好地发展自己的学习风格和能力，培养自主学习和解决问题的能力。

（四）增强自信心

个性化教学可以让学生在适应自己的学习节奏和方式的同时，增强自信心和学习动力。

三、实施个性化教学的方法

（一）灵活教学方式

个性化教学可以更好地满足学生的学习需求和兴趣，帮助他们更高效地学习。通过了解每个学生的学习风格、能力水平和兴趣爱好，教师可以制订针对性的教学计划，激发学生的学习动力，提高学习效率。个性化教学还可以促进学生的自主学习能力和批判性思维能力的发展，培养他们的学习兴趣，使学习变得更加有趣和有意义。因此，推行个性化教学对于提高学生的学习效率和学习动机具有重要意义。

（二）差异化任务设置

差异化任务设置是一种有效的教学策略，可以帮助满足不同学生的学习需求和能力水平。通过设计不同难度和类型的任务，学生可以根据自己的能力和兴趣选择适合自己的任务，从而更好地发挥自己的潜力，提高学习效率。这种个性化的任务设置可以激发学生的学习兴趣和动力，使他们更加投入学习，提高学习的效率和质量。同时，差异化任务设置也有助于培养学生的自主学习能力和解决问题的能力，促进他们全面发展。因此，教师在教学中应该注重差异化任务设置，为学生提供多样化的学习机会，帮助他们实现个性化的学习目标。

（三）个性化反馈

个性化反馈在教学中扮演着至关重要的角色，它不仅可以帮助学生更好地理解和应用所学知识，还可以促进他们的学习动机和提高学习效率。个性化反馈是根据每个学生的学习表现和需求，为其量身定制的指导和建议。通过及时、具体、针对性的反馈，教师可以帮助学生发现自己的学习差距和问题，引导他们进行有效的学习调整和提升，从而实现个性化学习目标。

个性化反馈应该是多维度的，不仅包括对学生学术表现的评价，还应该考虑到学生的学习风格、兴趣爱好和情感需求。通过了解每个学生的特点，教师可以更好地选择合适的反馈方式和内容，使其更具针对性和有效性。个性化反馈还可以激发学生的学习兴趣和自信心，帮助他们建立积极的学习态度和自我调节能力。

此外，个性化反馈也需要注重正向引导和鼓励，及时表扬学生的优点和进步，激发他们的学习动力和自信心。通过积极的反馈和指导，学生可以更好地认识自己的学习状态和潜力，不断完善自我，提高学习效率。

（四）合作学习

合作学习是一种重要的教学方法，通过让学生相互学习和协作，可以促进他们之间的交流与合作，培养团队合作精神，提高学习效率和发展综合能力。在合作学习中，学生通过共同探讨、合作解决问题，不仅可以加深对知识的理解，还可以培养批判性思维、沟通能力和团队合作能力。

通过合作学习，学生可以相互借鉴、互相启发，共同探讨问题，促进彼此之间的学习和成长。在团队合作中，学生需要相互协作、分工合作，培养团队意识和合作精神，学会倾听和尊重他人意见，培养解决问题的能力和应对挑战的勇气。此外，合作学习也可以促进学生的社交能力和情商发展，培养他们的领导能力和团队协作能力，为未来的社会生活和工作打下良好基础。

教师在实施合作学习时，可以设计各种形式的合作任务和项目，引导学生共同合作、分享资源，激发他们的学习兴趣和动力。同时，教师也应该及时给予指导和反馈，引导学生发现问题、解决问题，确保合作学习的顺利进行和学习效率的达成。

因此，合作学习是一种促进学生全面发展的有效途径，通过合作学习，学生可以在交流合作中相互促进，共同成长，培养团队合作精神，提高学习效率和发展综合能力。教师应该重视合作学习的重要性，积极引导学生参与合作学习，为他们的学习和成长提供更多的机会和支持。

第四节　教师角色的转变与适应

一、师生关系的改变

师生关系的演变是教育领域中一场深刻的变革。在过去，师生关系被定义为一种单向的知识传授与接受模式，教师扮演着权威的角色，而学生则被动地接受。然而，随着教育理念的不断更新和教学模式的革新，师生关系正经历着一场革命性的转变。

如今，学习者中心的教学理念崭露头角，师生关系逐渐向合作、互动和平等的方向发展。教师不再仅仅是知识的传授者，更多地扮演着引导者、激励者和启发者的角色。他们与学生共同探讨问题、分享思想，激发学生的学习兴趣和动力。这种新型的师生关系强调教师需更加关注学生的需求和个性特点，倾听他们的声音，尊重他们的选择，建立起一种积极、平等的互动关系。

在这种新模式下，教师不再是简单地传授知识，而是致力于培养学生的综合能力，引导他们自主学习、批判性思维和团队合作能力。教师与学生之间的互动变得更加紧密和平等，共同构建着一个积极向上的学习环境。这种变革不仅促进了学生的全面发展，也提升了教师的教学水平和专业素养。

二、学习者中心的教学模式

学习者中心的教学模式是一种以学生为中心的教育理念，强调学生的主体性和参与性，鼓励学生积极主动地参与学习过程，发挥个人潜能。在这种模式下，教师的作用不再局限于简单的知识传授，而是更注重理解学生的学习需求和兴趣，制定个性化的教学计划，激发他们的学习动力和自主学习能力。教师需要成为学生学习的引导者和合作伙伴，引导他们探索问题、解决问题，培养批判性思维和创新能力。

学习者中心的教学模式要求教师转变角色，从传统的知识传授者转变为学习的引导者和促进者。教师需要为学生提供更多的学习支持和指导，激发他们的学习兴趣，引导他们建立自主学习的能力。这种模式下，教师与学生之间的互动更加密切，教学过程更加灵活多样，促进了学生的全面发展和终身学习能力的培养。

三、跨文化教育素养的提升

随着全球化的不断深化，跨文化教育素养的重要性日益凸显。在当今多元文化的社会环境中，教师的角色不仅仅是传授知识，更需要具备跨文化意识和跨文化沟通能力，以促进不同文化背景学生之间的理解与合作。跨文化教育素养的提升对于教师来说是一项重要而迫切的任务。

首先，教师需要拥有开放包容的心态。这意味着教师应该能够接纳和尊重不同文化背景学生的差异性，理解并欣赏多样性带来的丰富性。只有拥有包容的心态，教师才能真正走进学生的内心世界，建立起互信与尊重的关系，从而有效地开展跨文化教育工作。

其次，教师需要具备跨文化意识和跨文化沟通能力。跨文化意识是指教师意识到不同文化之间的差异性和共通性，能够在教学实践中灵活应对。而跨文化沟通能力则是指教师能够有效地与不同文化背景的学生进行交流与互动，避免文化误解和冲突，促进文化之间的交流与融合。

此外，教师还需要不断学习和提升自己的跨文化教育能力。通过参加跨文化培训、研讨会等活动，教师可以增进对跨文化教育的理解和认识，提升自身的跨文化教育素养。同时，教师还可以通过与其他教育工作者的交流与合作，分享经验、借鉴他人的成功实践，不断完善自己的跨文化教育技能。

最后，教师需要努力创造一个包容、多元的学习环境，为学生提供一个能够尊重和欣赏不同文化的空间。通过多元文化教育资源的引入和利用，教师可以帮助学生更好地了解和尊重不同文化，培养他们的跨文化意识和能力，使他们能够适应和融入多元文化社会。

第五节 多元化教材与教学资源的选择与设计

一、反映多元文化的教材

选择反映多元文化的教材对于促进学生的跨文化理解和尊重至关重要。多元文化教材不仅可以帮助学生了解不同文化背景下的价值观、习俗和传统，还能拓宽他们的视野，培养跨文化意识和包容心态。在教学实践中，教师应该注重选择多样化的教材，包括不同国家、民族的文学作品、历史故事、传统乐曲等，让学生通过教材的学习，深刻感受和理解多元文化的魅力，促进跨文化交流与理解。

（一）多元文化教材的重要性

多元文化教材的选择对于学生的全面发展和跨文化素养的培养具有重要意义。通过多元文化教材的引入，学生可以了解不同文化背景下的人们生活方式、价值观念和传统习俗，拓宽他们的视野，增进对世界的认识和理解。同时，多元文化教材还可以促进学生的跨文化交流能力和包容心态的培养，帮助他们更好地适应多元文化社会的挑战。

（二）多样化的教材选择

在选择教材时，教师应该注重多样性和包容性。可以选择不同国家、不同民族的文学作品、历史故事、传统乐曲等作为教学材料，让学生通过阅读、欣赏和讨论，感受和理解不同文化的独特魅力。通过多元文化教材的学习，学生可以培养对多元文化的尊重和理解，拓宽自己的视野，提升跨文化意识和包容心态。

（三）促进跨文化交流与理解

多元文化教材的使用有助于促进跨文化交流与理解。通过教材的学习，学生可以了解不同文化之间的联系和差异，增进对他人文化的尊重和欣赏。同时，多元文化教材还可以帮助学生建立起跨文化的桥梁，促进不同文化之间的交流与合作，为构建一个和谐多元的社会环境奠定基础。

二、利用真实语料库和多媒体资源

利用真实语料库和多媒体资源是提高教学质量、激发学生学习兴趣和参与度的有效途径。真实语料库包括报纸、杂志、广播节目等真实语言材料，能够帮助学生更好地理解语言运用的实际情境，提高他们的语言表达能力和沟通能力。多媒体资源则包括图片、音频、视频等形式，能够生动直观地呈现教学内容，激发学生的学习兴趣，提高他们的学习效率。

（一）真实语料库的应用

1. 实际情境理解

真实语料库提供了真实的语言使用情境，帮助学生更好地理解语言在实际生活中的运用方式，促进他们的语言能力提升。

2. 语言表达能力

通过接触真实语料库，学生可以学习到更地道、实用的语言表达方式，提高他们的语言表达能力和沟通能力。

3. 激发学习兴趣

利用生动有趣的真实语料库，可以使学习内容更具吸引力，激发学生的学习兴趣，提高学习积极性。

（二）多媒体资源的应用

1. 生动直观呈现

多媒体资源能够以图片、音频、视频等形式生动直观地呈现教学内容，帮助学生更好地理解和吸收知识。

2. 提高学习效率

多媒体资源能够激发学生的视听感官，使教学内容更加生动有趣，提高学生的学习效率和记忆力。

3. 创造丰富学习环境

教师利用多媒体资源可以为学生创造丰富多彩的学习环境，激发他们的学习热情和创造力，提升教学效果。

（三）教师应用建议

1. 综合运用

教师可以综合运用真实语料库和多媒体资源，结合教学内容设计，丰富教学手段，提高教学效果。

2. 定制化教学

根据学生的实际情况和学习需求，教师可以有针对性地选择和运用真实语料库和多媒体资源，定制化教学内容。

3. 激励学生参与

教师在教学中应充分利用真实语料库和多媒体资源，激发学生的参与度和学习兴趣，促进他们的全面发展。

三、鼓励学生参与创作和分享

鼓励学生参与创作和分享是激发他们学习动力和创造力的重要途径，可以提高学生的学习积极性和参与度。通过写作、演讲、绘画等形式的创作，学生可以表达自己的想法和观点，展示才华和创意。教师可以组织各种形式的创作比赛、展示活动，让学生展示作品，分享心得体会，促进学生之间的交流与合作。参与创作和分享不仅提高学生的表达能力和创造力，还培养团队合作精神和领导能力，实现个性化学习目标，促进全面发展。

（一）提升学生的学习动力和创造力

1. 激发学习动力

参与创作和分享可以激发学生的学习动力，让他们更加投入学习过程，积极探索和学习新知识。

2. 提升创造力

通过创作，学生可以展现自己的创造力和想象力，培养独立思考和解决问题的能力。

（二）提高学生的表达能力和交流能力

1. 提高表达能力

参与创作和分享可以帮助学生提高表达能力，培养清晰、准确地表达自己想法和观点的能力。

2. 促进交流与合作

通过分享作品和心得，学生之间可以展开交流与合作，互相学习、启发，促进团队合作精神的培养。

（三）实现个性化学习目标和全面发展

1. 个性化学习

参与创作和分享可以让学生根据自己的兴趣和特长进行表达和展示，实现个性化学习目标。

2. 全面发展

通过参与创作和分享，学生不仅在学术上得到提升，还可以培养领导能力、团队合作精神等综合素养，实现全面发展。

第六节　跨文化教学策略的运用

一、情境教学法的运用

情境教学法是一种有效的跨文化教学策略，通过将学习内容置于真实的情境中，让学生在具体的文化背景下进行学习和交流。教师可以设计各种情境化的教学活动，让学生在模拟的文化场景中进行语言运用和交流，帮助他们更好地理解和应用所学知识。情境教学法可以激发学生的学习兴趣和参与度，促进跨文化交流与理解，培养跨文化意识和沟通能力。

（一）情境教学法的优势

1. 真实情境

将学习内容置于真实情境中，有助于学生更好地理解和运用知识，提高学习效率。

2. 激发兴趣

情境教学法能够激发学生的学习兴趣，使学习过程更加生动有趣，提高学生的学习积极性。

3. 促进交流与理解

学生在情境中进行语言运用和交流，有助于促进跨文化交流与理解，培养跨文化意识和沟通能力。

（二）情境教学法的实施方式

1. 设计情境化教学活动

教师可以设计各种情境化的教学活动，如角色扮演、模拟对话等，让学生在具体的文化场景中进行学习和交流。

2. 引入真实案例

教师可以引入真实的文化案例或故事，让学生在情境中思考和讨论，加深对文化背景的理解。

3. 提供实践机会

给学生提供实践机会，让他们在情境中运用所学知识，提高语言的表达能力和沟通的能力。

（三）情境教学法的意义

1. 促进跨文化交流与理解

情境教学法有助于促进学生之间的跨文化交流与理解，培养他们的跨文化意识和沟通能力。

2. 提升学习效率

将学习内容置于真实情境中，可以提升学习效果，帮助学生更好地理解和运用知识。

3. 激发学习兴趣

情境教学法能够激发学生的学习兴趣，使学习过程更加生动有趣，提高学生的学习积极性。

二、角色扮演和模拟活动

角色扮演和模拟活动是另一种促进跨文化交流的有效策略。通过让学生扮演不同的角色，模拟真实的文化交流场景，帮助他们体验和理解不同文化背景下的交流方式和习惯。在这样的活动中，学生可以扮演不同国家或地区的人物，进行跨文化交流和合作，锻炼语言表达能力和文化适应能力，促进跨文化交流与合作。

（一）促进跨文化交流的意义

1. 体验不同文化

通过角色扮演和模拟活动，学生可以身临其境地体验不同文化背景下的交流方式和习惯，增进对其他文化的理解和尊重。

2. 锻炼语言表达能力

在模拟交流场景中，学生需要运用所学语言进行交流，锻炼语言表达能力和沟通技巧。

3. 促进跨文化合作

通过角色扮演和模拟活动，学生可以跨越文化障碍，展开合作与交流，促进跨文化合作意识的培养。

（二）实施角色扮演和模拟活动的方法

1. 设定情境

设计具体的文化交流情境，可以让学生在其中扮演不同的角色，模拟真实的文化交流场景。

2. 角色分配

分配不同的角色给学生，让他们扮演不同国家或地区的人物，体验不同文化的交流方式。

3. 引导讨论

在活动结束后，引导学生分享体验和感受，讨论跨文化交流中的挑战和收获，促进思考和学习。

（三）教学效果与意义

1. 提升文化适应能力

通过角色扮演和模拟活动，学生可以提升文化适应能力，增进对不同文化的理解和尊重。

2. 拓宽视野

模拟跨文化交流场景可以帮助学生拓宽视野，增加对世界多元文化的认识和理解。

3. 促进团队合作

在活动中，学生需要合作完成任务，促进团队合作精神的培养，提升团队凝聚力。

三、提供跨文化交流机会

为学生提供跨文化交流机会是促进跨文化教学的关键步骤。教师可以组织学生参加国际交流项目、文化交流活动，与外国学生进行线上或线下交流，拓宽学生的国际视野，增进他们对不同文化的理解和尊重。通过实际的跨文化交流活动，学生可以亲身体验不同文化背景下的生活和学习方式，促进跨文化交流与合作，培养他们的全球意识和国际竞争力。

（一）为学生提供跨文化交流机会的重要性

1. 拓展国际视野

参与跨文化交流活动可以帮助学生拓展国际视野，增进对不同文化的理解和尊重。

2. 促进跨文化交流与合作

通过实际的跨文化交流，学生可以与外国学生互相学习、交流，促进跨文化合作与理解。

3. 培养全球意识和国际竞争力

通过参与国际交流项目，学生可以培养全球意识和国际竞争力，为未来的发展做好准备。

（二）实施跨文化交流活动的方法

1. 组织国际交流项目

教师可以组织学生参加国际交流项目，如学术交流、文化交流等，与外国学生进行交流与合作。

2. 举办文化交流活动

在课堂中举办文化交流活动，让学生分享自己的文化特色，增进对不同文化的了解。

3. 线上交流与合作

利用线上平台，可以组织学生与外国学生进行线上交流，拓宽国际视野，促进跨文化交流。

（三）教学效果与意义

1. 促进语言能力提升

通过跨文化交流活动，学生可以提升语言表达能力和跨文化沟通能力。

2. 增进文化理解与尊重

参与跨文化交流可以增进学生对不同文化的理解和尊重，培养跨文化意识。

3. 培养全球视野与竞争力

通过国际交流项目，学生可以培养全球意识和国际竞争力，为未来的发展做好准备。

参考文献

[1]张曼. 跨文化交际视角下大学英语教学中母语文化失语研究[J]. 锦州医科大学学报(社会科学版),2024,22(01):108-112. DOI:10. 13847/j.cnki.lnmu(sse).2024.01.020.

[2]吴艳.探讨交际英语教学模式在高职院校英语教育中的渗透与融合[J].湖北开放职业学院学报,2024,37(01):177-178+191.

[3]李韶丽.跨文化视域下大学英语教学模式建构[J].英语广场,2024,(01):91-94.DOI:10.16723/j.cnki.yygc.2024.01.027.

[4]戴东新.语言与文化双重并举的大学英语教学改革[J].电大理工,2023,(04):65-68.DOI:10.19469/j.cnki.1003-3297.2023.04.0065.

[5]薛敏静.基于多元文化视角的大学英语教育教学创新实践探索[J].海外英语,2023,(24):177-180.

[6]张文峰.多元文化交融对高职英语教育的作用探讨[J].英语广场,2023,(35):100-103.DOI:10.16723/j.cnki.yygc.2023.35.013.

[7]杨茜茜.语言习得中的文化因素与高职跨文化英语教学[J].陕西教育(高教),2023,(12):62-64.DOI:10.16773/j.cnki.1002-2058.2023.12.002.

[8]王大鹏.基于英语影视文学的大学英语教学模式构建——评《英语影视文学》[J].当代电影,2023,(11):184.

[9]李晔.大学英语教学中的中国文化失语现象及对策研究[J].校园英语,2023,(43):31-33.

[10]潘瑾.跨文化交际视域下艺术类大学生英语教学创新策略研究[J].海外英语,2023,(20):145-147.

[11]多聪聪.高中英语课堂教学的导入艺术研究[J].学周刊,2023,(33):78-80.DOI:10.16657/j.cnki.issn1673-9132.2023.33.026.

[12]张译木."艺术英语"教学中作业设计及评价方法探究[J].家长,2023,(30):180-182.

[13]周沫利.茶文化融入高职英语教学探究[J].现代商贸工业,2023,44(21):72-74.DOI:10.19311/j.cnki.1672-3198.2023.21.024.

[14]周惠.高中英语教学中的文化意识培养策略探究[J].高考,2023,(27):123-125.

[15]朱晓芳.基于核心素养的高中英语多模态阅读教学探索[J].新课程研究,2023,(26):132-134.

[16]金艳红.新文科背景下外语教学中中国文化的融入与呈现研究[J].文化创新比较研究,2023,7(26):153-157.

[17]张红信,刘坚.初中英语教学的文化品格追寻[J].教学与管理,2023,(25):31-35.

[18]夏芸.探究词汇学习策略在高校英语教学中的应用[J].校园英语,2023,(33):126-128.

[19]蒋千红,杨甜甜.初中英语阅读教学中问题设计的艺术[J].中学生英语,2023,(28):115-116.

[20]高双义.高中英语学科核心素养与高中英语教学的融合[C]//广东省教师继续教育学会.广东省教师继续教育学会第二届全国教学研讨会论文集（一）.河北省涞源县第一中学;,2023:5.DOI:10.26914/c.cnkihy.2023.070207.

[21]刘艳妮.英语教学中课堂提问的艺术刍议[J].成才之路,2023,(20):137-140.

[22]孙巍.新时期英语语言教学及文学文化内涵研究——评《英语语言文学文化研究》[J].人民长江,2023,54(06):247.

[23]刘曲,朱晓梅.课程思政视域下中外合作办学大学英语教学改革探究[J].锦州医科大学学报(社会科学版),2023,21(03):106-109.DOI:10.13847/j.cnki.lnmu(sse).2023.03.016.

[24]唐雨婷.核心素养背景下高中英语阅读课堂文化教学现状调查研究[D].石河子大学,2023.DOI:10.27332/d.cnki.gshzu.2023.000774.

[25]马润萱.素质教育背景下初中生英语语言文化意识培养策略[J].科教文汇,2023,(10):179-182.DOI:10.16871/j.cnki.kjwh.2023.10.043.

[26]汪凤."文化走出去"对构建大学英语创新课堂的启示[J].黑河学院学报,2023,14(05):100-102+108.

[27]张昕.高校英语教学中英语翻译人才的培养路径探讨[J].产业与科技论坛,2023,22(10):200-201.

[28]林素桃.初中英语教学中培养学生英语核心素养的策略[J].校园英语,2023,(19):147-149.

[29]金桐羽.核心素养视角下中国文化在初中英语教学中融入情况的调查研究[D].北华大学,2023.DOI:10.26928/d.cnki.gbhuu.2023.000006.

[30]苏慎涛.论高中英语课堂教学的导入艺术[J].校园英语,2023,(18):163-165.

[31]韩昱.初中生跨文化敏感度与中英文化负载词习得的相关性研究[D].吉林农业大

学,2023.DOI:10.27163/d.cnki.gjlnu.2023.000822.

[32]殷珂,吴铁军.人文教育视域下我国英语教学文化解析范式之重构[J].现代英语,2023,(09):60-63.

[33]朱卉,祁颖,王雪燕等.课程思政背景下的大学艺术英语混合式教学创新与实践[J].北京城市学院学报,2023,(S1):10-16+33.DOI:10.16132/j.cnki.cn11-5388/z.2023.s1.004.

[34]吴文倩.跨越边界—界限理论视域下的国际中文教育探析[D].浙江大学,2023.DOI:10.27461/d.cnki.gzjdx.2023.001951.

[35]何晓菁.初中英语课堂教学中互动教学艺术[C]//华教创新(北京)文化传媒有限公司.2023 第一届教师教育研究学术论坛论文集.湖南大学附属中学,2023:3.DOI:10.26914/c.cnkihy.2023.028736.

[36]曾倩.中华优秀传统文化融入高校英语教学的路径研究[J].湖南广播电视大学学报,2023,(01):45-49.DOI:10.19785/j.cnki.hnddxb.2023.01.006.

[37]胡铭真.职业院校英语教学中文化导入的途径探索[J].新课程研究,2023,(09):132-134.

[38]陈尔德.润物细无声——谈英语教学中师爱的艺术与德育教育[C]//广东省教师继续教育学会.广东省教师继续教育学会教师发展论坛学术研讨会论文集（一）.武山县第二高级中学;,2023:4.DOI:10.26914/c.cnkihy.2023.007531.

[39]缪红庆.“留白”艺术在初中英语课堂教学中的实践探讨[C]//广东省教师继续教育学会.广东省教师继续教育学会教师发展论坛学术研讨会论文集（二）.玉山县文成中学;,2023:4.DOI:10.26914/c.cnkihy.2023.008873.

[40]熊燕,熊睿,徐艺.将中华优秀传统文化融入英语教学的尝试[J].新课程研究,2023,(07):113-115+119.

[41]高茸.基于混合式教学模式的高中艺术生英语教学研究[C]//中国国际科技促进会国际院士联合体工作委员会.2023 年教育教学国际学术论坛论文集（一）.银川市实验中学;,2023:5.DOI:10.26914/c.cnkihy.2023.000930.

[42]孟鑫.新课标下初中英语阅读教学中文化艺术的渗透[J].校园英语,2022,(44):97-99.

[43]王继贤.《英语课堂教学艺术》翻转课堂教学设计及评价[J].赤峰学院学报(汉文哲学社会科学版),2022,43(10):110-114.DOI:10.13398/j.cnki.issn1673-2596.2022.10.004.

[44]马秀萍.高中英语课堂教学的导入艺术探究[J].学周刊,2022,(30):40-42.DOI:10.16657/j.cnki.issn1673-9132.2022.30.013.

[45]张秋楠.多元文化视角下的英语语言文化教学探究[J].英语广场,2021,(34):94-96.DOI:10.16723/j.cnki.yygc.2021.34.028.

[46]徐锦芬,张志武.社会文化视角下英语媒介教学学科教师语言意识发展研究[J].外语教学,2021,42(06):67-72.DOI:10.16362/j.cnki.cn61-1023/h.2021.06.012.

[47]廖梓杉.多元文化视角下英语语言文化教学研究分析[J].作家天地,2021,(29):39-40.

[48]肖红萍.浅谈英语教学在语言文化视角下对茶文化传播的影响[J].福建茶叶,2021,43(08):175-176.

[49]朱叶,周依依.文化视角下的雅思口语考试与我国英语语言教学[J].山东商业职业技术学院学报,2021,21(03):53-56.DOI:10.13396/j.cnki.jsict.2021.03.013.